앨리스 리턴즈

뉴미디어 콘텐츠에 나타난 여성 캐릭터 연구

이 연구는 아모레퍼시픽재단의 학술연구비 지원을 받아 수행되었음.
This research has been supported by the AMOREPACIFIC Foundation.

뉴미디어 콘텐츠에 나타난
여성 캐릭터 연구

앨리스 리턴즈

한혜원 지음

이화여자대학교출판문화원

프롤로그

토끼굴 속으로

여성 캐릭터에 주목해야 하는 이유

알파고의 젠더 정체성

2016년 봄부터 대한민국에 '인공지능(AI)'의 바람이 불기 시작했다. 구글 딥마인드(Google DeepMind)가 개발한 인공지능 대표 알파고(AlphaGo) 대 인간 대표 이세돌 프로의 바둑 대결 덕분이다. 이후 정치, 경제, 기술, 문화 등 각 분야에서 인공지능에 대한 비전이 봇물 터지듯 제시됐다. 인간적인, 그러나 결코 인간이 아닌 알파고를 젠더 정체성의 측면에서 보자면 여성일까, 남성일까? 중성일까, 양성일까? 아니면 어느 쪽도 아닐까, 혹은 그 모두일까? 넘치는 말의 홍수 속에서도 알파고의 정체성에 대한 논의는 이슈조차 되지 못했다. 머지않은 미래에 알파고가 인간의 직업군을 대체할지도 모른다는 목소리만 무성했을 뿐 그녀를, 그를, 혹은 그것을 어떻게 지칭해야 할지 그 정체성에 대해서는 진지한 의문을 던지지 못했던 것이다.

정보 통신 기술(Information and Communications Technologies: ICT)의

시대, 인류는 뉴미디어를 통해서 탄생한 다채로운 존재들과 조우하며 새롭게 관계를 맺고 있다. 문화와 기술이 손을 잡게 되면서 인류 최대의 흥미진진한 융합이 '콘텐츠(content)'라는 결과물로 나타나는 중이다. 뉴미디어 콘텐츠는 디지털 시대의 사회 · 문화적 가치를 집약적으로 반영하는 텍스트다. 이는 현대인의 개성을 재현하는 표현 예술이자 집단 지성의 상호작용을 반영하는 공동체 자체다. 최초 발현 단계에는 분자적이고 단편적인 코드 수준이었으나, 이제는 엄연히 인류가 제2의 삶을 영위하고 미래의 비전을 제시하는 존재로 진화하고 있는 것이다.

이 책의 목적은 뉴미디어 콘텐츠에 나타난 다양한 여성 캐릭터의 재현 양상과 서사적 기능을 분석하는 것이다. 보다 구체적으로는 21세기에 등장한 국내외 디지털 게임, 인터랙티브 드라마, 웹 콘텐츠, 3D 영화, 홀로그램 및 인공지능, 디지털 캠페인 등에 등장하는 여성 캐릭터의 재현 체계를 분석하고 이를 통해서 뉴미디어 콘텐츠 속 여성 캐릭터의 정체성을 고찰하고자 한다. 양적으로는 아무래도 디지털 게임 분석에 좀 더 집중되어 있다.

뉴미디어 콘텐츠에 나타난 여성 캐릭터를 분석하겠다는 주제가 혹자에게는 진부하게 여겨질 수도 있다. '시대가 어느 때인데 여전히 여성이라니, 예전에 비하면 많이 나아지지 않았는가', '명색이 뉴미디어 연구인데 보다 새로운 주제가 의미 있지 않을까', '뉴미디어와 여성, 둘의 조합이 다소 인위적이지 않나' 등등 우려의 목소리가 들리는 듯싶다. 실제로 지난 10년간 필자가 이 주제로 연구를 진행하면서 자주 들었던 질문이기도 하다.

동일한 현상을 두고 '많이 나아졌다'라고 평가할 수도 있겠지만 한편으로는 '아직 멀었다'고 볼 수도 있다. 허구적 이미지의 재현 체계는 동시대의 이데올로기와 사회적 이해관계를 반영한다. 따라서 뉴미디어 콘텐츠에 나타난 여성 캐릭터의 재현 방식을 분석하고 문제점을 제시하는 과정은 그 자체로 사회적 의미와 맥락을 생성한다. 나아가 분석과 논의의 결과가 향후 뉴미디어 콘텐츠를 생성하거나 향유하는 과정에서 조금이나마 보탬이 되기를 바라며 이 책을 집필했다.

기술의 시대, 행복의 조건

일상을 새로운 기술과 함께 영위하건만, 현대인의 내면은 어찌 된 일인지 불안과 불행으로 가득 차 있다. 기술이 발달하면 인간 역시 물리적으로 편리해지면서 보다 큰 자유를 얻을 줄 알았는데 여전히 우리는 행복하지 못하다. 늘 시간에 쫓기며 열심히 일하는데도 삶의 질이 점점 떨어지는 것 같다. 현대인은 복잡다단한 불안과 결핍 속에서 하루하루를 살아나가는 중이다.

따라서 지금 우리에게 절실하게 필요한 것은 정보나 재화의 증가나 기술의 무조건적 발달보다는 오히려 인간에 대한 본질적인 탐색일 것이다. 내 것이 아닌 정보와 재화는 이미 우리 주변에 소란스럽게 넘쳐난다. 그런데도 현대인은 인간의 가치마저 모두 재화로 환산하곤 한다. 이러한 기준은 콘텐츠 생산에 있어서도 동일하게 적용되고 있다.

현대 사회에 필요한 것은 타자(the other)에 대한 인정과 이를 통한 자아 찾기이다. 이는 콘텐츠를 창작할 때도 동일하게 적용해야 할 대원칙이다. 이때 기술은 방편이자 도구일 뿐 해법이나 답이 될 수 없다. 인간을 배제한 기술, 인간을 도구화하는 기술, 인간을 데이터베이스로 환산하는 기술은 참으로 섬뜩하다. 인간의 전형화는 다양한 배제와 소외를 발생시킨다. 따라서 뉴미디어 콘텐츠를 창작할 때도 인간에 대한 고민과 성찰을 멈춰선 안 된다.

21세기에도 우리는 젠더(gender), 즉 사회학적 성과 정체성에 관련된 문제들을 맞닥뜨린다. 이 책에서 전제로 삼는 젠더 계층화(gender stratified)란 사회 문화적 구성물로서의 성차를 의미한다. 게일 루빈(Gayle Rubin)에 따르면, 젠더에서 발생하는 억압은 그것을 조직하는 특정한 사회관계들의 산물이다.[1] 미셸 푸코(Michel Foucault)가 『성의 역사』에서 지적한 바와 같이, 19세기 이래로 섹슈얼리티의 문제는 금지를 통해서 규제되는 것과 더불어 법규를 통해서 꾸준히 생산되어 왔다.[2] 유명한 시몬느 드 보부아르(Simone de Beauvoir)의 문구를 빌려오자면 "여성 캐릭터는 여성으로부터 태어나는 것이 아니라, 여성 캐릭터로 만들어지는 것"이기 때문에 문제이고 동시에 분석과 해체가 가능한 재현 체계다.[3]

젠더 연구는 반쪼가리 인간에 대한 비판이 아닌, 인간 전체에 대한 성찰의 한 방편이라고 생각한다. 특히 한국 사회에서 평등(equality)만큼 의미와 해석, 나아가 실천이 어려운 가치도 없을 것이다. 이 책에서 소박하게나마 제시하고 싶은 가치란, 평등보다는 오히려 다양성에 가깝다. 한쪽을 두둔하자는 것이 아니라 함께 나아가자는 뜻이다. 다양성을 인정한다고 해서 무조건 현실의 판이 깨지고 전복되는 것은 결코 아니다. 균열이나 틈이 생긴다고 해서 이를 반드시 메울 필요도 없다. 즉 맹목적인 평등을 주장하거나 보편성을 와해하기보다는 다양성과 차이를 인정하자는 것, 그러한 콘텐츠를 생산하고 소비하자는 것이 이 책

---

1 게일 루빈, 『일탈: 게일 루빈 선집』, 신혜수 · 임옥희 · 조혜영 옮김, 현실문화, 103면.

2 미셸 푸코, 『성의 역사』, 이규현 옮김, 나남출판사, 1990, 23–33면.

3 시몬느 드 보부아르, 『제2의 성』, 조홍식 옮김, 을유문화사, 1993.

의 지향점이다. '차이가 차별을 낳아선 안 된다'라는 당연한 진리가, 실제 사회는 물론 허구적인 콘텐츠에서조차 제대로 지켜지지 못하고 있기 때문이다.

대안적이고도 한계적인 장(場), 뉴미디어 콘텐츠

뉴미디어 콘텐츠는 다성(多聲)을 발현할 수 있는 잠재적 공간이다. 상호작용성을 활용해 그 의의를 전 세계로 확장할 수 있다는 점에서 그 파급력이 크다. 동시에 뉴미디어 콘텐츠 역시 사회 문화의 맥락과 선입견에서 자유롭지 못하다는 점에서 한계적이다. 오히려 속도에 대한 강박 때문에 영속적인 가치를 놓치기도 한다. 뉴미디어 콘텐츠에 등장하는 여성 캐릭터는 콘텐츠를 둘러싼 사회 문화적 환경의 영향을 받을 수밖에 없다. 존재가 선행하고 유형이 발생하는 것이 아니라, 역으로 선입견이 먼저 있기에 그러한 유형이 나타나기도 한다.

그 결과 뉴미디어 콘텐츠에는 대안적인 여성 캐릭터가 나타나거나 반대로 왜곡된 결과가 나타나기도 한다. 21세기에 들어서면서 여성과 관련된 사회 문화적 논의들이 퀴어, 성소수자, 미혼모 등 다각화 및 세분화되어 전개되는 것은 물론 젠더 이분법에서 제외되었던 소수자의 문제들까지 포괄적으로 다루며 보이는 방향성과 달리, 뉴미디어에 등장하는 여성 캐릭터들은 오히려 전근대로 후퇴하는 양상을 드러내는 경우마저 있다. 프랑스의 여성 문학비평가 엘렌 식수(Hélène Cixous)의 언어를 빌리자면, 현재 뉴미디어 콘텐츠에 나타난 여성 캐릭터들은 다수의 차이들을 담아내지 못하고 있으며, 일부의 경우에는 남성의 글쓰기, 즉 남성의 표현을 대행하기까지 한다.[4]

물론 타인을 온전히 이해하고 총체적으로 그려내기란 결코 쉽지 않다. 누구나 자신의 시점에서 타인을 바라볼 수밖에 없기 때문이다. 다만 그 한정적인 유형들이 전부인 양 오해하는 것은 문제다. '이것은 이렇고 저것은 저렇다'라는 규정의 자세가 아니라, '이것도 있을 수 있고 저것도 있을 수 있다'라는 인정의 자세가 필요하다. 좋고 싫음은 그다음 문제다. 다양성에 대한 인정은 타인과 더불어 살아가는 사회를 구축하기 위한 최소한의 배려다. 서로 다름을 이해하는 사회, 다양성을 인지하는 사회, 무엇보다도 인간에 대한 최소한의 예의를 지키는 사회를 꿈꿔 본다.

대한민국, 진정한 콘텐츠 강국을 꿈꾼다면

뉴미디어 콘텐츠는 우리의 미래와 긴밀하게 연관되어 있다. 대한민국에서 뉴미디어 콘텐츠는 부와 권력, 계층이나 학력과 상관없이 대중이라면 누구나 동일하게 소유하고 소비하는 공공재로 여겨진다. 디지털 시대의 인간은 콘텐츠를 통해서 카타르시스를 느끼고 오감을 이용해 간접경험을 한다. 이것은 몇몇 오타쿠나 마니아에 국한된 이야기가 아니다. 뉴미디어 콘텐츠는 기술의 과시나 향연을 넘어서 미래의 문화적 패러다임을 창출할 수 있는 잠재적 가능성을 갖고 있다.

그중에서도 뉴미디어에 자주 노출되고 콘텐츠를 주로 사용하는 층은, 이미 사회적 통념이 어느 정도 굳어진 성인보다는 이제 막 자아와 세계에 대해 인지하고 정체성을 구축해나가기 시작하는 어린이와 청소년이다. 20세기 말 미국의 어린이들은 연간 약 900시간을 학교에서, 약 1,170시간을 TV 앞에서 보냈다고 한다.[5] 게임 디자이너이자 연구가

---

4 엘렌 식수, 『메두사의 웃음/출구』, 박혜영 옮김, 동문선, 2004, 9면.

5 발트라우트 포슈, 『몸, 숭배와 광기』, 조원규 옮김, 여성신문사, 2001, 139면.

인 제인 맥고니걸(Jane McGonigal)에 따르면, 2011년 기준 미국의 '광적인' 게이머들은 약 500만 명을 상회하며 이들은 일주일에 평균 45시간 동안 게임을 플레이한다고 한다.[6]

2016년 대한민국 대도시의 어린이와 청소년은 모바일이나 컴퓨터 모니터 앞에서 그보다 더 많은 시간을 보내고 있다. 굳이 '광적' 이라는 수식어를 붙이지 않아도, 대부분의 현대인이 일주일에 최소 30시간 이상 TV, 모바일, 컴퓨터 등 스크린과 함께 잉여 시간을 보내고 있다.

이는 비단 남자 어린이나 청소년에 국한된 조사 결과가 아니다. 가상 세계 인구의 성 비율은 실제 세계 인구의 성 비율과 유사해지는 추세이다. 즉 우리 시대에는 다양한 사람들이, 다양한 이유에서, 다양한 게임을 플레이하는 중이다.[7] 이들은 게임에 중독된 문제적 청소년들이 결코 아니다. 이들은 이른바 '넷스마트(net smart)' 세대이다. 이 세대는 네트워크 지성을 형성하고 디지털 참여와 온라인 협업을 통해서 난제를 해결하거나 미래를 설계하기도 한다.[8]

특히 한국의 경우 강력한 하드웨어 환경을 구축해, 그 어느 문화권보다도 강력하고 활동적인 사용자(user)를 중심으로 콘텐츠 산업이 성장하는 중이다. 다만 뉴미디어의 경우 시간의 흐름을 따라가는 것이 중요하기 때문에, 콘텐츠에 대한 근원적 질문과 본질적 사유가 그만큼 따라주지 못하고 있는 실정이다. 특히 젠더 정체성에 대한 부분에서 더욱 그러하다. 아무래도 '콘텐츠=상품'이라는 공식이 지배적이라, 단기적으로 눈앞에 보이는 이득을 좇을 수밖에 없기 때문이다. 그러나

---

6 제인 맥고니걸, 『누구나 게임을 한다』, 김고명 옮김, 알에이치코리아, 2012, 20면, 재인용.

7 예스퍼 율, 『캐주얼 게임』, 이정엽 옮김, 커뮤니케이션북스, 2012, 34-35면.

8 하워드 라인골드, 『넷스마트』, 김광수 옮김, 문학동네, 2012, 18-19면.

인간을 배제한 뉴미디어, 인간에 대한 고민이 부재한 콘텐츠는 생명력을 갖기 어렵다. 반짝 성공을 위해서 인간을 왜곡하거나 배제하는 태도는 참으로 문제적이다. 상업적 성공을 거두기 위한 양적 노력과 더불어, 콘텐츠의 진정성을 높일 수 있는 질적 노력이 더 필요한 때이다.

그럼에도 불구하고 기꺼이 토끼굴에 빠지려는 이유

에이드리언 리치(Adrienne Rich)는 여성 문화에 대한 연구의 경우 어떠한 광범위한 연구라도 편파적일 수밖에 없다며 그 한계를 지적한 바 있다.[9] 단행본 한 권으로 뉴미디어에 나타난 젠더 문제를 해결하거나 마스터 캐릭터를 제시하는 것은 불가능하다. 그녀의 말대로 젠더에 대한 연구는 반쯤 묻혀 있는 거대한 모자이크의 부분을 짜 맞춰나가는 과정일 뿐이다. 콘텐츠 하나하나에 대한 옳고 그름을 판단하고자 함도 이 책의 의도가 아니다. 이 책은 그저 문제에 대한 펼침일 뿐이다. 개인이든 사회든 인간은 살아가는 동안 늘 문제와 함께할 수밖에 없다. 그러나 문제를 외면하는 것과 문제를 직시하는 것, 문제를 풀지 않는 것과 풀 수 없는 것은 상당히 다르다고 본다.

보통 단행본 작업을 할 때는 쓰기의 즐거움도 크지만 그만큼 결과물에 대한 기대감과 압박도 크다. 그러나 이 책의 집필 과정은 좀 달랐다. '이제 써야겠다.'라고 마음먹은 순간부터 한 줄 한 줄 엮어 나간 모든 과정이, 필자에게는 큰 힘과 위로로 다가왔다. 굳이 사회적 성 역할의 언어를 빌리자면, 내 자신이 바로 일하는 여성이자 한 아이의 엄마이자 누군가의 딸이요 아내이기 때문이다. 동시에 필자는 다나 헤러웨이 식

---

9 에이드리언 리치, 『더 이상 어머니는 없다』, 김인성 옮김, 평민사, 1995, 15면.

으로 표현하자면, '모든 특권적 범주에서 제외된 아웃사이더인 유색 여성' 연구자이자, 사이보그의 정체성을 지닌 연구자이다.[10] 이 중 어느 것 하나 포기하거나 놓아버릴 마음은 없다. 이 태그들은 내 삶의 희열이요 근원적인 힘이다. 동시에 이 태그들을 모두 주렁주렁 매달고도 여전히 오롯이 나 자신으로 숨쉬고 가벼워지고 싶다는 꿈을 꾸면서 졸고를 집필했다.

'후에 오는(post)' 것과 '새로운(new)' 것은 연관되어 있으나 현상을 분석하는 관점과 비전은 다르다고 생각한다. 후에 오는 것이 분석과 비판을 목표로 한다면, 새로운 것은 생성과 나눔을 목표로 삼는다. 궁색한 변명을 덧붙이자면, 필자는 인문학적 관점에서 뉴미디어 콘텐츠의 스토리텔링을 연구하는 학자이다. 게다가 이 책에서 논한 여성들은 모두 '실재적 여성'이 아닌 '허구적 여성'이라는 점에서 의미와 한계를 동시에 지닌다.

이처럼 이 책은 문제들을 나열하고 살펴보는 수준에 머물러 있다. 이로 말미암은 이론적 결점과 논리적 허술함으로 숭숭 뚫린 구멍들에 대해서는 고개가 수그러질 따름이다. 그 부족함을 잘 알기에 기꺼이 토끼굴에 빠져들어 이상한 나라를 탐험하고자 한다.

2016년 12월

저자 한혜원

10 다나 J. 해러웨이, 『유인원, 사이보그, 그리고 여자: 자연의 재발명』, 민경숙 옮김, 동문선, 2002, 312면.

차례

3장 하이퍼텍스트, 드라마, 인터랙티브 드라마

4장 SF, 판타지, 호러

5장 팬픽, 웹소설

6장 홀로그램, 인공지능

2부 디지털 게임 속 여성 캐릭터 열전

7장 공주, 여왕

1부

뉴미디어 콘텐츠 속 여성 캐릭터 분석

1장

여신, 영웅

1. 하나의 얼굴을 가진 여성 영웅

"원더우먼, 원더우먼
모든 세상이
당신과 당신의 힘을 기다리고 있네.
새틴 타이츠를 신고
당신의 권리를 위해 싸우는
고전적인 빨강, 파랑, 하양이여."

— 드라마 〈원더우먼Wonder Woman〉 주제가 중에서

여성 영웅의 여정

영웅의 이야기는 늘 흥미진진하다. 과학기술이 발달할수록 대중은 태곳적의 영웅담을 보고 듣고 싶어 한다. 따라서 현대 사회의 도시 영웅은 그 어느 때보다도 화려한 액션을 선보이며 3D로, 4D로 부활하는

2012년 잡지 『Ms』 40주년 기념호 표지에 등장한 원더우먼

중이다. 추운 겨울날 화롯가에 모여 앉아서 입에서 입으로 전해 듣던 설화 속 영웅, 누런 갱지 위를 칸칸이 넘나들던 돌연변이 영웅, 깜깜한 관객석에 숨죽이고 앉아서 지켜보던 스크린의 영웅, 무기부터 망토까지 취향대로 골라 만들고 마우스로 움직일 수 있는 게임 속 영웅에 이르기까지 매체가 달라지고 시대가 변해도 영웅 이야기는 세상에서 가장 흥미진진하고 재미있는 이야기로 대중의 마음에 살아남아 있다.

영웅 신화는 시대의 보편성과 특수성, 양지와 음지, 도전과 좌절, 믿음과 체념을 반영한다. 신화학자인 조셉 캠벨(Joseph Campbell)에 따르면, 신화에서 영웅의 과업과 시련, 그리고 극복을 위한 영웅의 행위는 사회 질서의 방향성을 내포한다. 신화에서 영웅은 통과의례를 거치면서 사회에서 '성숙하고 이상적인 상태'에 이른다.[1]

문화 기호학자인 롤랑 바르트(Roland Barthes)는 신화를 하나의 기호로 보고 특정 역사적 의미를 하나의 보편적인 자연으로 변형시키는 의미작용으로 간주하기도 한다.[2] 바르트에게 있어서 신화란 반드시 "옛날 옛적에(Once Upon a Time)"로 시작되는 옛이야기만을 지칭하지 않는다. 그것이 영화든 게임이든 하나의 기호로 작용하면서 보편성을 드

1 조셉 캠벨 · 빌 모이어스, 『신화의 힘』, 이윤기 옮김, 고려원, 1992, 229–235면.

2 롤랑 바르트, 『현대의 신화』, 이화여자대학교 기호학연구소 옮김, 동문선, 1997, 264면.

러낼 수 있다면 충분히 신화의 자격을 가진다. 영웅 캐릭터의 형상화 과정은 동시대의 사회 문화적 가치를 직접적으로 반영하며 당대 이데올로기와 필연적 관계를 맺고 있다. 따라서 디지털 게임에 나타나는 영웅 역시 동시대의 가치를 반영한다고 전제할 수 있다.

여성 영웅의 딜레마

일본의 만화 비평가인 오쓰카 에이지(大塚英志)는 대중적인 이야기의 기본적인 문법의 패턴은 '결핍의 회복'과 '갔다가 돌아옴'의 두 가지뿐이라고 단언한다.[3] 영웅의 신화에서 보통 영웅의 여정은 갔다가 돌아오면서 결핍을 회복하는 형태로 이 두 가지 문법을 동시에 충족시킨다.

이와 달리 여성 영웅의 신화는 위의 두 가지 조건 중 하나도 제대로 충족시키지 못한다. 『여성 영웅의 여정The Heroine's Journey』의 작가이자 심리 치료사인 모린 머독(Maureen Murdock)은 여성 영웅의 여정과 남성 영웅의 여정에 대한 혜안을 얻고자 신화계의 대학자인 조셉 켐벨을 찾아갔다고 한다. 그러나 그녀에게 돌아온 답이란 "모든 신화에서 여성은 전통적으로 '거기(there)', 즉 그 자리에 있기 때문에" 여행을 떠날 필요조차 없다는 것이었다. 즉 여성은 스스로 유사 남성(pseudo-male)이 되려는 순간 자신을 망가뜨리게 되기 때문에, 그저 그리스 신화 속 오디세우스의 아내인 페넬로페처럼 자신의 자리를 지키며 남편을 기다려야 한다는 논리이다.[4]

조셉 켐벨의 답변은 막 여정을 나설 채비를 차린 여성 영웅을 딜레마

3 오쓰카 에이지, 『스토리 메이커』, 선정우 옮김, 북바이북, 2013, 23면.

4 모린 머독, 『여성 영웅의 탄생』, 고연수 옮김, 교양인, 2014.

에 빠지게 한다. 여성은 모름지기 바느질하면서 칩거하며 남성을 기다려야 한다는 논리를 긍정할 수 없다. 그렇다고 해서 여성이 영웅으로 거듭나기 위해서 남성과 완전히 동일한 여정을 답습해야 한다는 논리나 반대로 전혀 다른 여정을 도모해야 한다는 논리도 긍정하기 어렵다. 기존의 위계적 가부장제의 질서와 논리 아래 영웅으로 인정받는다면 여성은 성공과 자기 파괴를 동시에 겪을 것이다. 반면 전혀 다른 여정을 수행한다면 현실 세계에 귀환한 이후 영웅으로 인정받기 어렵다. 여성 영웅에게는 남성 영웅을 패러디하거나 따라잡기, 영웅이라는 개념 자체를 와해시키는 것이 아닌, 대안으로서의 여정이 필요하다.

모린 머독은 조셉 캠벨이 제시한 남성 영웅(hero)의 여정을 형식적 틀로 취하되, 여기에 여성 영웅(heroine)의 내면적 여정을 내용으로 담아내 대안적 모델을 제시한다(표 1). 재치 있게도 그녀는 이러한 발상이 "어느 날 불현듯 내 등뼈에서 튀어나왔다"라고 말하면서, '모녀 분리(mother/daughter split)'라고 이름 붙인 여성성의 깊은 상처를 치유해야 한다고 강조한다.[5]

위와 같은 대안 제시에도 불구하고 실제 뉴미디어 콘텐츠에 등장하는 다양한 여성 영웅들은 여전히 다음과 같은 의구심을 불러일으킨다. 왜 여성 영웅은 늘 결혼 적령기의 처녀에서 모든 것을 희생하는 엄마로, 나아가 예언하는 할머니로만 형상화되는가? 과연 어머니가 부정되는 설정에서 '모녀/분리'를 재현하거나 설명할 수 있을까? 결코 '어머니의 딸'이 될 수 없고 오로지 '아버지의 딸'로만 생존할 수 있는 그녀들이 과연 '아버지의 아들'과 경쟁하여 살아남을 수 있을 것인가? 무엇보

5 앞의 책, 18–19면.

[표 1] 모린 머독이 제시하는 여성 영웅의 여정(Heroines' Journey)[6]

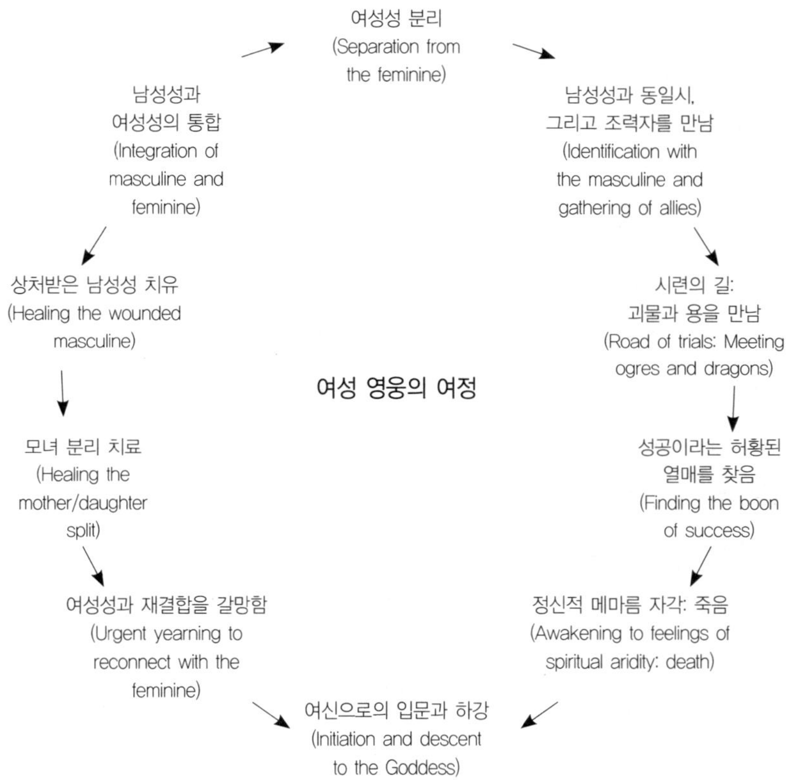

다 우여곡절 끝에 남성과 동일한 영웅의 여정을 답습한 여성은 과연 남성과 동일한 성취감과 지위를 얻을 수 있을 것인가?

부재와 부정은 다르다. 게일 루빈에 따르면 오이디푸스 신화라는 시나리오가 전달하는 근친상간 금기의 메시지는 남자아이에게는 특정 여성에 대한 금기에 불과하지만, 여자아이에게는 모든 여성에 대한 금

6 앞의 책, 20면.

기로 작용한다.[7] 여자아이에게는 어머니를 포함하여 다른 여성을 사랑할 권리가 없다. 왜냐하면 그녀 자신이 어떤 남자에게 속할 운명을 가지기 때문이다. 결국 조셉 캠벨의 신화 체계 안에서는 온전한 여성 영웅이 탄생할 수 없다.

슈퍼걸들의 좌절과 희망

미국 CBS의 드라마 〈슈퍼걸Super Girl〉은 '슈퍼맨의 사촌 누나'인 카라 조엘이 여성 영웅으로 거듭나는 이야기를 담은 TV 시리즈물이다. 일단 같은 DC코믹스 소속임에도 불구하고, 그녀가 굳이 '원더우먼(Wonder Woman)'의 계보가 아닌 슈퍼맨의 계보를 잇는 것으로 설정된 점부터 미심쩍다. 원더우먼은 1938년 슈퍼맨(Superman), 1939년 배트맨(Batman)과 함께 1941년에 등장한 미국의 대표적인 여성 영웅 캐릭터이다. 원더우먼은 고대 그리스 신화에 등장하는 아마조네스(the Amazons)의 후예인 것으로 설정되어 있으며 늘 "위대한 헤라(Great Hera)"를 외친다. 원더우먼의 역사와 계보학을 연구해온 질 르포어(Jill Lepore)에 따르면, 원더우먼은 당대의 슈퍼맨, 배트맨과는 차별적인 영웅으로, 협의적으로는 심리학에 대한 조예가 깊었던 윌리엄 몰튼 마스터(Willian Moulton Marston)의 집안과, 광의적으로는 1910년대부터 시작된 페미니즘 운동과 긴밀한 상관관계를 맺고 있다.[8] 아마도 원더우먼은 당대 영웅들 중에서 가장 저평가되고 가장 멀티유즈되지 않은 영웅일 것이다.

드라마 〈슈퍼걸〉의 주인공 카라 조엘은 이름에서 짐작할 수 있듯 원

7 게일 루빈, 『일탈: 게일 루빈 선집』, 신혜수 · 임옥희 · 조혜영 옮김, 현실문화, 2015, 126면.
8 Jill Lepore, *The Secret History of Wonder Woman*, Akfred A. Knope, 2014.

더우먼이 아닌 슈퍼맨의 계보를, 그것도 직계도 아닌 방계로 계승한다. 카라는 슈퍼맨과 마찬가지로 크립톤 출신으로 슈퍼맨보다 더 강력한 초능력을 가진 잠재적 영웅이다. 그럼에도 불구하고 지구를 지킬 수 있는 운명은 그녀보다 어린 사촌동생 칼 엘에게 맡겨지고, 그녀는 훗날 슈퍼맨이 될 사촌을 지켜주는 '조력자'이자 돌보미의 임무를 부여받고 크립톤을 떠난다. 자신도 어린 소녀이면서 카라는 출발 전 어머니이자 권력자인 알룰라에게 당차게 "칼 엘과 어머니를 실망시키지 않을게요."라고 다짐한다. 그러나 그녀는 우주선의 궤도 이탈로, 슈퍼맨이 이미 지구에서 절대적인 영웅으로 등극한 이후에야 지구땅을 밟게 된다. 그리하여 자신의 능력을 발휘할 필요가 없어진 카라는 대도시의 한 기업에서 커피 심부름이나 하는 평범한 비서로 살아가게 된다.

드라마 〈슈퍼걸〉

보통 남성 영웅의 경우 영웅의 여정을 시작하는 첫 단계에서 왕의 사자로부터 '모험의 소명'을 받게 된다. 반면 카라에게는 아무도 모험의 소명을 주지 않기에, 그녀는 스스로 자신이 잠재적 영웅임을 선포하면서 '모험의 소명'을 찾아 위기에 뛰어든다. 일반적으로 남성 영웅의 경우, 소명을 받으면 스스로 이를 한 차례 거부한다. 그런데 카라의 경우, 그녀 자신은 기꺼이 모험의 소명을 받고자 하나 정작 자신이 구해준 언니와 주변 모두가 그녀에게 모험의 소명을 거부하라고 강요한다. 심지어 카라의 존재가 그 자체로 위험한 재앙의 근원이라며 그녀에게 그저 평범하게 지내라고 요구한다. 아이러니한 것은 안타고니스트들마저 '슈퍼맨과 싸우는 건 영광이지만, 너와의 승부는 연습일 뿐'이라면서 카라를 독립적 영웅이 아닌 누군가의 딸, 누군가의 사촌으로만 대우한다는 점이다. 이처럼 슈퍼맨이 아닌 슈퍼걸은 첫 걸음부터 일그러진 영웅의 여정을 밟아 나간다. 동시에 이 과정에서 다른 남성 영웅들과 달리 어머니와의 관계가 두드러지게 강조된다. 이처럼 최근 뉴미디어 콘텐츠에 등장하는 여성 캐릭터의 면모를 들여다보면, 뭔가 기존과 달라진 듯하면서도 여전히 한계적으로 묘사되고 있다.

엑스칼리버를 든 공주

〈스타워즈Star Wars〉 시리즈는 고전적인 영웅 신화를 SF로 제작한 수작이며, 여성 영웅과 남성 영웅을 구체적으로 비교하기에도 적합한 콘텐츠이다. 1977년 〈스타워즈 에피소드 4: 새로운 희망Star Wars: Episode IV - A New Hope〉이 세상에 공개된 이래 근 38년 만인 2015년 12월 〈스타워즈 에피소드 7: 깨어난 포스Star Wars: Episode VII - The Force Awakens〉가 3D 영화로 부활했다. 속편은 성공하기 어렵다는 영화판의 선입견을 과감히 깨고 12년 만인 1999년에 속편 아닌 속편 〈에피소드 1〉을 내고, 또다시 16년 만에 〈에피소드 7〉을 낸 것이다. 긴 세월 동안 제작사와 감독이 바뀌었고 배우와 관객들은 늙었으며, 무엇보다 사회 문화적 패러다임이 변모하고 디지털 기기와 기술이 발달했다. 〈스타워즈〉 시리즈는 인간의 수명으로 치면 약 40여 년을 살아가면서 그동안의 변화들을 일련의 세계관 안에 담아내고 있다.

〈스타워즈〉 시리즈는 우주의 미래 공간에서 과거의 영웅 신화를 구현한 전형적이고도 고전적인 이야기이다. '클래식' 시리즈로 분류되는 에피소드 4, 5, 6와 21세기 이야기의 시작을 위한 프리퀄(prequel)인 에피소드 1, 2, 3, 드디어 시작된 본격적인 후속편인 에피소드 7, 8, 9까지 38년 동안 제작 환경이 변모하는 가운데 이야기는 유기적으로 연계된다. 무엇보다도 이 시리즈가 시대와 문화권을 뛰어넘어 대중에게 각광받을 수 있는 가장 큰 이유는 바로 〈스타워즈〉가 지향하는 기반적 서사와 세계관이다.

많은 시나리오 작법 관련 명저들이 지적하듯, 스타워즈 서사의 기본적인 골조는 철저하게 조셉 캠벨이 제시하는 영웅의 12단계 여정을 따르고 있다. 실제로 이 영화의 총감독인 조지 루카스(George Lucas)가 신화학자인 조셉 캠벨의 영향을 받았다는 사실은 잘 알려진 일화이다. 여기에 그는 엑스칼리버와 원탁의 기사 등 그리스 신화에서부터 영국 아더왕의 전설에 이르기까지 서구 문화권 안의 다양한 원형 신화(archetype)를 적극적으로 활용한다. 그 유명한 대사 "나는 너의 아버지이다(I'm your Father)."에서 단적으로 드러나는 것처럼, 우주를 무대로 한 오이디푸스 콤플렉스 등 프로이트식의 가족 로맨스가 적극적으로 차용된다. 이러한 과정을 통해서 〈스타워즈〉 시리즈는 '미국만의 시리즈'가 아닌 전 세계가 즐길 수 있는 우리 시대의 보편적 신화가 되었다.

〈스타워즈〉 시리즈는 악의 세력인 시스와 다스베이더로 대변되는 은하제국과 선의 세력인 루크와 오비완 등 제다이 기사단으로 대변되는 공화국 및 저항군의 대치를 다루고 있다. 흥미로운 것은 선악의 철저한 이분법적 구도 속에서 경계를 오가는 안타고니스트이다. 1편부터 6편에서 가장 중요한 안타고니스트이자 주인공은 역시 선의 영역인 제다이 기사에서 악의 영역인 제국군으로 기울었다가 마지막에 죽기 전

가면을 벗고 아들과 대면하는 다스베이더이다. 다스베이더는 〈스타워즈〉 시리즈 전반을 지배하는 상징적인 권력이다.

7편에서는 다스베이더를 추종하고 모방하는 인물로 그의 외손자인 카일로 렌이 등장한다. 7편의 안타고니스트인 카일로 렌은 한 솔로와 레아 공주 사이에서 태어난 아들로, 아버지 때문에 늘 자신이 나약하게 고뇌한다고 생각하며 아버지인 한 솔로를 제거하라는 임무를 맡게 된다. 이상하게도 그는 아버지에 대해서는 끊임없이 고뇌하고 갈등하지만, 정작 포스를 물려준 자신의 어머니 레아 공주에 대해서는 별다른 언급조차 하지 않는다. 일반적으로 신화에서 어머니는 한없는 희생과 포옹력을 가진 지지자로 등장하는데, 렌은 어머니에 대해서는 아예 사랑도 없고 증오도 없다. 마치 그리스 신화 속 아테나가 '나를 낳아준 어머니가 내게는 없음이라'라고 부르짖으며 오직 제우스만 아버지로 인식할 뿐 어머니인 메티스의 존재조차 인정하지 않았던 것과 유사한 설정이다. 결국 그는 오직 '아버지의 아들 혹은 할아버지의 손자'인 것이다.

또한 〈스타워즈〉 전편에서 남성 캐릭터에 비해서 여성 캐릭터는 별로 나오지 않는다. 주요 캐릭터는 레아 공주와 아미달라 의원이 전부이다. 이들은 모두 안타고니스트와 중요한 관계를 맺고 있다. 레아 공주는 안타고니스트 카일로 렌의 어머니이고, 아미달라 의원은 다스 베이더의 부인이다. 이들은 여성 캐릭터로는 드물게 행동하는 권력자로 등장하지만, 결정적인 순간에는 남성에게 구원을 요청하고 도움을 받아 위기를 모면하고 종국에는 남성 영웅과 결혼하며 출산이라는 중요한 임무를 수행한다. 이들은 중요한 순간이면 어김없이 '누군가의 딸이자 아내요 어머니'로서의 면모를 드러낼 뿐이다.

영화 〈스타워즈 에피소드 4〉와 〈스타워즈 에피소드 7〉의 레아 공주, 〈스타워즈 에피소드 7〉의 레이.

〈스타워즈〉 7편 이후 서사의 중요한 핵심은 과연 '아버지의 딸' 과 '어머니의 아들' 중 누가 더 강할 것인가로 귀결될 수 있다. 이때 아버지와 어머니는 모두 포스를 갖고 있는 존재이다. 물론 '아버지의 아들'이 가장 강력한 부권의 계승자이자 왕의 지위에 오르겠지만, 아버지의 아들이 부재하는 상황에서는 그나마 아버지의 딸이 어머니의 아들보다는 우세할 수도 있다. 이처럼 영웅 서사에서 '아버지'는 절대적인 상징이자 가부장제의 권력이다.

레아 공주와 비교한다면 〈스타워즈 에피소드 7〉에서 프로타고니스트로 등장하는 여성 캐릭터 레이는 상대적으로 남성 영웅에 가까운 캐릭터이다. 스타워즈의 세계에서 '광선검을 든 레이'는 신화의 세계로 치면 '엑스칼리버를 거머쥔 여성 영웅'에 해당한다. 7편에서 그녀는 레아 공주만큼 고귀한 신분으로 공주로 추앙받으며 성장하지 못했으며 자쿠 사막에서 온갖 고생을 하면서 혼자 지낸 것으로 설정되어 있다. 우여곡절 끝에 그녀는 엑스칼리버를 손에 넣고 안타고니스트인 렌과 대결하게 된다. 오랜 기간 수련을 겪고 아버지까지 죽인 렌은 처음으로 광선검을 손에 잡아보는 그녀의 포스에 밀리게 된다. 그리고 가장 중요한 과업인 루크 스카이워커를 찾아 여정을 떠나고 그를 만나면서 영화가 끝난다.

새로운 전설의 시작을 알리는 이 지점에서 관객들은 직접적인 단서가 주어지지 않았음에도 똑같은 질문을 던지게 된다. 도대체 레이는 누구의 딸인가. 여기서 '누구'란 어머니라기보다는 아버지일 확률이 높다. 즉 렌과 레이 모두 동일하게 포스를 물려받기는 했으나 '어머니의 아들'인 렌보다 '아버지의 딸'인 레이가 우세하다는 설정인 것이다. 포스가 부족한 아버지의 아들인 렌은 아무리 과잉 충성을 보여도, 애초부터 강력한 아버지의 딸인 레이를 이길 수 없다. 진정한 영웅은 레이라기보다 바로 레이에게 이러한 포스를 물려준 그림자와도 같은 누군가, 즉 레이의 아버지이다. 결국 〈스타워즈〉는 허구적 우주 공간과 정치적 음모와 분쟁, 선과 악의 대립 구도를 통해서 이야기가 진행되는 동시에 가부장제에 입각한 가족 로맨스가 이야기의 심층 체계로 활용되고 있다. 영화 신화의 시대에도, 우주 전쟁의 시대에도 여전히 아버지를 주인공으로 삼는 권력 분쟁과 정통성에 대한 갈등이 반복되고 있는 셈이다.

2. 디지털 은하계의 여성 영웅, 라라 크로프트[9]

"그 여자가 우리를 다 죽일 거야!"

— 게임 〈라이즈 오브 더 툼레이더Rise of the Tomb Raider〉 중에서

앨리스 vs 도로시

디지털 게임은 어떤 장르보다도 영웅의 서사를 적극적으로 다루고 있다. 게임학자인 리차드 바틀(Richard A. Bartle)은 온라인 게임 세계의 영웅을 크게 '앨리스(Alice) 유형', '도로시(Dorothy) 유형', '웬디(Wendy) 유형'으로 제시한다. 세 캐릭터는 모두 동화에 등장하는 여성 캐릭터이다.

바틀에 따르면 현재 온라인 게임은 대부분 도로시 유형을 채택하고 있다. 마치 노란 벽돌 길(yellow brick road)을 따라가듯, 사용자들은 개발자가 마련해 둔 길을 따라가면서 마법의 세계에 적응하고 영웅의 여정에 참여하게 된다는 것이다. 반면에 초기 온라인 게임은 개발자가 특별히 길을 정해주지 않는, 이른바 '앨리스 유형'이 대부분이었다. 이 경우 플레이어는 개발자가 제공하는 요소들을 활용하되, 가상 세계 내에서 자신만의 역사를 만들어나갈 수 있다. 이후에 등장한 '웬디 유형'은 사회적 기능이 강화된 게임 유형을 지칭한다. 웬디 유형에서는 가상 세계를 하나의 놀이 공간으로 전제하고 사용자들이 규칙을 만들어 나갈 수 있도록 유도한다.[10]

---

9 본 장의 일부 데이터와 전제는 Han, Hye-Won · Song, Se-Jin의 "Characterization of Female Protagonists in Video Games"에 근거한다.

10 Richard A. Bartle, "Alice and Dorothy Plays Together", *Third Person*, MIT Press, 2009, p.106.

디지털 게임의 경우 사용자가 서사 전개에 참여할 수 있도록 상호작용적인 빈칸을 마련해둔다. 서사학자인 크리스토퍼 보글러(Christopher Vogler)의 용어를 빌자면, 디지털 게임에서 영웅 캐릭터는 '플레이할 수(playable)'있다는 점에서 특이하다.[11] 디지털 게임의 플레이어는 허구적 가상 세계 안에서 실제 신화적 영웅의 캐릭터를 조정하고 자신과 동일시하는 가운데 영웅의 여정을 경험할 수 있기 때문이다. 이러한 가상 세계에서의 경험은 일종의 '제2의 자아(second self)'를 제시하면서 현실의 한계를 뛰어넘을 수 있는 다양한 가능성을 제시한다.

여성 캐릭터의 원형, 라라 크로프트

디지털 게임 역사상 가장 유명한 여성 캐릭터, 가장 장수한 여성 캐릭터를 꼽으라면 대부분의 게이머들은 주저하지 않고 어드벤처 액션 게임 〈툼레이더Tomb Raider〉 시리즈의 라라 크로프트(Lara Croft)를 떠올릴 것이다. 라라 크로프트는 명실공히 '최초'와 '최고'라는 수식어가 가장 잘 어울리는 여성 캐릭터이다. 1996년 에이도스 인터랙티브(Eidos Interactive)와 코어 디자인(Core Design)을 통해서 최초로 등장한 이래, 라라 크로프트는 6개 이상의 각기 다른 게임 시스템을 통해서 21개 이상의 게임 타이틀의 주인공으로, 2편 이상의 장편 영화 주인공으로, 40편 이상의 코믹북과 게임 소설의 주인공으로 활약해왔다. 또한 게임 속 여성 캐릭터로는 이례적으로 《뉴스위크Newsweek》, 《타임Time》 등 세계 주요 잡지의 표지 모델로 선정된 바 있으며 2001년 기네스북에 '가장 성공적인 비디오 게임 여주인공'으로 등재되는 등 사회

11 크리스토퍼 보글러, 『신화, 영웅 그리고 시나리오 쓰기』, 함춘성 옮김, 무우수, 2005, 77면.

적 이슈로도 다뤄졌다. 온라인 팬 사이트 또한 영어권은 물론 불어권, 독일어권, 스페인어권, 심지어 러시아권을 포괄하며 전 세계 대중으로부터 각광을 받고 있다. 이처럼 라라 크로프트는 시리즈와 매체, 현실과 환상을 넘나들면서 캐릭터의 영속성을 유지하는 중이며, 앞으로도 계속 그러할 전망이다.

디지털 게임 속 여성 캐릭터는 라라 크로프트 이전과 이후로 나뉜다. 사실 라라 크로프트 이전에는 이렇다 할 만한 여성 캐릭터가 거의 없었다. 또한 라라 크로프트는 디지털 게임에 나타난 여성 캐릭터의 양지와 음지를 동시에 반영한다. 어드벤처 게임의 전면에 여성 캐릭터가 단독 주인공으로 등장했다는 점은 분명 획기적이라 할 만하다. 라라 크로프트의 등장과 연이은 상업적 성공은 남성 캐릭터 일색이던 디지털 게임에서 여성 캐릭터의 장수 가능성을 검증했기 때문이다. 실제로 라라 크로프트 이후 여성 캐릭터는 분명 양적으로 증가했다. 〈매스 이펙트Mass Effect〉의 셰파드(Shepard), 〈매트로이드Metroid〉의 사무스 아란(Samus Aran), 〈레프트 4 데드Left4Dead〉의 조이(Joey), 〈캐서린Catherine〉의 캐서린(Catherine) 등 다양한 여성 캐릭터들이 등장했으나, 이들은 여전히 라라 크로프트를 원형으로 삼거나 그녀의 영향력을 받아 등장한 경우가 많다. 이처럼 디지털 게임에서 라라 크로프트는 여성 캐릭터의 기본 원형이자 보편적 모델로 기능하고 있다.

반면 여성 캐릭터의 재현이라는 측면에서 깊숙이 들여다보면 어쩔 수 없는 한계가 느껴진다. 남성 캐릭터와 달리 여성 캐릭터의 섹슈얼리티를 지나치게 강조하기 때문이다. 1996년 최초로 라라 크로프트가 등장한 이래 늘 이슈가 되어 왔던 것은 그녀의 신체 사이즈, 그중에서도 특히 비현실적으로 과장된 가슴이었다. 라라 크로프트의 능력 이전에 몸매에 대한 이슈가 늘 중요하게 다뤄졌다. 섹슈얼리티가 강조되는 순간, 라라 크로프트라는 문제적 개인으로서의 서사성과 정체성은 빛을 잃는다.

일반적으로 어드벤처 게임의 경우, 플레이어가 일정 시간 이상 게임 캐릭터를 조작하는 과정에서 캐릭터와 자신에 대한 동일시 내지 몰입이 발생한다. 남성 플레이어들이 여성 캐릭터를 조작할 경우에 과연 남성 캐릭터를 조작하는 경우와 동일한 몰입이 발생할 수 있을까? 결과적으로 일정 시간 이상 동일한 액션과 모험을 행할지라도 라라 크로프트의 경우 부분적으로 동일시보다는 대상화가 빈번하게 발생한다. 가령 게임 속 카메라 워크는 끊임없이 라라를 1인칭이 아닌 3인칭의 시점에서 은밀하게 관찰하고자 하는 욕망을 드러낸다. 〈툼레이더 2〉의 마지막에서 라라 크로프트는 샤워를 준비하면서 플레이어를 향해서 아예 노골적으로 "이미 충분히 봤다고 생각하지 않아요(Don't you think you've seen enough)?"라고 되묻는다. 여기서 지칭하는 '당신(you)'은 어디까지나 플레이어를 전제로 삼고 지칭한다고 볼 수밖에 없다.

이와 같은 성적 대상화는 텍스트 밖에서도 발생한다. 플레이를 종료한 후에도 플레이어들은 라라 크로프트의 옷을 벗기기 위해 노력하거나 '누드 레이더(Nude Raider)'라는 패러디를 확산하는 등 텍스트 안팎에서 라라 크로프트를 섹시 아이콘으로 소비하고 있다. 혹은 라라 크로프트가 잔인하고 무차별하게 죽음을 맞이하는 장면만을 고의적으로 편집해서 유통하기도 한다. 이는 분명 유사한 성격의 어드벤처 게임에서 주인공인 남성 캐릭터를 소비하는 방식과는 다르다. 일반적으로 게임 캐릭터를 중심으로 한 팬아트(fan art)의 경우, 남성 캐릭터에게는 강력한 의복과 아이템을 부과하기 위해서 노력하나, 여성 캐릭터에게는 의복과 아이템을 제거하기 위해서 노력한다. 남성 영웅에게는 불멸의 이미지를 부여하기 위해서 노력하나, 여성 캐릭터에게는 잔인한 죽음의 이미지를 징벌처럼 부여하기 위해서 노력한다. 이처럼 게임사에서 라라 크로프트는 여성 캐릭터의 긍정적인 면과 부정적인 면, 의의와 한계를 모두 내재한 양가적 존재이다.

라라의 다이나믹 계보학

1996년 등장 이래 라라 크로프트는 다양한 변천사를 거쳤다. 먼저 제작사를 기준으로 할 때 〈툼레이더〉 시리즈는 크게 3기로 구분된다. 1기는 1996년에서 2013년으로 에이도스 인터랙티브와 코어 디자인이 제작한 초기작들이다. 2기는 그래픽 디자인팀이 크리스탈 다이나믹스(Crystal Dynamics)로 넘어간 2006년에서 2008년으로 대표작은 〈툼레이더: 레전드Tomb Raider: Legend〉, 〈툼레이더: 언더월드Tomb Raider: Underworld〉이다. 제3기는 2010년에서 2013년으로 스퀘어 에닉스(Square Enix)가 에이도스 인터랙티브를 인수한 이후 출시된 대표작에는 〈툼레이더 리부트Tomb Raider Reboot〉가 있다(표 2).

1기 작품군의 경우, 여성 캐릭터에 대한 기반적 스토리가 확정되지 않은 상태에서 게임 서사가 전개된 탓에 라라 크로프트가 평면적 인물로 그려지고 있으며 캐릭터 서사와 전체 게임 서사의 인과관계가 어긋나는 경우도 있다. 2기에 비로소 라라 크로프트는 과거사의 일부가 추가되면서 통과의례를 겪은 영웅적 인물로 구현되기 시작했다. 이 시기 크리스탈 다이나믹스는 캐릭터의 스토리텔링을 강화하는 데에 주력했다. 특히 라라의 가족사를 강화하는 과정에서 라라의 아버지에게 중요한 의의를 부여했다. 즉 '아버지의 딸'이라는 전형적인 가족 로맨스의

[표 2] 〈툼레이더〉 시리즈의 계보학

시리즈	기	제작사	제작	타이틀	플랫폼
메인 시리즈	1기	에이도스 인터랙티브, 코어 디자인	1996	툼레이더(Tomb Raider)	PC, PS, X-BOX
			1997	툼레이더2: 시안의 단검 (Tomb Raider 2: The dagger of Xian)	
			1998	툼레이더3: 라라의 모험 (Tomb Raider 3: Adventures of Lara Croft)	
			1999	툼레이더4: 마지막 계시록 (Tomb Raider 4: The Last Revelation)	
			2000	툼레이더 연대기 (Tomb Raider: Chronicles)	
			2000	툼레이더(게임보이) (Tomb Raider(Gameboy))	Gameboy
			2001	툼레이더: 커스 오브 더 소드 (Tomb Raider: Curse of the Sword)	Gameboy Advanced
			2002	툼레이더: 더 프라퍼시 (Tomb Raider: The Prophecy)	
			2003	툼레이더: 앤젤 오브 다크니스 (Tomb Raider: The Angel of Darkness)	PC, PS, X-BOX
	2기	에이도스 인터랙티브, 크리스탈 다이나믹스	2006	툼레이더: 레전드 (Tomb Raider: Legend)	
			2007	툼레이더: 애니버서리 (Tomb Raider: Anniversary)	
			2008	툼레이더: 언더월드 (Tomb Raider: Underworld)	
	3기	스퀘어 에닉스, 크리스탈 다이나믹스	2010	라라 크로프트와 빛의 수호자 (Lara Croft and the Guardian of Light)	
			2013	툼레이더 리부트(Tomb Raider Reboot)	
스핀 오프		스퀘어 에닉스, 런런 게임즈	2014	라라 크로프트: 리플렉션스 (Lara Croft: Reflections)	Mobile (iOS)

스핀 오프	3기	스퀘어 에닉스, 크리스털 다이나믹스	2014	라라 크로프트와 오시리스의 사원 (Lara Croft and the Temple of Osiris)	PC, PS, X-BOX
			2015	라라 크로프트: 레릭 런 (Lara Croft: Relic Run)	Mobile (iOS/윈도우/안드로이드)
메인 시리즈		크리스털 다이나믹스	2015	라이즈 오브 더 툼 레이더 (Rise of the Tomb Raider)	PC, PS, X-BOX
스핀 오프		스퀘어 에닉스	2015	라라 크로프트 GO (Lara Croft GO)	Mobile (iOS/윈도우/안드로이드)

공식을 부과함으로써 라라 크로프트가 가족 및 주변 인물들과 관계를 맺는 방식에 주목하기 시작했다. 3기에서는 동시에 그녀의 심리적인 트라우마를 다룬다.

시리즈를 거듭하면서 가장 변모한 것은 다름 아닌 라라 크로프트의 외모이다. 1기 작품군에서 라라 크로프트는 과장된 신체 사이즈(34D-24-35)로 묘사됐으며 특히 성적 부위를 노골적으로 강조하는 형식으로 재현됐다.[12] 세부적으로는 긴 갈색 생머리, 커다란 눈, 아치형의 눈썹, 도톰한 입술, 큰 가슴, 잘록한 허리, 큰 엉덩이, 긴 다리 등 신체의 부분을 재조합하는 형식으로 캐릭터가 구성됐다.

외모 외에도 게임에서 라라 크로프트의 성적 특징을 강조하는 행동이나 장면이 빈번하게 등장한다. 〈툼레이더: 엔젤 오브 다크니스〉에서는 남성 캐릭터인 '커티스'가 라라 크로프트의 몸을 수색하며 그녀의 팔뚝, 배와 허리 부분을 더듬는 장면이 클로즈업된다. 이러한 장면을 통해서 플레이어들은 기존의 남성 영웅을 플레이할 때 느끼던 동일시

12 H. W. Kennedy, "Lara Croft: feminist icon or cyber bimbo?: On the limits of textual analysis", *Game Studies: International Journal of Computer Games Research*, Vol.2, No.2, 2002.

라라 크로프트 이미지의 변화

와는 전혀 다른, 일종의 거리 두기와 관음증적 쾌감을 느끼게 된다. 제작사가 유명 성인 잡지인 《플레이보이Playboy》와 제휴해 게임 캐릭터의 누드 이미지를 게재한 일례를 통해서 짐작할 수 있는 바와 같이, 라라 크로프트라는 여성 영웅은 태생적으로 여타 남성 영웅과는 차별적인 길을 걸어온 셈이다.

물론 디지털 게임에서 20여 년간 하나의 캐릭터를 고수한다는 것은 제작자의 입장에서 본다면 결코 쉬운 일이 아닐 것이다. 무엇보다도 기술의 발달에 따라서 제작 환경이 변모했을 것이며, 대중의 요구사항도 변했을 것이다. 그 결과 라라 크로프트는 타이틀이 나올 때마다 크고 작은 변화들을 겪었다. 그런데 이 변화의 폭이 동일 장르의 남성 캐릭터에 비해 큰 편이다. 영화이기는 하나, 라라 크로프트와 유사한 모험을 행하는 인디애나 존스 박사가 1981년 이래로 꾸준히 중절모와 채찍을 들고 등장한 것과 비교한다면, 라라 크로프트의 외모와 성격의 변화는 그야말로 극적이다. 가령 1996년 등장한 최초의 라라는 쌍권총, 짧은 반바지, 배낭을 트레이드마크로 내세우면서 등장했다. 그러나 시리즈를 거듭할수록 이 세 가지 트레이드마크마저 점차 사라진다. 지나치게 강조되었던 부푼 가슴과 잘록한 허리의 경우, 다행히 시리즈를

스스로를 바라보는 라라 크로프트

거듭함에 따라서 서서히 정상적인 수치로 돌아오게 된다.

외모보다 더 급격한 변화를 겪은 것은 바로 라라 크로프트의 성격과 심리적 측면이다. 이는 동급의 남성 캐릭터에게서는 찾아보기 힘든 예이다. 초기의 라라 크로프트는 영국의 귀족 출신으로, 모험과 스릴을 즐기는 유쾌하고 통쾌한 액션 캐릭터였다. 그녀는 평범하고 편안한 일상을 버리고 스스로 위험으로 가득 찬 모험을 택한다. 그런데 〈툼레이더: 레전드Tomb Raider: Legend〉의 그녀는 밝고 유쾌하던 성격에서 돌연 어두운 성격의 소유자로 변모한다. 또한 모험 자체를 즐기기보다는 자신의 아버지로부터 이어지는 음모와 비밀에 관심을 갖고 가족의 비극을 파헤치는 데 전념한다. 게임의 서사 역시 라라가 심리적으로 방황하는 모습을 묘사하는 데 집중한다.

결과적으로 라라 크로프트는 디지털 게임에 있어서 여성 캐릭터의 전형을 제시하고 이를 스스로 부정하거나 파괴하면서 끊임없이 변모하는 중이다. 일부 플레이어들은 유독 여성 영웅을 주인공 삼아 이 게임을 플레이하는 과정에서 플레이어의 정체성과 캐릭터의 정체성을 동일시하지 못하고, 라라 크로프트를 성적 대상으로 소비하거나 심한 경우 사디즘적 대상으로 다루면서 그녀를 통제하거나 보호하려고 든다.[13] 이 과정에서 자연히 라라 크로프트는 일반적인 어드벤처 게임에 등장하는 남성 영웅과 달리 자신의 주체성을 상실한다. 시리즈를 거듭할수록, 그녀의 영웅다운 면모와 행동이 강화되기보다 내면적 고민과 갈등, 좌절이 강조된다. 시간이 지남에 따라서 그녀의 외모는 그나마 실제 인간과 유사하게 묘사되고 있지만 그만큼 영웅으로서의 능력을 빼앗기고 말았다. 결국 그녀는 아무리 위험을 무릅쓰고 험난한 여정을 마쳐도 남성 영웅과 동일해질 수 없다는 한계를 갖는다.

13 Astrid Deuber-Mankowsky, *Lara Croft: Cyber Heroine*, University of Minnesota Press, 2005. P.29.

3. 트레일러 속 헐벗은 여신들

"염원하옵나니, 신성한 여신께서 우리에게 이야기보따리를 풀어주시기를.
여신이시여, 당신이 원하는 곳 어디에서든지 시작하여 주소서"

— 호메로스, 『오디세이아(The Odyssey)』 중에서

여신천하시대

최근 한국 개발사들이 내놓는 새로운 게임의 트레일러에는 유독 여신 캐릭터가 자주 등장한다. 전통적으로 게임은 남성 플레이어를 겨냥해 콘텐츠를 홍보해왔다. 한국 초기 온라인 게임들의 경우, 홍보용 트레일러에 등장하는 메인 캐릭터는 대부분 강한 남성성을 지닌 전사였다. 여성성을 지닌 캐릭터는 구색을 갖추기 위해서, 혹은 눈요기를 위해서 잠시 등장하는 정도였다. 그런데 최근의 트레일러들은 여신 캐릭터를 강조한다. 특히 2010년에 들어서면서 한국 개발사의 대작 온라인 게임들이 너 나 할 것 없이 여신 캐릭터를 홍보용 트레일러나 배너의 중심에 배치시키기 시작했다. 더 흥미로운 것은 막상 게임을 플레이해보면 중요할 것만 같던 여신의 존재감이 아예 없거나 미미한 경우가 많다는 점이다.

기존의 비디오 게임에 대한 연구를 분석해보면, 여성 캐릭터가 게임에서 얼마나 배제되거나 왜곡되어 왔는지를 잘 알 수 있다. 미국의 사례이기는 하나 카셀과 헨리 젠킨스의 연구[14]에 따르면, 100개의 아케이드 게임 조사 결과 92%에 해당하는 게임은 여성의 역할을 아예 포함하

14 Justine Cassell and Henry Jenkins, *From Barbie to Mortal Kombat: Gender and Computer Games*, MIT Press, 1998, p.14.

지 않고 있다. 그중 6%는 '곤경에 처한 여성'을 재현했으며, 2% 정도만 이 적극적인 인간 여성의 역할을 제시했다고 나온다. 기가 막힌 사실은 그 2%에 해당하는 작품들조차 〈미즈 팩맨Ms. Pac-Man〉, 〈마마 캥거루Mama Kangaroo〉 등으로, 여기서 다뤄진 여성이 결국 인간이 아니었다는 점이다.

사실 뉴미디어뿐 아니라 대부분의 미디어 콘텐츠는 여성을 적극적으로 재현한 적이 거의 없다. 1975년 독일의 TV 방송을 연구한 에리히 퀴헨호프(Erich. Küchenhoff)의 연구 결과에 따르면, 당시 독일 TV에서 주연 배역 및 조연 배우의 비율은 여성의 경우 32%, 남성의 경우 68%를 차지했다. 그중에서도 가장 빈번하게 등장하는 여성은 19세에서 35세 사이, 즉 결혼 적령기의 여성이었다. 이러한 수치와 설정은 1990년에도 별반 변화가 없었다.[15] 이처럼 이야기 예술 장르에서 여성 캐릭터가 배제되거나 왜곡되는 것은 게임만의 특이성이라고 보긴 어렵다.

그나마 최근 디지털 게임에서는 여성 캐릭터들이 수적으로는 많이 등장하는 듯하다. 막상 그 안을 들여다보면 모바일, PC, 온라인 등 어느 플랫폼을 막론하고 최근 한국 게임에서 등장하는 여성 캐릭터들은 모두 천편일률적이다. 언뜻 생각하기에는 다양한 아이템과 커스터마이징, 고도로 발달한 그래픽 기술 등을 통해서 다양한 캐릭터들이 생성될 수 있을 것 같은데, 결과적으로 여성 캐릭터들은 모두 똑같은 미녀들뿐이다. 여성의 미에 대한 사회적 조건은 단일하기 때문이다. 즉 그녀들은 여성 주체가 아닌, 사회적인 시스템이 제시한 기준에 부합하는 미녀들이기 때문에 그 누구로든 대체될 수 있을 만큼 유사하다.

15 발트라우트 포슈, 『몸, 숭배와 광기』, 조원규 옮김, 여성신문사, 2001, 143면, 재인용.

2011년 블루홀에서 제작한 게임 〈테라 TERA〉에 등장하는 여신 벨릭, 미스텔

모터쇼엔 모터걸, 게임쇼엔 게임걸

이처럼 게임의 세계관이나 게임 플레이와 밀접한 연관 관계를 맺지 않음에도 불구하고, 게임과 관련된 환경에서도 여성 캐릭터가 맥락 없이 불쑥 등장하곤 한다. 이는 오프라인 게임 행사에서도 마찬가지이다. 오프라인 유명 모터쇼에서 일명 '모터걸'이 화려하게 등장하는 것과 마찬가지로, 한국에서 개최하는 게임쇼의 현장에는 미모의 여성들이 전면에 나선다. 이들은 마치 게임 속에서 막 튀어나온 것과 같은 코스튬을 하고, 혹은 게임과는 아무 상관없는 코스튬을 하고서 관람객의 관심을 불러일으킨다. 세일러복을 입은 여학생, 금발에 나뭇잎을 얼기설기 엮어 두른 엘프, 짙은 화장에 채찍을 손에 든 악녀, 비키니 차림의 비치발리볼 선수에 이르기까지 상업적인 여성의 이미지들은 게임쇼에서도 재탕된다. 부스 앞을 지나는 사람들은 잠시 멈춰 서서 그녀들을 응시하거나 재빨리 그녀들을 지나친다. 동시에 게임과는 상관없이 그녀들을 향한 흥미로운 시선과 불쾌한 시선이 교차한다. 점차적으로 게임 콘텐츠 자체에 집중하고자 하는 자성의 목소리가 커지고 있다고는 하나, 게임쇼에서 그녀들은 여전히 중요한 볼거리이자 게임의 텍스트와 가장 무관한 존재이다.

발트라우트 포슈(Waltraud Posch)에 따르면, 직업적 여성 모델은 고유성이 없어야 하며 다른 모델로 대체될 수 있다. 이들은 요구받은 아름다운 이미지를 보여주되 그들이 팔아야 하는 상품의 이미지를 압도해서는 안 된다. 또한 그들의 아름다움은 세계에서 통용되는 기준으로, 마치 공업품 표준 규격처럼 엄격하고 개성이 들어설 여지가 없다.[16] 게임쇼에 등장하는 새로운 게임과 여성 모델의 공통분모는 바로 사용자들의 시선을 통해서 '상품 가치'를 '평가' 받는다는 점이다. 사용자들은 상품으로서 게임을 평가하듯 여성 모델들의 외모를 상품으로 평가한다. 게임쇼에서 여성의 몸은 게임쇼라는 텍스트 내의 자본으로서 소비되고 있는 것이다.

에로스적 타자를 상실한 그녀들

게임 트레일러, 게임쇼 등은 소위 신규 플레이어에게 매력적으로 보일 수 있는 갈고리 역할을 할 수 있다. 따라서 게임 자체에 대한 설명보다는 광고적인 기법을 활용하여 플레이어의 욕망을 자극하게 된다. 이는 후기 자본주의 사회에서 발생하는 광고의 일반 논리이다. 그런데 여기서 문제는 게임의 잠재적인 플레이어가 전적으로 '남성'으로 전제된다는 점이다. 남아가 게임을 더 많이 하고 남성들이 게임을 더 많이 구입하기 때문에, 남성의 욕망을 반영한 여성 캐릭터를 쓸 수밖에 없다는 것이 업계의 논리이다. 일본의 대표적인 게임 회사인 닌텐도(Nintendo)의 대변인은 다음과 같이 말한 바 있다.

"남자아이들은 시장 그 자체이며, 닌텐도는 항상 진지하게 핵심 소비자를 고려한다. 여아가 그 핵심 그룹에 들어갈 때, 우리는 그들의 니즈를 찾기 위해 노력할 것이다."[17]

---

16 앞의 책, 82–103면.

17 Justine Cassell and Henry Jenkins, 앞의 책, p.14.

위의 진술은 일견 타당성이 있어 보이기도 한다. 그러나 그 심층을 들여다보면 남성의 성적 욕망을 게임에 표면적으로 반영하는 순간, 여성 플레이어는 그들의 욕망은커녕 존재 자체가 아예 배제될 수 있다는 점을 간과하고 있다. 게임과 관련된 문화들 속에 유독 여성이 늘 타자화되거나 욕망의 대상으로 묘사되는데, 그 이유가 바로 욕망의 주체가 남성이기 때문이라는 논거는 일종의 모순이다. '여아가 그 핵심 그룹으로 들어갈 수 있는' 출구란 봉쇄된 것이 아니라 애초에 존재할 수 없는 셈이다.

물론 여성을 상품화하는 대부분의 경우, 정작 개발의 주체들은 '그저 흥미로운 대상, 재미있는 대상, 아름다운 대상을 추구한 것일 뿐' 성차별적 태도나 편향적인 자세로 게임을 기획하거나 개발하려고 했던 의도가 없다고 항변할 것이다. 젠더 정체성을 인식하면서 게임을 만드는 경우는 거의 없다. 문제는 젠더 정체성을 인식하지 않고 게임을 기획 및 개발하는 풍토 자체에 있다. 게임은 상업적인 상품인 동시에 문화적인 자산이다. 따라서 단순 소모품이 아니라 문화적 패러다임을 형성하고 인간의 가치관에 영향을 준다. 따라서 대중, 무엇보다도 아직 젠더 정체성과 온갖 선입견이 구축되기 이전인 어린이 및 청소년들에게 향유되는 작품이라면, 반드시 인간의 정체성에 대해서 심사숙고하면서 그 세계를 구축하고 재현했는가에 대해서 끊임없이 확인해야 한다.

아쉽게도 대부분의 디지털 게임들은 그러한 과정을 거치지 못한 채 세상으로 나와 버렸다. 하여 수많은 그녀들이 주체가 아닌 성애의 대상으로만 소비되고 있다. 그녀들은 에로스적 타자, 즉 조르주 바타유(Georges Bataille)가 강조하던 죽음에 이를 정도로 삶을 긍정하는 생산적 타자가 아니라, 단지 성애의 대상이요 소비의 상품일 뿐이다. 한병

철에 따르면, 우리 시대는 모든 것을 소비의 대상으로 삼기 위해 이질성을 제거한다. 성애는 증식되어야 할 자본이요, 신체는 전시가치를 가지고 있는 상품일 뿐이다.[18] 따라서 그녀들은 고유한 인격과 얼굴을 가질 수 없다. 안타깝게도 게임 속 그녀들은 근현대 소설이나 미술 작품 등에 등장하던 에로티시즘의 화신, 주체를 넘어서서 타자에게까지 가치를 부여하고 의미를 재생산하던 그녀들과는 전혀 다른 존재이다. 결론적으로 그녀들은 에로스적 타자의 기능을 상실했다.

---

18 한병철, 『에로스의 종말』, 문학과지성사, 2015.

4. 아버지의 이름으로, 아테나의 후예들

"그리스 여신들도 우리처럼 가부장제 사회에서 살았다. 남신들이 하늘과 땅과 바다와 지하세계를 지배하는 동안에 여신들은 현실에 적응하여 남신에게서 떨어져 나가거나 남신과 섞이거나 마음속으로 움츠러들었다. (중략) 즉 여신들은 가부장적인 문화에서의 여성의 삶을 반영하고 있다."

— 진 시노다 볼린, 『우리 속에 있는 여신들』 중에서[19]

신화 속 여성의 원형들

그리스 신화에는 대표적인 여신으로 사냥과 달의 수호신인 아르테미스, 지혜와 공예의 수호신인 아테나, 신전과 가정의 수호신인 헤스티아가 등장한다. 이들은 각각 다양한 여성의 원형이다. 가령 헤스티아가 내부 지향적인 원형이라면, 아르테미스와 아테나는 외향적이고 업적 지향적인 원형이다.[20] 다만 아쉽게도 이러한 여성의 원형은 여성의 본질로부터 발현되었다기보다는 사회에서 바람직하다고 여겨지는 여성의 특징들을 조합하는 과정에서 나타났다고 보는 편이 더 적합할 것이다. 이들의 원형을 문자로 기록한 펜의 주체가 바로 남성이기 때문이다. 이처럼 오랜 시간에 걸쳐서 굳어진 여성 신화의 원형들은 디지털 시대에도 어김없이 부활하고 있다. 특히 디지털 게임의 경우, 캐릭터의 외향적 행동과 여정을 통해서 게임 서사가 전개되기 때문에 자연히 신화의 원형 중에서도 외향적, 업적 지향적 원형들이 적극적으로 활용된다.

여신들 중에서도 디지털 게임에서 가장 빈번하게 활용되는 원형은

---

19 진 시노다 볼린, 『우리 속에 있는 여신들』, 조주현 · 조명덕 옮김, 또하나의문화, 2004, 45면.
20 앞의 책, 57면.

바로 아테나(Athena)이다. 게임에서는 유독 남성과 동등한 또는 남성보다 더 뛰어난 아테나 원형이 많이 활용되고 있다. 여신 중에서 유일하게 갑옷을 입고 있는 아테나는 한 손에는 방패를, 한 손에는 창을 들고 있다. 본래 아테나는 제우스의 머리에서 태어난 전쟁의 신이다. 그녀는 메두사의 얼굴을 한 방패를 들어 적을 돌로 만들고 뱀이 달린 갑옷을 입어 적들이 자신을 해하지 못하게 했다.[21]

그녀의 강력한 힘은, 그녀가 '아버지의 딸'이기에 가능한 것이라고 그리스 신화는 설명한다. 즉 그녀의 내재적 가치 때문이 아니라 아버지로부터 물려받은 재능 덕분에 강력한 여신으로 등극한 것이다. 아버지 없이 아테나는 존재할 수 없다. 아테나가 제우스의 왕좌 옆에서 무장하고 서 있을 때나 아킬레우스나 오디세우스와 같은 영웅들과 함께 나란히 등장할 때, 그녀의 외관은 여성이라기보다는 강력한 남성에 가깝다. 잘 알려진 바와 같이, 오레스테스의 사건에서 아테나는 아버지인 아가멤논을 살해한 어머니 크리타임 네스트라에게 복수를 했던 오레스테스를 옹호하는 쪽에 결정적인 표를 던졌다. 즉 아테나는 아폴론의 편을 들어 어머니와의 연대감보다 가부장제의 원리를 중시하고 옹호하는 데에 주력한 것이다.[22]

이처럼 아테나는 구구절절한 사연을 갖고 있는 아버지의 딸이다. 따라서 단순히 아테나가 가장 강하고 공격적이기 때문에 디지털 게임에서 빈번하게 그 원형이 반복되고 있다고 보기에는 뭔가 석연치 않은 구석이 있다. 아테나는 강력한 여성 영웅 캐릭터임이 분명하지만 동시에 어머니를 부정하는 아버지의 딸, 가부장제의 원리를 누구보다 철석같이

---

21 장영란, 『신화 속의 여성, 여성 속의 신화』, 문예출판사, 2001, 45면.

22 진 시노다 볼린, 앞의 책, 108–111면.

지켜내는 수호자이다. 따라서 디지털 게임에 등장하는 아테나 캐릭터를 분석하기 위해서는 표면적으로 보이는 공격력과 수치 너머의 가족 로맨스를 분석해볼 필요가 있다.

창과 방패를 들고 있는 아테나

게임 속 가족 로맨스

한 개인의 정체성을 구축하는 데 있어서 가족, 특히 부모는 분명 지대한 영향을 미친다. 입장에 차이는 있으나 프로이트로부터 라캉, 융에 이르기까지 분석 심리학자들은 여자아이와 어머니, 여자아이와 아버지 사이에 나타나는 심리적인 갈등을 남자아이의 경우와 다르게 풀이했다. 굳이 심리학까지 거론하지 않더라도, 일반적인 처세술 관련 서적들도 사회적으로 성공을 거둔 여성일수록 어려서부터 자신이 '어머니의 딸'임을 부정하고 '아버지의 딸'로 거듭나는 경우가 많다거나, 혹은 역으로 어머니의 나약한 여성성을 극복하고 아버지의 강인함을 배워야만 가부장적인 질서가 지배하는 사회에서 성공할 수 있다고 흔히 주장한다.

세상의 모든 딸들은 애초에 아들처럼 아버지를 죽이고 어머니와 결혼한다는 근원적 욕망을 실천할 수 없다. 즉 왕을 죽인다고 해서 새로운 왕으로 등극할 수 없다. 왜냐하면 아버지의 딸로 자라나면서 독립성보다는 그림자로서의 의존성을 철저히 강요받기 때문이다. 결국 아버지의 그늘에서 안전하게 성장한 딸은 또 다른 그늘인 남편에게로 종여되거나 전달되고, 더한 경우 노년기에는 다시 아들에게로 몸을 옮겨 생을 마감하게 된다. 이 과정을 모두 겪고 나서야 비로소 딸은 아버지가 자신의 모델이 될 수 없음을 깨닫고 잊고 있던 어머니를 찾아 나설 수 있다.

개인의 오이디푸스 콤플렉스, 엘렉트라 콤플렉스 등 심리학에서 다뤄지는 가족 로맨스(family romance)는 뉴미디어 콘텐츠의 캐릭터에도 동일하게 적용될 수 있다. 특히 디지털 게임의 경우, 영웅의 여정을 주요한 서사적 플롯이자 아크로 삼는 경우가 많기 때문에 왕좌와 권력을 둘러싼 다양한 가족 로맨스적 상황이 주요한 갈등으로 차용된다.

가령 디지털 게임에 있어서 여성 영웅의 대명사이자 원형은 역시 〈툼레이더〉 시리즈의 라라 크로프트이다. 시리즈 중 프리퀄 형식인 〈툼레이더 리부트Tomb Raider: Reboot〉는 주인공 라라 크로프트가 여성 영웅으로 거듭나는 통과의례를 주요 서사로 다루고 있다. 여성 영웅에게 어머니는 부재하거나 있어도 중요하지 않다. 그녀가 영웅으로 거듭나는 데 있어서 가장 중요한 것은 바로 '라라의 아버지'이다.

'라라'는 없고 '크로프트'만 있다

수잔 제포드에 따르면, 남성 영웅의 서사에서 '아버지와 아들의 관계'는 영웅의 지배적 성향을 강화시키는 관습적인 역학 관계이다.[23] 라라 크로프트 역시 영웅으로 거듭나는 과정에서 아버지와의 관계가 중요하게 다뤄진다. 시리즈 전반에 걸쳐서 라라 크로프트는 그리스 신화의 아테네와 마찬가지로 자신을 '아버지의 딸'로 명명하고 아버지의 법

23 Susan Jeffords, *Hard bodies: Hollywood masculinity in the Reagan era*, Rutgers University Press, 1993, pp.99–100.

〈툼레이더 레전드〉의 라라 크로프트

을 추종한다. 이때 흥미로운 것은 실재하는 아버지보다 부재하는 아버지의 법이 보다 강력하게 작용한다는 점이다. 〈툼레이더 레전드Tomb Raider: Legend〉와 〈툼레이더 리부트〉 시리즈 전반에 걸쳐서, 라라 크로프트는 "나의 아버지가 모두 옳다고 그에게 말하라(Tell him my father was right about everything)"(〈툼레이더 레전드〉), "수년간 나는 아버지를 원망했다(…) 그러나 아버지가 옳았다. 지금 아버지에게 그 사실을 말할 수 있으면 좋을 텐데(For years, I resented my father (…) But he was right about so much. I just wish I could tell him that now)."(〈툼레이더 리부트〉)라고 고백하면서 아버지를 그리워하고 아버지의 부재를 뼈아파하며 부재한 아버지의 법에 스스로 복종한다.

〈툼레이더 레전드〉 시리즈 이후, 라라 크로프트는 아버지의 법과 남성 영웅의 여정을 철저하게 답습한다. 그녀의 모험에 있어서 가장 중요한 시발점은 바로 '아버지의 실종'이다. 라라 크로프트는 아버지의 가설이 옳았으며 그에 대한 오해를 푸는 것으로 자신의 모험을 마무리 짓는다. 전 시리즈를 통해서 그녀는 여전사이기 이전에 아버지의 딸로 그려지고 있다. 2014년에 발표된 〈라이즈 오브 더 툼레이더〉의 트레일러에서도 아버지를 향한 그녀의 정신적인 고뇌가 주요 모티브로 나타난다.

시리즈에 따라 부재하는 아버지는 다른 남성으로 대체되기도 한다. 이 과정에서 아이러니하게도 라라 크로프트는 자신의 영웅적 지위를 '구원받은 처녀(damsel in distress)'의 위치로 기꺼이 끌어내린다. 가령 〈툼레이더 리부트〉에서 남성 캐릭터인 로스가 등장하자, 이전까지만 해도 모든 모험을 스스로 감행하던 강인한 라라는 갑자기 그에게 순종하고 의지하기 시작한다. 그녀에게 위기가 닥칠 때마다 로스는 라라에게 중요한 지침을 제공한다. 이러한 점에서 볼 때, 라라 크로프트는 스스로 여성 영웅이 되기 위해서 험난한 여정을 시작했으나 결국 남성의 질서에 편입되기를 욕망하는 모순적 캐릭터이다. 〈툼레이더 리부트〉에서 상징적 아버지인 로스는 "당신은 크로프트요(You are a Croft)"라는 유언을 남긴다. 결국 라라 크로프트는 여성 영웅 '라라'이기 이전에, 그저 '크로프트'에 머물게 되는 것이다.

'누군가의 무엇'이 되어

불특정 다수가 접속해 동시에 플레이하는 온라인 게임의 경우, 다수의 플레이어가 공유할 수 있는 기반적 서사(background story)가 중요하다. 게임 개발사가 제공하는 기반적 서사는 게임 플레이 이전에 선행하는 게임 세계의 뼈대와도 같은 불변의 요소이다. 따라서 기반적 서사에는 게임 세계의 이면적인 가치관과 이데올로기가 반영되어 있다. 라이엇 게임즈에서 개발한 〈리그 오브 레전드League of Legend〉는 에이오에스(Aeon of Strife, AoS) 장르에 속하며 다중접속온라인 역할수행게임(Massively Multiplayer Online Role-Playing Game, MMORPG) 장르 이후

〈리그 오브 레전드〉의 카타리나

전 세계 대중에게 각광받은 게임으로 꼽힌다. 이 게임은 룬테라의 대륙 발로란에 위치한 도시국가들의 권력 분쟁 및 패권 다툼을 게임 세계의 기반적 서사로 삼는다.

〈리그 오브 레전드〉는 광활한 공간에서 다양한 챔피언 캐릭터의 성격을 재현할 수 있도록 스토리와 세계관을 강화한 게임이다. 그런데 정작 남성 캐릭터와 여성 캐릭터의 가족 관계 설정을 들여다보면, 두 경우가 전혀 다르게 설정되어 있음을 확인할 수 있다. 표면적으로만 봐도 남성 캐릭터의 경우 상당히 다양한 외관으로 묘사되고 있는 데 반해 여성 캐릭터는 다양하지 않은 편이다. 무엇보다도 남성 캐릭터는 모두 자발적인 의지로 전투에 참여한 영웅으로 설정되어 있는 반면, 여성 캐릭터는 대부분 남성과의 관계 때문에 분쟁에 휩싸이는 것으로 설정되어 있다. 이들은 크게 '아버지의 딸(카타리나, 카시오페아)', '오빠의 여동생(퀸)', '남편의 아내(아쉬)'로 삼분된다. 녹서스의 쿠토 장군은 카타리나와 카시오페아라는 두 딸의 아버지로, 일찌감치 각기 다른 두 딸의 자질을 알아보고 둘을 각각 다른 캐릭터로 키워 나간다. 즉 〈리그 오브 레전드〉의 간판격인 두 여성 캐릭터의 위에는 그녀들을 조종하는 아버지가 있다.

〈리그 오브 레전드〉에는 많은 캐릭터가 등장하는 만큼 여성 캐릭터의 수도 많은 편이며, 나아가 남녀의 연애 관계도 다른 어떤 게임보다 많이 등장한다. 즉 여성 캐릭터가 등장하면 모두 페어링으로 누군가와 짝을 맺게 된다는 설정이 반드시 뒤따른다. 가령 카타리나는 스스로 강력한 암살자임에도 불구하고 데마시아 군의 지휘관인 가렌과 연인 관계를 맺는다. 때때로 그녀들은 옛날의 부족처럼 교환가치를 가진 매개물, 갈등을 완화시킬 수 있는 완충제로 작용한다. 심한 경우 그녀들은 인간이 아닌 교환가치를 지닌 재화로 전환되기도 한다. 이처럼 게임 속 그녀들은 모두 '누군가의 무엇'으로 설정되어 있다.

이는 사실 온라인 게임에만 국한된 경우는 아니다. 할리우드의 블록버스터나 미국의 유명 드라마에 등장하는 여성 주인공들은 대부분 자신의 이름을 독립적으로 내걸지 못하고 오로지 '누군가의 무엇'으로만 등장한다. 이때 '누군가'라는 주체는 반드시 가부장제도 안에서의 남성만이 차지할 수 있는 지위이다. 여성은 여전히 누군가의 아내, 딸, 여동생으로만 존재할 따름이다.

아버지의 공주 만들기

육성 시뮬레이션 게임 〈프린세스 메이커Princess Maker〉는 '아버지의 딸인 공주가 아버지의 명대로 성장하는 이야기'를 전면에 내세워 게임 플레이 형식으로 재현해 상업적으로 성공한 경우이다. 당시 이 게임은 재정적으로 위기에 처했던 회사 가이낙스 사가 향후 애니메이션 및 게임을 제작할 수 있는 발판을 마련해준 것으로 유명하다. 표면적으로는 아버지의 입장에서 딸을 키우는 것이 전부인 이 게임이 많은 게이머들

〈프린세스 메이커2〉의 접대부 엔딩과 하녀 엔딩

에게 각광받은 이유는 과연 무엇일까? 딸을 위해서 비범한 영웅의 면모를 감추고 평범한 일상에서 십대의 딸을 키워 나가는 아버지라는 설정이 남성 게이머와 여성 게이머 모두의 모성애를 자극한 탓일까?

그렇게 치부하기에 이 게임에서는 기이한 엔딩들이 너무 많다. 잘 키운 딸이 왕비가 된다는 뻔하고도 착한 결론 외에 술집 종업원이 되는 엔딩도 있다. 게다가 1993년 출시된 2편부터는 딸의 체형도 아버지가 직접 선택하거나 조정할 수 있다. 아버지의 직업에 따라 딸의 생활 환경이 달라지기도 한다. 4편부터는 아예 친아버지가 아니라 애인과 마왕 사이에서 나온 아이를 키운다고 설정되어 있다. 물론 이 게임에는 순수한 고정 팬도 많다. 실제로 일정 시간 이상을 소요해 하나의 캐릭터를 육성한 끝에 맞이하게 되는 엔딩 부분에는 눈물이 날 만큼 뿌듯하거나 감동적인 요소도 있다. 그러나 〈프린세스 메이커〉의 게임 플레이에는 분명히 이것 말고도 '삐딱하게 볼' 만한 요소가 충분하다. 특히 남성 캐릭터 육성 시뮬레이션과 비교할 때 그러하다.

보통 시뮬레이션, 어드벤처 게임에서 성장 모티브를 차용하는 경우, 플레이어는 주인공 시점에서 영웅의 여정을 겪어 나가면서 그에 합당한 미션과 퀘스트를 스스로 수행할 때에만 영웅으로서 인정받고 성장할 수 있다. 그에 반해서 〈프린세스 메이커〉에서 딸은 아버지의 명령에 따라야만 제 역할을 다하는 하나의 성인이자 직업인으로 거듭날 수 있다.

경우에 따라서 아버지의 시선은 철저하게 관음증적으로 그녀를 관찰한다. 이 게임은 기본적으로 프로이트의 오이디푸스 신화를 철저하게 따르고 있다. 딸은 '여자다움(womanhood)'을 획득하고 아버지의 보살핌과 사랑을 받아야만 존재하는 '대상'으로 설정되어 있다. 게일 루빈에 따르면, 이와 같은 아버지와 딸의 최초 리비도적 관계는 그 설정 자체로 마조히즘적이다. 즉 아버지에게 사랑받으려면 여자가 되어야만 한다는 식의 마조히즘적 에로티시즘이 강요된다.[24] 이 게임에서는 이러한 아버지와 딸의 마조히즘적 관계가 플레이어의 페르소나와 플레이어 캐릭터로 재현되고 있다. 심한 경우 아예 아버지와 결혼하는 엔딩이 등장하기도 한다.

고전소설 『심청전』에서 심봉사가 딸을 공양미 삼백석의 교환가치로 환산한 뒤 바꿔버린 것처럼, 〈프린세스 메이커〉 시리즈에서 딸의 성장 과정과 결과는 철저히 숫자와 직업으로 나타난다. 가령 〈프린세스 메이커 2〉의 경우 그녀는 결국 왕비, 백작부인, 재상이 되기도 하고 마법사, 용사, 점술사, 궁녀가 될 수도 있다. 직업에 따라서 무용수나 화가, 작가, 미장이, 사냥꾼, 미용사 등이 되기도 하며, 플레이어의 선택에 따라서 하녀, 쇼걸, 이혼녀, 접대부가 되기도 한다. 실제로 접대부 엔딩은 남성 플레이어들이 은근히 선호하는 엔딩이기도 하다. 이는 실제로 여성의 노동 영역과 성장 및 성공을 규정짓고 있는 현대 사회의 맥락이 고스란히 반영된 결과이다.

모성의 신화를 반박한 에이드리언 리치(Adrienne Rich)에 따르면 가부

24 게일 루빈, 앞의 책, 131면.

장제, 혹은 가부장 중심주의는 '남성의 세계'만이 진정한 세계이며 여성은 하위집단일 수밖에 없다는 가설을 포괄한다.[25] 따라서 주체에게 있어서 어머니가 내면세계의 갈등 요소라면 아버지는 성공을 향한 핵심 열쇠이다. 〈툼레이더〉의 라라 크로프트처럼, 그녀들에게는 그 어떤 여자 친구도, 어머니도, 자매도 없다. 자매가 있는 경우에도 서로 이해하고 협력하기보다는 카타리나와 카시오페아처럼 갈등하고 반목한다. 또한 〈프린세스 메이커〉에서 드러나는 바와 같이, 아버지는 딸을 자신의 분신으로 여기지 못하고 여전히 보호해야 할 대상 혹은 소유해야 할 대상으로 대한다.

아테나를 '아버지의 딸'로 부르는 것은 권위와 책임감, 권력을 모두 지닌 강력한 남성 즉 아버지에 대해서 끌리는 아테나의 성향을 지칭하기 위함이다.[26] 신화의 세계에서 나아가 디지털 게임에서도 아버지는 딸이 성공을 향해 나아갈 수 있도록 조련할 수 있는 강력한 트레이너이다. 그러나 아이러니하게도 정작 아버지는 딸에게서 아들과 같은 동일시를 느끼지도 못하며 딸과 아들을 결코 동일시하지도 않는다. 아버지에게 있어서 아들은 분신이 될 수 있지만 딸은 그저 영원한 대상으로 머물 뿐이다.

---

25 에이드리언 리치, 『더이상 어머니는 없다』, 김인성 옮김, 평민사, 14면.

26 진 시노다 볼린, 앞의 책, 116-127면.

5. 트랜스미디어의 마스터 캐릭터, 앨리스

"이상한 나라에 누워
날이 저물도록 꿈을 꾸고,
여름이 지나도록 꿈을 꾸지.

둥실둥실 물길이 떠다니며
황금빛 찬란하게 떠돌며,
삶은 한갓 꿈이 아닐까?"

— 루이스 캐럴, 〈이상한 나라의 앨리스〉 중에서

앨리스의 공식

흔히 모험담(adventure)의 주인공은 소년이다. 그런데 이례적으로 일곱 살짜리 소녀 캐릭터가 150년 이상 책과 스크린을 넘나들면서 모험담의 주인공으로 각광받고 있다. 무엇보다도 그녀는 앞으로도 꾸준히 주인공으로 활약할 전망이다. 바로 루이스 캐럴(Lewis Carroll)의 소설 『이상한 나라의 앨리스Alice's Adventures in Wonderland』, 『거울 나라의 앨리스Through the Looking-Glass and What Alice Found There』의 주인공인 앨리스이다.

『서사학 강의The Cambridge introduction to narrative』의 저자 H. 포터 애벗(H. Porter Abbott)에 따르면, 서사 중에는 인간의 근저에 위치한 가치, 희망, 공포 등에 대해서 유독 반복적으로 나타나는 이야기들이 있다. 애봇은 이러한 일련의 이야기를 '마스터 플롯(master plot)'이라고 칭한다. 마스터 플롯은 정전 스토리(canonical story), 원형(archetype) 등과 유사한 개념으로 사회 구성원들이 함께 공유하는 문화적 연결고리로 기

능하며 일정한 공식을 갖게 된다.[27]

팀 버튼 감독의 영화 〈이상한 나라의 앨리스〉

애봇의 정의에 비추어 볼 때 앨리스는 대표적인 '마스터 캐릭터'라 할 만하다. 앨리스는 매번 비슷한 듯 달라진 모습으로 돌아온다. 신비로운 원더랜드를 담은 어린이용 그림책이나 애니메이션으로 재현되기도 하고, 어른을 위한 드라마나 영화로 부활하기도 한다. 그런가 하면 원작자의 의도와 상관없이, 원본의 해체와 재구성을 거쳐 연극이나 게임으로 재창조되기도 한다. 온라인 백과사전인 위키피디아에서 '이상한 나라의 앨리스를 토대로 하는 작품(works based Alice in Wonderland)'을 검색해보면, 무려 약 200여 작품이 앨리스와 관련된 타이틀로 거론된다.

소설 『이상한 나라의 앨리스』는 영국 아동 문학이 황금기를 구가하던 시대의 대표적인 작품으로 알려져 있다. 원작자인 루이스 캐럴은 실제로 특정 어린이들을 위해서 앨리스 캐릭터를 창조해냈다. 아동 문학으로서의 소설 『이상한 나라의 앨리스』의 묘미는 언어유희(pun)에서 잘 드러난다. 이 작품에는 어린이가 좋아할 만한 말장난과 패러디가 난무한다. 의미 있는 말들은 다른 의미의 말이나 무의미한 말로 대체된다. 앞뒤가 거꾸로 되고 위아래가 뒤집힌 환상 세계 역시 아이다

27 H. 포터 애벗, 『서사학 강의』, 우찬제 옮김, 문학과지성사, 2010, 99–100면.

운 상상력의 발현이다.

그러나 앨리스의 매력은 아동 문학의 범주 안에 국한되지 않는다. 소설 『이상한 나라의 앨리스』는 아동 문학의 영역을 넘어서서 환상 문학의 정전으로도 평가된다. 서구의 문학 평론가들은 소설 속 세계를 19세기 말 빅토리아 여왕의 시대적 상황과 연관 짓는다. 당시 영국 사회는 산업혁명과 함께 물질적 풍요가 도래했으나, 이면에서 대중은 정신적 혼란을 겪고 있었다. 또한 진화론의 등장으로 인해 종교와 과학의 가치관이 갈등을 빚기도 했는데, 소설 속에 이러한 현실이 잘 녹아들어 있다는 것이다.

마스터 캐릭터인 앨리스의 공식은 널리 알려진 바와 같다. 먼저 일상과 변별된 2차 세계로 이어지는 '토끼굴(『이상한 나라의 앨리스』)' 혹은 '거울(『거울 나라의 앨리스』)'이 매개 장소로 등장한다. 이를 통해서만 앨리스는 거꾸로 된 세상, 비논리적인 환상의 세계로 진입할 수 있다. 2차 세계에서 앨리스는 물약과 케이크를 먹고 몸의 크기가 변화되는 경험을 한다. 그곳에는 놀이와 수수께끼, 말장난이 난무하고, 말하는 무생물과 동물들, 모자장수와 붉은 여왕이 존재하며, 트럼프와 체스, 미친 티파티가 극적으로 재현된다.

미디어 프렌차이즈의 정석

미디어 프렌차이즈 전략에서 성공한 캐릭터는 소설이나 만화와 같은 출판물에서 애니메이션 및 영화와 같은 영상물로, 나아가 상호작용적인 게임으로 멀티유즈(multi-use)된다. 멀티유즈 과정에서 캐릭터의 의미가 강화되는 경우도 있으나 반대로 캐릭터의 힘이 소모되기도 한다. 앨리스의 경우 소모적 멀티유즈의 전형성을 뛰어넘는다. 앨리스는

소설 『이상한 나라의 앨리스』에 등장하는 '미친 티 파티'의 삽화

한 세기 반을 넘나들면서 장르와 문화권을 불문하고 다양한 이론가들과 창작자들의 영감을 불러일으켰다.

앨리스로부터 영감을 받아 탄생한 작품들은 앨리스의 아류가 아닌 또 다른 원본으로 존재하게 된다. 가령 팀 버튼(Tim Burton) 감독의 영화 〈이상한 나라의 앨리스Alice in Wonderland〉에서 관객은 팀 버튼 특유의 판타지 세계를 관람할 수 있고, 아메리칸 맥기(American McGee)의 게임 〈앨리스: 매드니스 리턴즈Alice: Madness Returns〉에서 플레이어는 맥기 특유의 호러 세계를 경험할 수 있다. 앨리스를 통해서 창작자의 독특한 세계관이 보다 효과적으로 대중에게 전달된 것이다. 롤랑 바르트(Roland Barthes)의 말을 빌자면, 『이상한 나라의 앨리스』는 이른바 '쓰여지는 텍스트(writable text)', 즉 창작자에게 끊임없이 창작의 욕구를 불러일으키는 텍스트이다.

앨리스에 대한 학계의 연구 비평계의 평론 역시 끊임없이 이뤄지고 있다. 앨리스의 무엇이 창작자들에게 영감을 불러일으켰는가에 대한 창작 발상적 접근에서부터 앨리스는 무엇을 대변하는지에 대한 문화 비평적 접근에 이르기까지 분석 방법도 다양하다. 특히 다양한 앨리스 캐릭터의 재현 양상을 분석하는 과정을 통해서 시대별 문화 코드를 읽어낼 수 있고 장르별 문법도 확인할 수 있다.

1951년 미국 디즈니의 애니메이션 〈이상한 나라의 앨리스Alice in Wonderland〉를 시작으로 앨리스는 끊임없이 영화화되어 왔다. 디즈니의 경우, 유토피아적 상상력을 토대로 루이스 캐럴의 원작을 충실히 재현했다. 그러나 팀 버튼의 〈이상한 나라의 앨리스〉는 CG, 3D 등 특수기술을 총동원하여 팀 버튼 특유의 고딕스럽고 그로테스크한 세계를 창조해냈다. 영화의 장르적 특성상 소설 원작에서 두드러지게 나타났던 언어유희나 말장난은 많이 살리지 못했다. 또한 〈이상한 나라의 앨리스〉와 〈거울 나라의 앨리스〉을 일부 합쳐서 시나리오로 재편했다.

대신 이 영화에서는 팀 버튼 특유의 다채로운 환상 세계와 캐릭터들이 살아났다. 당시 유행하던 3D 기법을 두드러지게 강조하기 위해서 굴에서 낙하하는 장면, 앨리스가 달리거나 나는 장면 등이 확대되었다. 잘 알려진 바와 같이 팀 버튼의 작품들을 대개 디스토피아적 상상력을 담고 있다. 팀 버튼이 재현한 원더랜드 역시 거대한 몬스터인 재버워키가 지배하는 무시무시한 세계로, 현실보다 더 어둡고 기괴한 공간이다. 소설의 배경이 언어유희와 말장난으로 즐거운 세계라면, 영화의 배경은 모험과 대결이 존재하는 진지한 세계이다. 소설의 배경이 푸른 봄날의 밝은 대낮이라면, 영화의 배경은 회색빛 겨울날의 어두침침한 밤이다. 종국에 앨리스는 악의 우두머리인 재버워키를 제거한 뒤 현실 세계로 귀환한다.

21세기의 앨리스는 디지털 게임을 통해서 아바타(avatar)로까지 진화했다. 소설, 영화, 애니메이션과는 차별적으로, 게임은 플레이어에게 강력한 몰입과 상호작용의 경험을 유발한다. 그렇다면 21세기의 플레이어는, 21세기의 앨리스를 통해서 어떠한 환상 경험을 하게 될까?

로그 엔터테인먼트(Rogue Entertainment)에서 2000년에 개발한 어드벤처 게임 〈아메리칸 맥기의 앨리스American McGee's Alice〉는 루이스 캐럴의 소설 『이상한 나라의 앨리스』와 『거울 나라의 앨리스』를 재해석해 게임의 기반적 서사로 차용한다. 2011년에 후속작 〈앨리스: 매드니스 리턴즈〉가 출시됐다. 맥기의 게임은 『이상한 나라의 앨리스』와 『거울 나라의 앨리스』를 교묘히 섞어 놓았다. 그중에서도 게임 〈아메리칸 맥기의 앨리스〉의 거침없는 태도는 루이스 캐럴의 소설 『거울 나라의 앨리스』의 앨리스와 일견 통하는 면모가 있다. 게임은 앨리스가 의문의 화재로 부모를 여의고 불안과 광기 속에 정신병원에 감금되었다는 설정으로부터 시작된다. 우울증에 걸린 여성이 자신을 파괴하는 것과 달리, 앨리스의 증오는 꿈 세계의 캐릭터들을 향한 공격적인 행동으로 나타난다.

소설과 게임에서 앨리스 캐릭터는 일종의 체스 말로 분하고, 통과의례를 겪으면서 마지막 목표를 향해 나아간다. 소설 『거울 나라의 앨리스』에서 앨리스는 거대한 체스 게임에서 승리하고 강력하고 자유로운 여왕이 되기를 희망한다. 마찬가지로 게임 〈아메리칸 맥기의 앨리스〉 역시 게임의 규칙을 익히고 대결에서 승리하기를 원한다. "이제 저 시내만 건너면 여왕이 되는구나! 정말 신난다!" 그러나 막상 여왕의 자리에 올랐을 때 앨리스는 아이러니하게도 여왕이 되기를 거부하고 식탁보를 잡

〈아메리칸 맥기의 앨리스〉

아당긴 뒤 현실 세계로 돌아온다.

1865년에 세상이라는 토끼굴로 들어온 이래, 21세기에도 앨리스는 지치지 않고 다양한 매체와 콘텐츠를 넘나들며 종횡무진 모험을 이어 나가는 중이다. 아마도 그녀는 50년, 100년이 지난 뒤에도 여전히 소녀인 채로, 최첨단의 매체 어디에선가 토끼굴로 굴러떨어지고 있을 것이다. 앨리스는 반드시 돌아온다.

〈앨리스의 유형별 멀티유즈〉

[표 3] 앨리스 시리즈의 소설 원작

연도	제목	작가	출판사
1865	이상한 나라의 앨리스 (Alice's Adventures in Wonderland)	루이스 캐럴 (Lewis Carroll)	맥 밀란(Macmillan)
1871	거울 나라의 앨리스 (Through the Looking-Glass and What Alice Found There)	루이스 캐럴 (Lewis Carroll)	맥 밀란(Macmillan)

[표 4] 앨리스 캐릭터를 활용한 소설

연도	제목	작가	출판사
1895	오래된 원더랜드의 새로운 앨리스 (A New Alice in the Old Wonderland)	애나 리차즈 (Anna M. Richards)	제이. 비. 리핑컷 (J. B. Lippincott)
1902	블런더랜드의 클라라 (Clara in Blunderland)	캐롤라인 루이스 (Caroline Lewis)	윌리엄 하인 (William Hein)
1907	블런더랜드의 앨리스 (Alice in Blunderland)	존 켄드릭 뱅스 (John Kendrick Bangs)	더블데이 (Doubleday)
1917	앨리스의 새로운 모험 (New Adventures of Alice)	존 래(John Rae)	피. 에프. 볼랜드 (P. F. Volland)
1984	바늘귀를 통과하는 앨리스 (Alice Through the Needle's Eye)	길버트 어데어 (Gilbert Adair)	이. 피. 더튼 (E. P. Dutton)

1996	자동화된 앨리스(Automated Alice)	제프 눈(Jeff Noon)	더블데이(Doubleday)
2009	다시 초대된 앨리스, 원더랜드에서 게임을 하다(Wonderland Revisited and the Games Alice Played There)	케이스 셰퍼드(Keith Sheppard)	에버타입(Evertype)

[표 5] 앨리스 캐릭터를 활용한 영화

연도	제목	감독
1967	스매싱 타임(Smashing Time)	데스몬드 데이비스(Desmond Davis)
2007	더 라스트 밈지(The Last Mimzy)	로버트 샤이(Robert Shaye)
2009	앨리스(Alice)	닉 윌링(Nick Willing)
2010	멜리스 인 원더랜드(Melice in Wonderland)	사이먼 펠로우스(Simon Fellows)
2010	이상한 나라의 앨리스(Alice in Wonderland)	팀 버튼(Tim Burton)
2014	레드 킹덤 라이징(Red Kingdom Rising)	나빈 데브(Navin Dev)
2016	거울 나라의 앨리스(Alice Through the Looking Glass)	제임스 보빈(James Bobin)

[표 6] 앨리스 캐릭터를 활용한 애니메이션

연도	제목	감독
1936	미키의 꿈 이야기(Thru the Mirror)	데이비드 핸드(David Hand)
1951	이상한 나라의 앨리스(Alice in Wonderland)	해밀턴 러스크(Hamilton Luske)
1987	아기 곰 구출단 3(The Care Bears Adventure in Wonderland)	레이먼트 재펠리스(Raymond Jafelice)
1998	앨리스 SOS(アリスSOS)	신고 카네코(金子伸吾)
2005	아 유 앨리스(Are you Alice?)	니노미야 아이(二宮愛)
2009	엘레노어의 비밀(Eleanor's Secret)	도미닉 몽페리(Dominique Monféry)

[표 7] 앨리스 캐릭터를 활용한 게임

연도	제목	개발사
1990	원더랜드(Wonderland)	버진 게임스(Virgin Games)
2000	아메리칸 맥기의 앨리스 (American McGee's Alice)	일렉트로닉 아츠(Electronic Arts)
2007	하트나라의 앨리스(Alice in the Country of Hearts/ハートの国のアリス~Wonderful Wonder World~)	퀸로제(QuinRose)
2007	클로버나라의 앨리스(Alice in the Country of Clover/クローバーの国のアリス ~Wonderful Wonder World~)	퀸로제(QuinRose)
2009	조커나라의 앨리스(ジョーカーの国のアリス ~Wonderful Wonder World~)	퀸로제(QuinRose)
2011	앨리스: 매드니스 리턴즈 (Alice: Madness Returns)	일렉트로닉 아츠(Electronic Arts)
2012	트릭 오어 앨리스(トリック・オア・アリス)	리틀치즈(Little Cheese)
2013	다이아 나라의 앨리스(Alice in the Country of Diamond/ダイヤの国のアリス~Wonderful Mirror World~)	퀸로제(QuinRose)
2014	탈출 나라의 앨리스(脱出の国のアリス)	ESC-APE

[표 8] 앨리스 캐릭터를 활용한 공연

연도	장르	제목	감독
2011	발레	이상한 나라에서의 앨리스의 모험 (Alice's Adventures in Wonderland)	크리스토퍼 윌든 (Christopher Wheeldon)

2장

게임, 게임 리그, 게임 방송

1. 온라인 게임에 나타난 여성 캐릭터[1]

그 역시 그녀의 훌륭한 목덜미와 건강하고 부드러운 어깨를 보고 자기도 모르게 손뼉을 치면서 이렇게 중얼거렸다. "당신은 정말 귀여운 여자야!"

— 안톤 체홉, 『귀여운 여인』 중에서[2]

귀엽거나 혹은 야하거나

한국은 자타가 공인하는 다중접속온라인 역할수행게임 강국이다. 일본의 콘솔형 게임과 달리 다중접속온라인 역할수행게임의 광대한 가상세계에는 다양한 사용자 아바타와 엔피씨(NPC; Non Player Character)들

---

1 이 절의 일부 데이터 및 견해는 한혜원 · 구혜인의 「AOS 게임 캐릭터의 존재론적 재현 양상 분석 – 〈리그 오브 레전드〉를 중심으로」에 근거하고 있다.

2 안톤 체홉, 『귀여운 여인』, 정태호 옮김, 청목, 1996, 9면.

이 등장한다. 특히 엔피씨의 경우 개발자의 기반적 서사와 가치관을 가시적으로 반영한다는 점에서 개발자가 설치해둔 서사적 이정표라 할 만하다.

가령 한국의 대표적인 게임 회사인 엔씨소프트(NCSOFT)에서 개발한 다중접속 역할수행게임 〈블레이드 & 소울Blade & Soul〉의 경우, 무협의 세계를 기반적 세계관으로 약 40여 명이 넘는 여성 엔피씨를 가상 세계 곳곳에 배치하고 있다. 이는 블리자드사(Blizzard)에서 개발한 〈월드 오브 워크래프트World of Warcraft〉 등 미국의 다중접속온라인 역할수행게임과 차별화되는 특이점이자 서사 전략이기도 하다.

〈블레이드 & 소울〉에서 여성 캐릭터들은 가장 중요한 안타고니스트이자 악의 중심, 혹은 무술에 능한 파이터, 객주의 여주인 등의 캐릭터로 등장한다. 그중에서도 단연 눈에 띄는 캐릭터는 진서연이다. 기반적 서사에 따르면, 진서연은 사부인 홍석근을 죽이고 귀천검을 빼앗은 악의 캐릭터이다. 그런데 그녀는 절대적인 악으로 변모하기 이전에는 그러한 여인이 아니었으며 어두운 과거 때문에 성격이 변모한 것으로 설정되어 있다. 본래 순백의 소녀였던 그녀는 우여곡절 끝에 가련한 여인에서 악녀로 거듭나게 된다. 그 결과 길고 긴 게임 플레이의 마지막 장정에서 그녀는 다시금 순백의 소녀로 귀환한다.

이처럼 진서연을 비롯하여 〈블레이드 & 소울〉에 등장하는 여성 캐릭터들이 여성임에도 불구하고 전에 없이 강력한 전사로 묘사된다는 점은 특기할 만하다. 그러나 그녀들의 외모는 악인이건 의인이건 할 것 없이 유사하다. 일단 신체의 노출이 과다하며 신체 일부가 지나치게 과장되어 드러난다. 이러한 신체의 묘사는 전투 능력과는 거의 관계가 없다. 심지어 발렌타인데이 이벤트로 '순백의 발렌타인 패키지'라면서 주요 여성 캐릭터들이 남성용 흰 셔츠만 입고 등장한 적도 있다. 이와 같은 일종의 '옷 갈아입히기' 이벤트는 〈블레이드 & 소울〉 외에도 한국과 일본 게임에서 게임의 텍스트와 무관하게 고정적으로 일어나는 이벤트 중 하나이다. 이러한 이벤트들은 기반적 서사에서 주어진 역할과는 관계없이 그저 여성 캐릭터의 이미지를 소비하기 위해 제시된다.

AOS 장르의 여성 챔피언

온라인 게임에서 엔피씨가 개발자의 기반적 서사와 가치를 고정적으로 반영한다면 사용자 캐릭터, 즉 아바타는 사용자의 가치와 개발자의 가치를 동시에 반영한다. 플레이가 진행될수록 최초에 개발자로부터 부여받은 아바타의 정체성이 사용자의 선택과 조합에 따라서 달라지기 때문이다.

2009년 이후 대중적으로 가장 각광을 받았던 온라인 게임 타이틀로 단연 라이엇 게임즈(Riot games)의 에이오에스(AoS: Aeon of Strife) 장르의 게임인 〈리그 오브 레전드League of Legends〉를 들 수 있다. 에이오에스란 플레이어가 캐릭터를 조정하여 상대방 진영의 주요 건물 등을 파괴하면 승리하는 방식의 게임이다. 〈리그 오브 레전드〉는 동시 접속자 수가 최대 750만 이상이 될 정도로 한국은 물론 전 세계에서 가장 많이 플레이된 게임 중 하나이다. 무엇보다도 다중접속온라인 역할수행게임 일색이던 온라인 게임 시장에 에이오에스 게임 장르의 바람을 불러일으킨 작품이라는 점에서 계보학적으로 의의가 크다.

〈리그 오브 레전드〉의 게임 세계에서는 게임 디자이너가 미리 설정한 캐릭터 유형이 플레이어에게 일종의 선택지 형태로 주어진다. 이 게임에서 플레이어는 게임 세계에서 제공되는 다양한 직업군, 기능, 외형, 배경 서사를 보유한 약 120명의 '챔피언' 중 자신이 원하는 챔피언을 선택한 뒤 그 캐릭터를 성장시켜 나간다. 이처럼 〈리그 오브 레전드〉는 게임 개발자가 제시한 원형 캐릭터에 플레이어의 플레이를 통한 캐릭터의 변형과 성장을 통해서 캐릭터의 정체성을 구축해 나가게 한다.

주디스 버틀러(Judith Butler)에 따르면 젠더 정체성은 개인의 본질적인 특성이 아니라 외부적인 규범에 따라서 구성된다. 따라서 젠더 정체성은 고정된 결과물이 아닌 과정 추론적이고 재구성이 가능한 개념이다. 이러한 젠더 정체성의 개념을 온라인 게임의 캐릭터 정체성과 연계하여 볼 수 있다. 온라인 게임의 경우 과정 추론적인 성격을 갖고 있기 때문에 게임 세계와 플레이어, 플레이어와 플레이어 사이의 상호작용이 장시간에 걸쳐서 발생한다. 이러한 상호작용의 결과가 게임 캐릭터의 정체성을 구축하는 데 있어서 큰 영향을 미친다.

최근 게임의 재현 기술이 발달함에 따라서 플레이어의 선택을 통해서 캐릭터의 유형을 선택 및 조합하는 커스터마이징이 보다 정교해지는 추세이다. 그럼에도 불구하고 대부분의 게임들은 여전히 최초 게임 세계에 접속한 플레이어가 무에서 유의 정체성을 구축하기보다는 게임 개발자가 제시하는 원형을 캐릭터화의 출발선으로 삼게 되어 있다. 먼저 게임 세계에서 개발자는 사용자에게 최소한의 캐릭터 유형, 직업, 계층, 능력치 등을 객관적 수치와 가시적 이미지로 제공한다. 〈리그 오브 레전드〉의 경우에도 게임 내 아바타는 물론 일러스트 스킨, 캐릭터 선택용 섬네일(thumbnail) 이미지 등을 통해서 캐릭터 정보를 플레이어들에게 제공한다.

게임 플레이에 앞서 플레이어에게 주어진 수치와 이미지의 이면에는 게임 세계의 기반을 구축하는 가치관 및 세계관이 작용하고 있다. 이러한 게임 세계 기저의 가치관과 세계관은 특정 개발자의 의도나 인식을 반영하는 경우도 있으나, 〈리그 오브 레전드〉와 같은 대형 게임의 경우 참여하는 개발자의 수가 많기 때문에 소설이나 영화처럼 작가의 가치관을 직접적으로 전달하기가 쉽지 않다. 따라서 〈리그 오브 레전드〉는 표면적으로는 환상성을 기반으로 캐릭터를 구축한 것처럼 보이지만, 오히려 이면적으로는 현실의 고정 관념이 그대로 반영되는 경우가 많다. 이와 같은 캐릭터 설정에 대해서, 게임 개발사들은 게임 세계의 밸런싱(balancing)을 맞추기 위해서 필수불가결한 요소라고 설명하기도 한다.

이성적 정신, 비이성적 육체

라이엇 게임즈는 게임 공식 홈페이지를 통해서 〈리그 오브 레전드〉에 등장하는 캐릭터의 기본 속성 및 특징들을 플레이어들에게 제시하고 있다. 2014년 기준 〈리그 오브 레전드〉의 총 118명의 캐릭터 중 남성 캐릭터는 78명, 여성 캐릭터는 40명으로 남성 캐릭터가 여성 캐릭터에 비해 약 두 배 정도 많다. 사실 이는 현실 세계의 인구 중 생물학적 성별 인구와 유사하지 않다.

또한 라이엇 게임즈는 각 챔피언마다 체력, 마나, 공격력, 방어력 등 10가지 능력 기준을 제시하고 있다. 이 중 게임 플레이의 핵심인 네 가지 능력을 중심으로 성별에 따른 캐릭터의 수치를 비교해보면 마나를 제외한 대부분의 능력에서 남성이 평균적으로 높은 수치를 나타낸다. 직업 역시 여성의 경우 마법사 등 서포터 직군의 비중이 높은 편이며, 남성의 경우 전사 등 공격력이 높은 직군의 비중이 높게 나타났다. 자연히 주어진 게임 세계에서 남성 캐릭터는 주체적이고 공격적인 행동과 기능을 수행하며, 여성 캐릭터는 수동적이고 간접적인 지원 기능을 수행하게 된다.

남성 캐릭터는 과학과 이성에 기반을 둔 과학자 캐릭터로 설정되어 있는 반면, 여성은 자연과 감성에 기반을 둔 팜므 파탈(femme fatale) 캐릭터로 설정되어 있는 경우도 있다. 남성 캐릭터에게는 '과학자'라는 직업명을 부여하면서 여성 캐릭터에게는 딱히 대응할 만한 직업명이 없다. 가령 〈리그 오브 레전드〉에서 문도 박사, 제라스 등 천재 과학자 캐릭터나 인간의 한계를 뛰어넘은 호모 슈퍼리얼의 캐릭터는 대부분 남성으로 설정되어 있다. 이들은 모두 고도로 문명화된 사회에서 인간의 지성과 기술이 최고조에 이른 경우를 상징한다.

그에 반해 여성 캐릭터는 육체성을 강조하는 가운데 동식물 등 자연적인 특성이 결합된 형태로 외모가 묘사되거나 원시적인 주술이나 마법의 힘을 활용하도록 설정된 경우가 많다. 이때 여성의 몸과 결합하게 되는 동물의 이미지도 눈여겨볼 만하다. 가령 카시오페아의 경우 뱀의 이미지를, 엘리스의 경우 거미의 이미지를, 아리의 경우 여우의 이미지를 인간 여성의 이미지에 더하고 있다. 뱀, 거미, 여우는 모두 문화적으로 치명적인 유혹과 저주, 즉 이성을 혼미하게 하고 죽음에 이르게 하는 원초적이고도 교활한 유혹자 팜므 파탈을 상징한다. 앞서 남성의 이미지가 대부분 이성과 기술의 영역에 속하는 호모 슈퍼리얼이라는 점을 상기할 때, 자연과 본능을 중심으로 재구성된 여성 캐릭터에 대한 설정은 더욱 대비되어 강조된다. 이러한 캐릭터의 재현 체계는 '이성적 정신과 비이성적 육체'의 이분법을 남성과 여성에 접합시킨 결과이다.

온라인 게임 세계에서는 다양한 문화권의 불특정 다수의 플레이어가 동시에 접속하여 허구적인 역할을 플레이하게 된다. 따라서 유동적이고 팽창적인 게임 세계 전반을 지탱할 만한 기반적 서사(background story)가 플레이 이전에 플레이어에게 제시된다. 이러한 기반적 서사를 토대로 플레이어들은 일정 시간 이상을 허구적인 게임 세계에서 상주하면서 게임 세계 내의 캐릭터 정체성을 구축해 나간다. 이를 통해서 플레이어는 현실 세계의 정체성이나 욕망을 게임 세계의 캐릭터에 투영시키기도 한다.

따라서 일부 게임 세계에 대한 충성도가 높은 플레이어들에게는 게임 세계의 잔상들이 플레이를 마친 뒤에도 다양한 형태로 남는다. 여기에 최근 사용자도 용이하게 활용할 수 있는 다양한 디지털 저작 도구들이 등장하면서 보다 적극적으로 팬아트 혹은 2차 창작으로 불리는 파라 텍스트들이 등장하는 중이다. 온라인 게임의 경우 매체적 특성상 팬아트의 경우 주로 캐릭터가 중심을 이룬다. 초기 단계의 팬아트가 게임 세계를 그대로 모방하거나 재현하는 데 초점을 뒀다면, 보다 적극적인 단계의 팬아트는 기반적 서사를 통해서 주어진 게임 세계의 법칙을 해체하거나 재구성하는 단계까지 나아간다.

〈리그 오브 레전드〉의 경우 캐릭터의 조합과 대전을 통해서 플레이가 진행된다. 따라서 팬아트 역시 캐릭터를 재해석 및 재구성하는 방식을 주로 취한다. 동일한 게임에 대한 팬아트임에도 불구하고 〈리그 오브 레전드〉에 나타난 남성 캐릭터의 경우 기반적 서사에서 주어진 환상적 요소들이 보다 강화된 괴물 형태로 그려진다. 반면 여성 캐릭터의 경우 환상적 요소들이 제거되고 인간 여성에 가까운 형태로 묘사된다. 온라인 게임의 여성 캐릭터 중 비인간형의 캐릭터는 남성 플레

게임 〈블레이드 & 소울〉의 진서연, 〈리그 오브 레전드〉의 카시오페아

이어에게는 낯설고도 두려운 존재였기에, 2차 창작에서는 비인간형의 여성을 이상적인 인간 여성으로 복원하고자 노력한 것이다.

그렇다고 해서 모든 플레이어가 게임 세계에서 일방적으로 제시한 성 역할을 무조건적으로 따르는 것은 아니다. 일부 〈리그 오브 레전드〉 플레이어들은 게임 개발자가 지정한 직군의 경계를 넘나들면서 대안적이고 새로운 캐릭터의 정체성을 구축해 나가기도 한다. 가령 마법사 직군의 서포터인 여성 캐릭터 럭스는 사용자들의 플레이에서 공격수 역할을 수행하기도 하며, 전사 직군의 탱커인 남성 캐릭터 볼리베어가 서포터로 활약하기도 한다. 이처럼 온라인 게임의 묘미는 게임 개발자가 제시하는 기반적 서사가 끝나는 바로 그 지점에서부터 플레이어의 진정한 서사가 시작된다는 점에 있다. 이러한 가능성이 디지털 게임을 대안적 매체로 기대하게 하는 점이다.

사실 성 역할에 대한 전형적인 설정은 비단 〈리그 오브 레전드〉에서만 나타나는 것이 아니라 대부분의 대형 온라인 게임들을 통해서 거의 예외 없이 답습되고 재탕되고 있다. 그래야만 다수 플레이어의 욕망을 만족시킬 수 있고 무엇보다도 상업적으로 이윤을 창출할 수 있으리라는 기대 때문이다.

일반적으로 게임을 뉴미디어 기술의 핵심적인 콘텐츠로 거론되는 과정에서, 으레 게임이 잠재적으로 품고 있는 다양한 대안적인 가치와 전복적 기능에 대한 기대들을 말하곤 한다. 그럼에도 불구하고 유독 젠더 정체성의 문제에서만큼은 그 대안과 상생의 가치가 다소 약해지는 경향이 있다. 오히려 일부 디지털 게임은 성에 대한 편견과 고정 관념, 불평등의 가치를 보다 공고히 다지는 데 주력하기도 한다. 이와 같은 디지털 게임 세계에서 나타나는 성 역할에 대한 고정 관념은 게임 세계에서 태생된 것이 아니라 외부 세계 즉 현실의 고정 관념을 충실히 따르며 재현한다는 점에서 문제적이다. 따라서 현실세계에서 실현하지 못했던 다양한 대안적 가치들을 가상 세계에서나마 보다 적극적으로 구현하려는 다양한 시도들이 이뤄져야 할 것이다.

2. 온라인 게임의 파라 텍스트[3]

"사실 게임은 드라마식의 엔터테인먼트와 인간-컴퓨터 활동의 집합점에 서 있으며 전감각적인 재현이 가장 활발히 개척되고 있는 현 상황의 가장 중심에 놓여 있다."

— 브렌다 로렐, 『컴퓨터는 극장이다』 중에서[4]

인터넷 게임 방송

온라인 게임을 둘러싼 환경은 방대하고도 중층적이다. 게임 플레이 자체는 시작과 끝이 명료하나, 게임 텍스트는 시작과 끝이 모호하다. 온라인 게임의 경우 게임 개발자가 게임 세계를 완성하는 순간, 게임 플레이어의 본격적인 플레이가 시작되기 때문이다. 아바타를 통해서 게임 세계에 깊게 몰입했던 플레이어는 게임 세계의 매직 서클에서 나와서도 게임과 관련된 사용자 생성 콘텐츠들을 이미지나 동영상 형식으로 창출해내기도 한다.

최근에는 게임을 리그 형식으로 겨루고 그 과정을 중계하거나, 게임 플레이를 텍스트 삼아 이를 재구성하여 개인 방송용 콘텐츠로 송출하기도 한다. 이 과정에서 온라인 게임을 매개로 광범위한 팬덤(fandam)이 형성되고, 그 안에서 다양한 팬아트 등 2차 창작이 발현되기도 한다. 팬덤을 통해서 생성된 다양한 층위의 텍스트들은 온라인 게임 문화 전반을 지탱하거나 한 부분을 이루고 있다. 이러한 점에서 볼 때 온라인 게임은 일종의 네버 엔딩 스토리이다.

---

3 본 절의 일부 데이터 및 전제는 한혜원 · 김서연의 「온라인 개인 게임 방송의 스토리텔링 분석」에 근거하고 있다.

4 브렌다 로렐, 『컴퓨터는 극장이다』, 유민호 · 차경애 옮김, 커뮤니케이션북스, 2008, 50면.

서사학자 제라르 주네트(Gérard Genette)는 문학에 있어서 제목, 각주, 서문, 후기 등 주 텍스트를 보완하는 부분을 '파라텍스트(para-text)'라 칭한 바 있다. 이는 본격적인 텍스트로 입문하기 전 단계나 후 단계를 지칭하며, 실제로 독자가 책을 선택하고 독서를 지속하는 데 있어서 의외로 큰 영향을 미친다. 온라인 게임의 경우, 앞서 살펴본 바와 같이 게임의 주 텍스트는 물론이거니와 플레이어가 직접 참여할 수 있는 여백이 워낙 많기에 이를 통해 파생되는 파라텍스트 역시 소설이나 영화 등 다른 어떤 서사적 매체보다도 방대하고 다양한 편이다.

제작 편집 기술은 물론 스트리밍 기술이 발달함에 따라 유튜브(YouTube) 등을 중심으로 플레이어들이 게임 플레이와 관련된 동영상 콘텐츠를 직접 제작 및 유통하는 형식의 사용자 생성 콘텐츠(UCC)가 대중적 인기를 얻고 있다. 단편적으로 플레이 영상을 캡처하거나 패러디하는 개별적 제작 및 유통 수준을 넘어서 개인이 게임 방송을 채널 단위로 구성하기도 한다. 그 규모가 더 확장되어 다중 채널 네트워크(Multi Channel Network)의 형태로 1인 방송을 체계적으로 기획 및 관리하기에 이르렀다.

특히 한국의 경우 다양한 소재 및 주제의 인터넷 개인 방송 중에서도 게임 강국답게 온라인 게임과 관련된 방송 콘텐츠가 양적으로 많은 편이다. 한국 인터넷 개인 방송 서비스 플랫폼인 '아프리카TV'의 방송 콘텐츠 중 게임 소재의 방송이 차지하는 비율은 2014년 기준 전체의 약 30～40%로, 전체 방송 콘텐츠 중 가장 높은 비율을 차지한다. 해외 게임 전문 실시간 스트리밍 서비스 플랫폼인 '트위치 TV(Twitch TV)' 의 경우 월평균 약 4,500만 명 이상의 시청자가 이용하는 등 국내외적으로 게임 방송 콘텐츠가 다수 생산 및 소비되는 추세이다.

온라인 개인 게임 방송은 인터넷의 실시간 동영상 스트리밍 플랫폼을 통해서 개인이 게임 플레이 영상을 촬영, 편집, 해석 및 재구성하는 것을 지칭한다. 온라인 개인 게임 방송 이전에도 지상파 및 케이블, 인터넷 방송국에서 게임을 소재로 다룬 바 있다. 그러나 이 경우 방송 제작의 주체가 철저하게 소수의 방송 전문가와 게임 전문가 집단으로 국한되었다. 따라서 기존의 일방향적이고 선형적인 방송의 포맷을 그대로 답습하는 가운데 소재만 게임으로 바뀠을 뿐이었다.

반면 온라인 개인 게임 방송은 방송 제작의 주체가 게임을 플레이하고 향유할 수 있는 대다수의 대중으로 확장된다. 따라서 방송의 포맷 역시 다양하다. 무엇보다도 게임 방송을 게임 텍스트의 부수적, 하위적 텍스트로 보고, 시청자들에게 유용한 정보를 제공하는 프로그램으로 기능하기보다는 게임 텍스트를 왜곡하거나 비틀기 등의 재구성을 통해서 특유의 희극으로 변모시킨다는 점에서 주목할 만하다. '게임을 즐기는 사용자들을 위한 팬서비스'로서의 게임 방송이 아니라 하나의 독자적인 인터넷 방송 콘텐츠로 소비될 수 있는 것이다. 더 쉽게 말하자면 게임을 플레이하지 않는 사람도 인터넷 개인 게임 방송의 열혈 시청자가 될 수 있다는 뜻이다.

MCN의 꽃, 인터넷 게임 개인 방송

게임과 관련된 방송의 유형은 다양하다. 마치 TV에서 스포츠 중계를 하듯 이-스포츠를 중계하는 경우도 있고, 영화 소개 프로그램을 진행하듯 새로 출시된 게임 타이틀들을 소개하거나 비평하는 프로그램도 있다. 그런가 하면 인터네 개인 방송을 통해서 자신이 플레이한 게임 화면을 설명하거나, 특정한 플레이들을 따로 편집하고 패러디하여 전혀 다른 텍스트로 변모시켜 방송하는 경우도 있다.

이러한 다양한 유형 중에서도 게임 방송 초기부터 두드러진 방송 유형은 이-스포츠와 연관된 경우이다. 이-스포츠란 게임 플레이어의 경쟁을 스포츠 경기의 플랫폼에 입각해 별개의 해설자가 중계하는 콘텐츠로, 한국의 경우 〈스타크래프트StarCraft〉 등 특정 게임을 중심으로 게임 전문 케이블 전문 방송 채널이 생기면서 활성화됐다. 한국의 이-스포츠 게임 방송은 프로 게이머 등 전문 플레이어를 중심으로 한 리그를 주로 중계한다.

한편 스피드 러닝은 게임의 효율적인 공략법을 게임 플레이 동영상과 함께 제시하는 영상으로, 개발자 혹은 게임 전문가 집단에서 게임과 관련된 정보를 압축적으로 제공하는 데 그 목적이 있다. 유튜브(YouTube) 등 실시간 동영상 제공 플랫폼을 통해서 개인이 방송하는 인터넷 개인 게임 방송은 레츠 플레이(Let's Play) 유형에 속하는데, 앞선 두 유형에 비해서 원칙적으로 모든 플레이어가 제작 및 유통 과정에 참여할 수 있다는 점에서 개방적이며, 방송에서 다룰 수 있는 게임 장르 및 타이틀 역시 경계가 없고 다양하다.

위의 세 가지 유형 중 매체의 규모와 파급력에 있어서 우위를 점하며 무엇보다도 전문 방송인을 통해서 제작된다는 점에서, TV를 통해서 방영되는 게임 방송의 규모가 가장 클 것으로 얼핏 짐작할 수 있다. 그러나 흥미롭게도 TV를 통해 방영되는 게임 방송은 이제 한계에 다다른 것에 반해 개인이 인터넷의 실시간 동영상을 통해서 제공하는 개인 게임 방송은 그 규모가 전세계적으로 비약적으로 급성장하는 중이다. 이러한 플랫폼의 차별성은 디지털 게임의 개방적 · 참여적 · 대중적 · 다성적 · 대안적 성격과 깊이 연결되어 있다. 디지털 게임만의 묘미와

퓨디파이의 게임 방송 장면

세계관을 담아내기에 TV라는 본래의 그릇보다 인터넷 방송이라는 새로운 그릇이 훨씬 유연하고도 적합하게 작용할 수 있기 때문이다.

이는 비단 국내에 국한된 현상은 결코 아니다. 해외에서도 온라인 개인 게임 방송이 확산되고 있다. 이른바 MCN(Multi Channel Netword)을 통해서 전세계적으로 유명한 1인 미디어 기업이나 스타가 출현하는데, 그중에서도 게임을 소재로 삼는 경우 많은 각광을 받고 있다. 스웨덴의 유튜브 닉네임 '퓨디파이(PewDiePie)'는 대표적인 인터넷 게임 방송인으로 〈퓨디파이〉 채널은 2010년 4월부터 시작된 유튜브 방송 채널이다. 퓨디파이 채널의 구독자 수는 2015년 10월 기준 약 4,000만 명이 넘는다. 미국의 경제지 《포브스》는 2014년 기준 퓨디파이의 연평균 소득을 약 1,200만 달러로 추정한 바 있다. 그는 본래 비극적이거나 진지한 게임들을 스스로 플레이한 뒤 다시 희극적으로 재구성해서 방영한다. 방송의 길이는 약 10분에서 30분 사이이며 방송 내내 자신의 감정을 여과 없이 드러내는 편이다. 이러한 방송의 내용과 형식은 후발 게임 방송인들에게도 영향을 미쳤다.

한국은 온라인 게임 강국인 동시에 적극적인 사용자 문화를 보유하고 있다. 따라서 MCN 중에서도 게임 분야에 있어서는 최적의 조건을 갖추고 있다 할 만하다. 이러한 환경 속에서 한국에서도 다양한 인터넷 개인 게임 방송들이 출현했다. 그중에서도 아프리카 TV의 닉네임 '대도서관'이 진행하는 〈대도서관 TV〉는 퓨디파이와 비슷한 시기인 2010년 5월 방송을 시작해서 꾸준히 대중의 인기를 얻었다. 〈대도서관 TV〉 역시 기본적으로 다양한 게임들을 플레이한 뒤, 이를 패러디하거나 희화화하여 게임의 본래적 아우라(aura)를 해체하고 새로운 콘텐츠로 재구성하는 데 주력한다. 게임이라는 가장 체계적이고도 질서 정연한 텍스트를 통해서 이항대립적인 가치를 창출해낼 수 있는 것은 뉴미디어의 기술과 참여적 대중의 강력한 조합을 통해서이다.

TV의 스포츠 중계를 담당하는 방송인 중 여성의 비율은 특정 종목을 제외하고는 현저하게 낮은 편이다. 그와 비교할 때 게임 방송에서 여성 방송인의 비중은 상당히 큰 편이며 대중으로부터 각광을 받는 경우도 많다. 국내의 아프리카 TV 등에서 활약하는 양띵, 백설양 등이 대표적인 경우로, 이들은 대부분 캐릭터화의 과정을 거쳐서 자신이 설계한 페르소나에 입각해 방송을 진행하고 대중적 인기를 모으고 있다. 주로 공포 게임을 패러디하거나 성대모사를 게임에 덧붙이는 등 원본의 아우라를 파괴하고 희극적 웃음을 자아내는 방송을 진행한다. 그런가 하면 〈마인크래프트Minecraft〉와 같은 특정 게임의 전략 보유자가 게임 플레이를 주로 방영하기도 한다. 이 경우 '여성은 게임 플레이를 잘 하지 못한다.'는 선입견을 과감히 깨고 플레이어들에게 상위 모방의 욕망을 끌어낸다.

그런가 하면 여성 비제이(BJ)가 게임 플레이를 능숙하게 진행하지 못하는 장면을 방영하면서 하위 모방의 웃음을 자아내기도 한다. 일부 여성 비제이는 게임과는 무관하게 화려한 외모나 복장으로 화제가 되기도 한다. 외모와 사생활 등이 과도하게 노출되거나 문제시되는 경우도 있다. 또한 여성 비제이가 방송을 '어디에서' 진행하고 있는지, '무엇을 어떻게' 입고 있는지 등이 중요한 이슈로 작용하기도 한다. 이처럼 외모에 대한 과도한 집중과 인위적인 코스튬 플레이 등은 비슷한 게임 방송을 진행하는 남성 비제이에게서는 찾아보기 어려운 관심이자 설정이다.

온라인 개인 게임 방송에서 방송인이 차지하는 비중은 상당히 높다. 방송의 주체는 게임 플레이의 주체이자 원 텍스트의 생산자요, 객관적이고 정보 전달을 위한 게임 중계자인 동시에 주관적 해석과 논평을 주로 하는 게임 해설자이기도 하다. 한 명의 개인이 다성적인 정체성을 일인다역으로 수행하는 것이다. 따라서 한 편의 게임을 두고도 다양한 원본의 해석자, 나아가 또 다른 텍스트의 창작자가 출현할 수 있다. 이 과정에서 게임 플레이의 원본의 절대적 지위가 흐릿해지면서 게임 플레이를 재해석하고 재구성하는 화자가 창작자의 지위를 점하게 된다.

게임 방송 콘텐츠 역시 게임의 주변적 부속품이 아니라 독자적인 콘텐츠로 인정받아야 한다. 방송의 유통 방식 역시 지상파의 일방적인 방식이 아니라 인터넷 방송의 개방적 플랫폼을 통해서 콘텐츠를 제공하고 실시간으로 시청자의 반응을 제시할 수 있는 장을 마련하기 때문에 시청자들의 보다 적극적인 참여를 유도하게 된다. 이처럼 온라인 개인 게임 방송은 다양한 목소리의 공존, 넘치는 농담과 말실수, 희비극의 전복과 난장의 웃음을 통해서 독자적이고도 강력한 파라 텍스트로 확장되는 중이다.

3. 게임 리그와 게임 중계[5]

"나는 부모들이 아이 때는 노는 것이 중요하니까 놀 시간을 주어야 한다고 말하면서도, 나중에는 인생에서 공부(와 일)이 훨씬 더 중요하다고 하는 것이 이상하다고 생각했다. 나는 진심으로 노는 것과 일하는 것(공부하는 것)에는 차이가 없다고 생각한다."

— 라프 코스터, 『재미이론』 중에서[6]

'사적' 게임의 '공적' 플레이

온라인 게임은 이제 단순히 잉여 시간을 메우기 위한 소모적 콘텐츠의 영역을 넘어섰다. 온라인 게임을 둘러싼 다양한 환경이 구축되기 시작했고, 그에 따라서 온라인 게임은 하나의 문화적 텍스트로 입체화되는 중이다. 특히 개발자들이 제시하는 게임이라는 본연의 텍스트로부터, 사용자들을 중심으로 참여적이고도 자생적인 파라 텍스트들이 다양한 영역에서 나타나기 시작했다. 게임과 관련된 환경이 광범위해지고 플레이어의 저변 역시 확장됐기 때문이다. 이제 온라인 게임으로부터 파생되거나 확장된 파라 텍스트의 종류와 총량은 오히려 본래 게임 텍스트를 넘어설 정도로 많아졌다. 그중에서 찰나적이고도 유동적인 게임 플레이를 기존의 오프라인 스포츠 등 검증된 기존의 플랫폼과 재매개하는 경우도 나타나고 있다.

가령 프로 게임 구단, 프로 게이머, 게임 리그 등의 개념이 그 대표적인 예이다. 프로 게이머의 등장은 일반적인 게임 플레이와 변별적일 만큼 특별하고 전문적인 게임 플레이를 구사하는 플레이어의 전문성

5 본 절의 일부 데이터 및 전제는 한혜원 · 박미리의 「e스포츠 중계에 나타난 여성 게이머의 정체성」에 근거하고 있다.

6 라프 코스터, 『재미이론』, 안소현 옮김, 한쿨임 감수, 디지털미디어리서치, 2005, 24면.

을 높이 평가하고 직업으로 인정한다는 점에서 상당히 혁신적이다. 먼저 개인의 차원에서는 프로 게이머가 나타났고, 이 프로 게이머를 지원하거나 후원하는 구단 및 서포터즈, 이들이 경쟁할 수 있는 리그 및 대회, 게임 플레이를 중계하는 전문 중계자 및 해설자, 이 모든 것을 하나의 방송 콘텐츠로 방영하는 게임 방송 및 게임 방송 채널 등이 '이-스포츠(e-sports)'라는 패키지 형식으로 차례차례 나타났다. 이를 통해서 지극히 '사적인' 게임 플레이가 '공적인' 지위를 부여받게 됐다.

이제 온라인 게임은 더 이상 소수의 마니아나 특정 오타쿠만 즐기는 폐쇄적 콘텐츠가 아니다. 오히려 게임의 사용자 참여적 특성과 미디어의 융합적 특성 등을 통해서 뉴미디어 시대의 대표적인 개방형 콘텐츠로 발전하는 중이다. 이러한 게임 환경의 전반적인 변화와 함께 '게임은 게임보이의 전유물'이라는 선입견 역시 깨지고 있다. 단적으로 숫자만 놓고 볼 때 전 세계적으로 게임을 즐기는 여성 플레이어는 점차적으로 증가하고 있다.

한국의 경우 역시 매년 여성 게임 플레이어의 비율이 꾸준히 상승 중이다. 이와 함께 자연히 특이한 플레이로 각광받는 여성 플레이어들이 나타나기 시작했고, 특화된 여성 플레이어 집단이 등장하기 시작했다. 다만 국내의 경우에는 아직 해외만큼 체계적으로 전문 여성 플레이어 그룹이 결성되지 못했으며, 여성 플레이어끼리 대결하는 여성 게임 리그만 몇 차례 운영된 바 있다.

2005년 〈스타크래프트〉를 중심으로 이-스포츠가 활성화된 시기에 간헐적으로 여성 리그전이 MBC Games 등을 통해서 중계된 바 있다. 이후 〈서든 어택Sudden Attack〉, 〈스페셜 포스Special Force〉 등 1인칭 슈팅 게임을 중심으로 여성 리그가 온게임넷, MBC 게임즈 등에서 중계되었다. 최근에는 〈리그 오브 레전드〉를 중심으로 온게임넷 주최 〈LoL 아마추어 챌린지: 여대매치〉, 〈HOT6 LoL 아마추어 챌린지 Ladies〉 등 여성 플레이어만으로 특화된 리그 및 중계가 대중의 주목을 받기 시작했다.

'LoL 월드 챔피언십' 포스터

〈프랙 돌〉, 강력한 인형들

남성의 전유물이었던 게임, 그중에서도 이-스포츠의 영역에 여성이 등장한 현상은 그 자체만으로도 고무적이다. 이-스포츠는 기존의 오프라인 스포츠가 오랜 기간 금녀의 영역이었다가 점차적으로 여성에게 허용되기 시작한 것과 유사한 과정을 밟으면서 여성에게 그 문을 열고 있다. 그럼에도 불구하고 전문적인 여성 게임 플레이어 및 구단, 여성 리그의 출현과 이를 운영하는 데 있어서 아직까지는 '여성 플레이어'에 대한 진지한 인문학적 접근 없이 오로지 산업적 측면에서 상품적 가치로만 평가하고 이용한다는 점에서 다소 아쉽다. 가령 여성 프로게이머 그룹을 결성할 때 게임 플레이의 실력과 특징보다 구성원의 외모나 게임 외적인 요소 등에 지나치게 치중하는 경향 등이다.

이는 비단 국내에 국한된 문제는 아니다. 가령 해외의 대표적인 전문 여성 게이머 그룹인 유비소프트의 '프랙 돌Frag Dolls'의 예를 들 수 있다. 이들은 스스로 자신들의 방송에서 회고하는 바와 같이 세계 최초의 여성 프로 게이머로만 이루어진 프로 게임 팀이라는 점에서 그 의

의가 크다.[7] 다양한 인종과 다양한 배경을 가지고 있는 이들은 '여성들에게도 게임 문화를'이라는 슬로건과 함께 화려하게 데뷔했다. '여성도 당당하게 게임을 즐길 수 있다'라는 그녀들의 목소리는 당시 변방에서 외롭게 플레이하던 여성 플레이어들에게 큰 감동과 자극을 주었다. 이들은 게임보이만 플레이할 수 있다는 게임 업계의 공공연한 성차를 가볍게 걷어차고 화려하고 현란한 게임 플레이를 선보였다. 프랙 돌은 게임 플레이뿐 아니라 게임 방송 등 게임과 관련된 다양한 파라 텍스트들을 양산하기도 했다. 프랙 돌의 설립자이자 대변인인 모건 로마인(Morgan Romine)은 게임 업계 중에서도 이-스포츠 영역에서 영향력 있는 여성으로 꼽힌다. 즉 여성 기획자가 여성으로만 구성된 프로 게이머 팀을 만들었다는 점에서는 의의가 있다.

그럼에도 불구하고 팀의 이름에서부터 짐작할 수 있는 바와 같이 그 이미지가 여전히 상업적이고도 정형화된 여성의 선입견에서 벗어나지 못했다는 점은 다소 아쉬움을 준다. 과도한 노출이나 진한 화장, 사도마조히즘을 연상시키는 검은색과 핑크색의 조화, 피아노와 수류탄, 가죽 바지와 미니 드레스 등 상반되게 보이지만 결국 종합적으로는 타자의 성적 욕망을 충실히 반영하는 요소들의 조합을 통해서 상업적으로 아이콘화 되었다는 점은 이들의 한계로 남는다.

게임 '잘' 하는 여자, 이상한 여자

이처럼 국내외 모두 여성 게임 플레이어는 게임을 즐기거나 전문적으로 플레이하는 직업인이기 이전에 여성이라는 점이 지나치게 강조

---

7 https://www.youtube.com/user/FragDolls

되고 있다. 경우에 따라서 '여성'만 남고 플레이어의 정체성이 흐릿하게 사라지는 경우도 허다하다.

세계 최초 전문 여성 게이머 그룹 '프랙 돌'

이는 여성 게임 플레이어의 외모와 더불어 게임 중계의 중계자 및 해설자의 담론에서 가장 극명하게 드러난다. 오프라인 스포츠 중계방송과 마찬가지로 게임 방송에서 방송의 중계자와 해설자의 발화는 시청자에게 큰 영향을 미친다. 남성 게이머의 경우, 중계자와 해설자는 게이머의 플레이 유형, 특정 스킬 및 전력 등을 주로 수치에 입각해 객관적으로 평가하고 해설하는 데 주력하는 편이다. 반면 여성 게이머의 경우 외모와 이미지에 대한 칭찬과 묘사 등 게임 외적인 요소에 대한 평가가 상대적으로 많다. 결정적으로 여성 게이머의 플레이에 대한 기대치가 남성 게이머에 비해서 상당히 낮다. '여성치고는 상당히 잘하는 편이다'라는 편파적인 발언이나 '오늘 이 선수는 무슨 옷을 입고 나왔다'라는 식의 게임과 아무런 상관없는 발언들이 툭툭 던져지기도 한다. 이러한 게임 외적 요소에 대한 평가를 통해서 여성 게이머는 게이머로서의 정체성을 박탈당하는 것이다.

여성 게임의 인구가 점진적으로 증가하고 있는 현상은 고무적이라 할 만하다. 다만 여성 게임 플레이어의 경우 플레이어(player) 층위에서 정체성을 구축하지 못하고 개인(person) 차원에서 사회적으로 허용된 정체성, 즉 '여성'이라는 점이 가장 먼저 작용하고 있는 단계이다. 게다가 이러한 시선에는 아직도 '게임을 잘하는 여성은 평범하지 않다.' 라는 선입견도 결부되어 있다. 이러한 평가 안에는 '여자가 무슨 게임을…'이라는 암묵적이고도 배타적인 의미도 내포되어 있다. 이러한 선입견은 아무리 전 세계적으로 여성 게이머의 수가 증가한다고 할지라도 쉽게 깨지지 않을 것이다. 게임 잘하는 사람인 여성 게이머는 여성으로서도 정당한 가치를 부여받지 못할뿐더러 게이머로서도 온전히 평가받지 못하고 있다.

많이 나아졌다고는 하지만 게임은 여전히 남성의 영역 안에 있다. 따라서 '게임하는 여자'는 비정상적으로 취급될 수밖에 없다. 우리 사회에서 게임하는 여자, 나아가 게임 잘하는 여자는 뭔가 특이하고 이상하게 여겨진다. 게임이라는 진보적이고 미래지향적이어야 할 뉴미디어의 문화 안에서조차 여성 플레이어의 정체성은 여전히 왜곡되거나 배제되고 있는 것이다. 게임 문화 안에서 여성은 여전히 타자이다.

4. 미소녀 게임의 모에 판타지

"대중적 취향은 삶의 일상적 환경 속에 뿌리박고 있는 에토스의 도식을 정통적인 예술 작품에 적용하며, 이를 통해 예술에 관한 사항을 체계적으로 삶으로 환원시키는 기능을 한다."

— 삐에르 부르디외, 『구별짓기-문화와 취향의 사회학』 중에서[8]

일본에서 미소녀 게임이 탄생한 배경

엄밀하게 말해서 게임의 장르 중 '소녀 게임'은 없다. '미소녀 게임'이 있을 따름이다. 미소녀 게임이란 한 사람의 플레이어를 상정하고 애니메이션풍의 일러스트로 그려진, 여성 캐릭터와의 연애 성취를 목적으로 하는 어드벤처 게임 또는 시뮬레이션 게임이다. 굳이 첨언하자면 포르노를 포함한 경우도 있고, 포함하지 않는 경우도 있다. 편의상 연애 게임, 에로 게임, 갸루 게임, 모에 게임, 어덜트 게임 등으로 불리기도 한다.[9]

미소녀 게임이나 연애 시뮬레이션 게임은 광범위한 불특정 대중을 플레이어의 대상으로 삼기보다는 기본적으로 특정 기호와 취향을 가진 일부 플레이어만을 대상으로 삼는다. 가령 한국의 다중접속온라인 역할수행게임은 가급적 최대한 대규모의 글로벌 인구를 게임 세계로 유입하려고 애쓰는 반면, 미소녀 게임이나 연애 시뮬레이션 게임은 단편적인 이미지 한 컷만 보더라도 그것이 일본 지향의 게임임을 짐작할 수 있다.

그렇다면 이 '특정한 층'이란 과연 누구일까? 연애 시뮬레이션 게임과 미소녀 게임을 주로 플레이하는 것은 누구인가? 표면적으로 미소녀

8 삐에르 부르디외, 『구별짓기-문화와 취향의 사회학』, 최종철 옮김, 새물결, 2006, 28면.

9 아즈마 히로키, 『게임적 리얼리즘의 탄생』, 장이지 옮김, 현실문화, 2012, 151면.

일본의 노벨 게임 〈쓰르라미 울 적에〉

게임과 연애 시뮬레이션 게임에 가장 많이 등장하는 주인공은 바로 여성이다. 이 게임들은 기본적으로 한 명의 남성 주인공이 다양한 유형의 여성 캐릭터들과 연애를 하는 과정을 다루고 있다. 연애 시뮬레이션이라는 모티브와 설정 때문에 얼핏 그 내용과 형식 모두 여성 친화적으로 느껴지기도 한다. 실제로 여성 플레이어를 겨냥한 미소녀 게임도 있기는 하다. 코에이(Koei)에서 제작한 〈안젤리크Angelique〉 등 여성 주인공이 여왕으로 거듭나는 과정에서 소년 캐릭터를 공략하고 연애 관계를 수립하는, 이른바 여성 연애 게임도 있다. 그러나 그 수가 미소녀 게임에 비해서 적은 편이다.

일본의 문화 연구자인 아즈마 히로키(東 浩紀)에 따르면, 일본 내 오타쿠계 문화의 소비자는 사회적으로 책임 있는 지위에 오른 30~40대의 성인 남자다. 그에 따르면 본래 '모에(萌え)'란 본래 만화, 애니메이션, 게임 등의 캐릭터를 향한 허구적인 욕망을 의미한다. 모에 요소는 주로 그래픽을 통해서 재현되며, 특정 말버릇, 설정, 이야기의 유형적 전개, 피규어의 특정한 곡선 등 여러 가지 요소를 포괄한다. 가령 프릴을 잔뜩 단 메이드 복장, 짧은 치마 교복, 고양이 귀나 특정 마스크 등은 모두 모에 요소를 결합한 대표적인 이미지이다.

아즈마 히로키에 따르면 현대 일본 청소년은 십대부터 다양한 매체와 문화적 환경을 통해서 수많은 오타쿠계의 성적 표현에 노출되어 왔기 때문에 특정 모에적인 기호만 보고도 성적으로 흥분하도록 훈련됐다.[10] 이는 비단 일본에만 국한된 이야기는 아닐 것이다. 한국에서도 일본 특유의 미소녀 플레이가 역시 특정층을 중심으로 각광받는 현상의 저변에는 일본과 유사한 사회 문화적 요인이 있다. 미소녀 게임은 한국 플레이어층에도 광범위하게 알려져 있다. 실제로 미소녀 게임에서는 플레이어가 여러 명의 여성 캐릭터를 플레이하고, 게임에 따라서 그 보상으로 섹슈얼리티가 강조된 이미지를 부여받기도 한다. 이때 일부 이미지들은 플레이어에게 기호로 작용한다. 플레이어들은 애니메이션적 기호를 통해서 현실보다 더 충만한 에로티즘을 추구하기도 한다.

아즈마 히로키에 따르면 '캐릭터 모에'는 캐릭터라는 시뮬라크르에 모에 요소의 데이터베이스라는 2층 구조 사이를 왕복함으로써 지탱되는 포스트모던적 소비 행동이다. 즉 작품의 서사층이 따로 있고 캐릭터의 데이터베이스층이 별개로 존재한다. 미소녀 게임에 나타나는 캐릭터는 철저하게 캐릭터의 데이터베이스에 침식된 표현 형식이다. 이 데이터베이스의 대부분을 일본 문화가 보유하고 있기에, 한국의 미소녀 게임 역시 일본 게임과 문화의 영향을 받을 수밖에 없다.

라이트 노벨과 미소녀 게임의 긴밀한 관계

하늘 아래 새것이 없듯 미소녀 게임 역시 인쇄물, 그중에서도 일본의 라이트 노벨과 긴밀한 상관관계를 맺고 있다. 라이트 노벨은 만화적이

---

10 아즈마 히로키, 『동물화하는 포스트모던』, 이은미 옮김, 문학동네, 2007, 81–95면, 154면.

거나 애니메이션적인 일러스트가 소설과 더해진 형태로 중고생을 주요 독자층으로 삼는 일본의 엔터테인먼트 소설이다. 라이트 노벨은 일반적인 문학의 영역에서 벗어나 애니메이션이나 게임 시장과 계속 제휴하면서 그 영향력을 확대했다는 점에서 일본 미디어믹스의 대표적인 콘텐츠 유형이라 할 만하다. 아즈마 히로키는 라이트 노벨을 두고 '캐릭터의 데이터베이스를 환경으로 하여 쓰인 소설'이라고 정의한 바 있다.[11]

라이트 노벨의 본질은 독자적인 서사적 세계가 아니라 캐릭터의 데이터베이스라는 이야기적 환경에 있다. 라이트 노벨에는 고뇌하는 근대적 작가의 자아가 드러나거나 투영되지 않는다. 이러한 점이 디지털 게임의 집단 창작적이면서도 분자적인 플레이를 유도하는 특성과 잘 맞아떨어진다. 그리하여 미소녀 게임의 경우 형식적으로 주로 노벨 게임을 차용하는 경우가 많다. 이는 노벨 게임, 사운드 노벨, 비주얼 노벨 등으로 불리기도 한다. 노벨 게임은 기본적으로 배경 음악과 이미지 및 동영상과 함께 문자 텍스트가 제공되며, 선택지를 통해서 플레이어가 멀티 엔딩을 경험하도록 유도하는 이른바 시나리오 분기형 어드벤처 게임이 주를 이룬다.

2006년 세븐스 익스팬션(07th Expension)에서 개발한 〈쓰르라미 울적에ひぐらしのなく頃に〉와 같이 시나리오가 단일 경로를 택하여 플레이어에게 선택지가 거의 주어지지 않는 경우도 있다. 현재 광범위하게 플레이되고 있는 한국의 다중접속온라인 역할수행게임과 비교한다면 다소 정적이고 단조로우며 플레이어의 자유도가 낮은 게임 유형에 속

11 아즈마 히로키, 앞의 책, 33면.

한다고 볼 수 있다. 즉 노벨 게임은 스니커 소설을 읽는 경험과 게임을 플레이를 하는 경험을 중첩적으로 제공한다는 점에서 주목할 만하다.

일본의 비주얼 노벨 〈투하트〉

1997년 출시된 리프(Leaf)의 〈투하트 To Heart〉는 대표적인 비주얼, 노벨형 미소녀 연애 게임이다. 이 게임의 주인공인 고등학생 후지타 히로유키는 입학 후 소꿉친구 카미기시 아카리와 동급생 나가오카 시호 등 다양한 여자 친구들을 만난다. 플레이어는 히로유키의 1인칭 시점으로 게임을 플레이한다. 주인공 히로유키는 처음에는 단순한 친구 관계로 여자들을 만나지만 플레이를 진행할수록 호감이 가는 사람과의 관계를 발전시켜 나가게 된다. 플레이어는 특정한 행동이나 대사를 선택하면서 원하는 인물과의 관계를 발전시키고 종국에는 각기 다른 엔딩을 맞이한다. 아즈마 히로키도 분석한 바 있는 이 게임은 일본 비주얼 노벨 장르의 대표적인 게임으로 인정받는다. 이와 같은 플레이 방식은 향후 일본에서 제작되는 미소녀 연애 시뮬레이션의 캐릭터 설정과 게임 플레이의 원형으로 작용한다.

게임 같은 소설, 소설 같은 게임

혹자는 이와 같은 소설을 두고 '게임 같은 소설'인가, '소설 같은 게임'인가에 대해 논쟁을 벌이기도 한다. 그러나 이제 뉴미디어 콘텐츠에서 매체 결정론적으로 콘텐츠를 규정하는 것은 그다지 중요하지 않다.

〈쓰르라미 울 적에〉의 후루데 리카, 〈두근두근 메모리얼〉의 후지사키 시오리

미디어 결정론적인 논쟁은 기껏해야 제도와 법제 등에만 영향을 미칠 뿐 정작 플레이어에게는 큰 의미를 부여하지 못한다. 뉴미디어 콘텐츠에서 가장 중요한 것은 플레이어가 콘텐츠를 소비하는 방식과 이를 통해서 얻게 되는 경험과 가치이기 때문이다.

〈두근두근 메모리얼ときめきメモリアル〉은 1994년 코나미(Konami)가 발매한 대표적인 연애 시뮬레이션 게임이다. 게임의 공간적 배경은 일본의 전형적인 '학교'로 설정되어 있다. 일본의 연애 시뮬레이션 게임에서는 유독 학교가 서사의 배경으로 자주 등장한다. 이때 학교 공간은 실제적인 학교 공간을 재현했다기보다는 폐쇄적이고도 유형화된 조건으로 작용한다.

주인공은 사립 키라메키 고등학교에 입학하고, '졸업식 날 교정 외곽에 있는 나무 아래에서 여자에게 고백을 받아 맺어진 커플은 영원히 행복해진다'라는 학교의 전설을 친구로부터 듣게 된다. 플레이어는 게임을 시작할 때 캐릭터의 이름과 혈액형, 생년원일을 설정한 뒤, 캐릭터의 외모와 타임 테이블을 관리할 수 있다. 특히 일요일과 공휴일에 여학생과 데이트를 성공적으로 완수하면 주인공 캐릭터의 호감도가 상승한다.

홍미로운 것은 다른 학생들 사이에서 긍정적인 평판을 얻기 위해서 공략하는 여학생 외에 다른 여학생과도 반드시 데이트를 해야 한다는 설정이다. 즉 연애 시뮬레이션 게임에서 지향하는 로맨스란 자아를 비우고 타자를 인정하는 것이 아니라, 오로지 타자를 정복하기 위한 것으로 설정되어 있다. 따라서 여학생들은 오로지 '쉬운 대상'으로만 존재한다. 이러한 게임의 경험은 현대 사회의 다양한 에로스적 가치를 반영하는 동시에, 청소년기의 억압적인 조건에서 생활하는 학생들에게는 왜곡된 가치관을 심어줄 수 있다는 점에서 개인이 처한 환경과 조건에 따라서 다소 위험하게 작용할 수도 있다.

미소녀 게임에서 가장 중요한 것은 캐릭터 자체이다. 캐릭터는 허구적 텍스트의 세계보다 우선한다. 일본의 미소녀 게임에 등장하는 여성 캐릭터들은 실제로 작가의 개성이 창출해낸 개성적 인물이라기보다는, 아즈마 히로키의 언어를 빌자면 데이터베이스의 조합을 통해서 구축된 오타구적 도상인 캐릭터 모에이다. 모에의 판타지로 충만한 미소녀 캐릭터는 그들만의 '가능세계(possible world)'를 구축한 뒤 욕망을 충족시키리라 기대되는 모든 요소들을 갖추고 오직 그 안에서 자족하며 칩거하게 된다.

5. 핑크 게임과 퍼플 게임

"내러티브는 오랫동안 우리 주위에 있어왔기 때문에 컴퓨터라는 매체에 어떠한 두려움도 느끼지 않는다. 즐거움을 주는 하나의 형태로서 새로운 매체의 앞날이야말로 자신만의 새로운 서사성의 형태를 개발할 수 있느냐 없느냐에 달려 있다고 말할 수 있다."

— 마리 로어 라이언, 『영화와 디지털을 만나다』 중에서[12]

기업 페미니스트의 딜레마

디지털 게임은 태생적으로 산업과 더불어 발전해왔다. 개발에서부터 출시에 이르기까지 많은 개발 인력과 자본이 투입되고, 그보다 더 많은 수의 대중을 상대로 하기 때문에 아무래도 후기 자본주의 사회의 상업적 논리와 맥을 같이할 수밖에 없다. 동시에 아이러니하게도 디지털 게임은 예술이기도 하다. 게임은 시각적, 청각적, 감각적 요소를 활용해 상상력을 구체화하고 현실 세계를 모방적으로 재현한다. 따라서 현실 세계에 대한 대안적 가치와 간접 경험을 제시할 수도 있다. 이처럼 디지털 게임은 예술과 상업, 인문학과 공학, 생성과 소비의 간극을 오가는 경계적 위치에 있다. 따라서 디지털 게임에서 젠더를 이해하는 방법과 이를 구현하는 방법은 다른 어떤 예술 양식보다 까다롭고 특이할 수밖에 없다.

자칭 기업 페미니스트(entrepreneurial feminist)들은 이와 같이 복잡 미묘한 문제에 대해서 사업적인 이익을 추구하는 동시에 젠더에 대해서도 '어느 정도' 인식하고 이를 반영하여 사회적으로 영향을 불러일으키고자 노력한다. 다만 여기서 '어느 정도'에 해당하는 정도에 따라서 그

12 마리 로어 라이언, 『스토리텔링의 이론, 영화와 디지털을 만나다』, 조애리 외 옮김, 한울아카데미, 2014, 312면.

들의 대안은 긍정적 반응과 부정적 반응을 동시에 불러일으킨다.

현재의 디지털 게임 콘텐츠와 게임 플레이 방식, 사용자 문화는 상당히 남성 중심적으로 구조화되어 있다. 가령 대부분의 남아가 디지털 게임을 플레이하고 있거나 하고 싶어 하며, 상대적으로 여아는 디지털 게임에 그만큼 관심을 보이지 않는 것은 물론 플레이에도 능하지 못할 것이라는 것이 디지털 게임 시장에서의 통념이다. 사실 이는 디지털 게임에 국한된 통념은 아니다. 영유아 및 어린이의 장난감을 주로 취급하는 토이저러스(Toys 'R' Us)와 같은 매장에서는 남아용 장난감과 여아용 장난감을 진열에서부터 철저히 구분 짓는다. 토이저러스는 35개국에 1,500개 이상의 지점을 두고 있는 대형 장난감 체인 업체이다. 세계적인 장난감 대형 매장의 용의주도한 매장 진열 방식은 중소 규모의 매장들에도 영향을 미치며 최종적으로 소비자의 구매에 직접적인 영향력을 행사한다.

이러한 문제 인식 및 당면 과제에 대해서는 어떤 입장의 기업 페미니스트이든 모두 공감하는 바이다. 그러나 이에 대한 대안 제시는 각각이 처한 사회 문화적 입장에 따라서 상당히 다를 수밖에 없다.

핑크 게임의 선두주자, 바비 패션 디자이너

첫 번째, 상업적 이윤과 젠더적 가치라는 두 개의 줄타기에서 상업적 이윤 쪽으로 기우는 경우이다. 이 경우 대부분의 디지털 게임과 관련된 사회적인 환경과 문화가 남아 중심적으로 구성되어 있다고 전제하고 여아 중심적인 게임을 대안적으로 제시해야 한다고 본다. 그래야만 여아를 위한 디지털 게임 시장도 석권할 수 있다고 보는 것이다.

대표적인 여아용 핑크 게임은 마텔의 〈바비 패션 디자이너Barbie

게임 〈바비 패션 디자이너〉

Fashion Designer〉이다. 1996년 10월에 발매된 이 게임은 두 달 동안 북미에서 무려 50만 개가 판매됐다. 이 게임은 여아들의 '핑크 홀릭'을 그대로 받아들이는 가운데 요리, 패션, 미용 등 사회적으로 여성에게 부여된 성 역할들을 바비를 통해서 그대로 재현했다. 〈바비 패션 디자이너〉는 표면적으로 볼 때 여아들이 좋아하는 아이템을 게임의 형태로 변형한 획기적인 사례였고 상업적으로도 성공을 거뒀다.

여아용 게임의 개발은 미지의 마켓을 개발한다는 점에서 상당히 여아 친화적인 도전으로 볼 수도 있다. 그러나 이 게임 역시 '금발머리에 8등신 핑크 미인인 바비의 존재가 과연 여아들의 욕망을 제대로 반영하는가?'라는 문제에는 여전히 답을 하지 못하고 있다. 나아가 '여아는 과연 무엇을 원하는가?'에 대한 물음에는 더더욱 답을 하지 못할 것이다. 결과적으로 〈바비 패션 디자이너〉는 상업적 이윤을 창출하는 데는 부분적으로 성공했을지 모르겠으나, 뉴미디어인 게임을 통해서 젠더적 가치를 대안적으로 제시했는가에 대해서는 제대로 된 답을 제시했다고 보기 어렵다.

두 번째, 디지털 게임에 있어서 사용자를 남아와 여아로 구분해 각각 적합한 게임 유형을 개발하는 것이 아니라 기존 게임의 법칙을 따르면서 일부 주요 요소를 통해서 젠더적 가치를 부여하는 경우이다. 이 역시 상업적 논리에 좀 더 충실한 또 다른 유형이라 할 만하다.

가령 게임 개발사 세가(Sega)의 리 멕케나니 카라허(Lee McEnany

Caraher) 등 기업 페미니스트들은 게임 산업에서 젠더의 차를 없애기 위해서는 바비의 경우처럼 여아에게 특화된 핑크 게임을 따로 만드는 수고를 들일 것이 아니라, 이미 남아 위주로 구축되고 고정된 기존의 게임 장르 안에 여성 캐릭터를 덧대는 편이 보다 효과적이라고 본다.

이러한 대표적인 성공 사례는 〈툼레이더〉 시리즈의 라라 크로프트이다. 물론 라라 크로프트의 경우 남성 일색의 어드벤쳐 게임의 세계에서 매력적인 여성이 게임 플레이에 있어서 행동의 주체로 등장했다는 점만으로도 그 의의가 크다. 라라 크로프트 이전의 액션 어드벤쳐 게임에서 등장하는 여성이란 기껏해야 퀘스트의 시작점에 위치한 '구해야 할 대상'이거나 퀘스트의 끝에 주어지는 '얻어야 할 보상'에 불과했다. 실제 퀘스트를 수행하는 게임 플레이에서 여성 캐릭터가 주체적으로 부각되는 경우는 라라 크로프트 이전에는 거의 없었다고 해도 과언이 아니다. 혹 있었다고 하더라도 라라 크로프트만큼 대중적으로 주목을 받지 못했다. 따라서 게임의 캐릭터에서 라라 크로프트의 지위는 특별하다.

그러나 이러한 대안 역시 지극히 상업적인 논리에 따른 성과일 뿐 뉴미디어에 나타난 여성 캐릭터의 정체성에 대한 근본적인 문제들에는 대안을 제시하지 못한다. '남녀가 모두 좋아하는 여성 캐릭터'에 대한 조건을 어떻게 충족시킬 것인가라는 주제 자체가 문제적이다. 라라 크로프트에게는 여전히 불필요한 노출과 신체의 강조, 관음증적인 초점과 시점, 무엇보다 게임의 맥락과 전혀 상관없는 성적 요소 등이 특징으로 나타나고 있다. 결국 라라 크로프트와 같은 여성 캐릭터는 여성을 위해 창조되었다고는 하나, 종국에 그녀는 그저 아름다운 상품이자 대상일 뿐 주인공이면서도 주체가 될 수 없다는 아이러니로 머물고 만다.

퍼플, 핑크의 대안

세 번째, 상업적 이윤과 젠더적 가치라는 두 개의 줄타기에서 최대한 중립을 유지하기 위해서 노력하면서도 동시에 젠더적 가치를 포기하지 않는 경우이다. 이 경우 바비와 핑크로 대변되는 왜곡된 성적 기호들을 부정하면서 새로운 성 역할을 규정하는 동시에 최소한의 상업적 이윤도 포기하지 않기 위해 노력한다. 결국 명분과 실리라는 두 마리 토끼를 전부 놓치지 않겠다는 전략이다.

이 유형의 대표적인 사례로는 미국의 소프트웨어 회사인 퍼플 문(Purple Moon)이 있다. 퍼플 문은 게임 디자이너이자 연구자인 브렌다 로렐(Brenda luarel)이 창립한 회사로, 주로 8세에서 12세의 여아를 대상으로 하는 PC 게임을 기획 및 개발했다. 대표적인 게임으로는 〈로켓의 새로운 학교Rokkett's New School〉와 〈숲속의 비밀 통로Secret Paths in the Forest〉 등이 있다. 퍼플 문은 1999년에 마텔사(Mattel, Inc.)가 인수하면서 상업적으로 확장될 수 있는 발판을 마련하게 된다. 미국의 어드벤처 게임 전문 회사인 허 인터랙티브(HeR Interactive)에서도 〈낸시 드류Nancy Drew〉 시리즈 등 여아에게 특화된 게임을 선보인 바 있다.

브렌다 로렐은 로켓 시리즈를 발표하기 이전부터 꾸준히 디지털 게임과 여아의 관계성에 대해서 연구를 진행하고 이 과정에서 실제로 여

어드벤처 게임 회사 '허 인터랙티브'와 게임 〈낸시 드류〉의 로고

아들과 심층 인터뷰를 진행했다. 기존의 게임들이 개발 단계에서 여아 중심의 시장 조사나 사용자 조사를 거의 실시하지 않은 전례로 볼 때, 브렌다 로렐의 사전 연구는 시사하는 바가 크다. 당시 심층 인터뷰를 통해서 브렌다 로렐은 남아뿐 아니라 여아들조차 '비디오 게임은 남아의 것'이라고 인식하는 점에 놀랐다고 한다.

그리하여 브렌다 로렐은 여아를 위한 컴퓨터 게임을 기획하게 된다. 게임의 플레이 경험을 통해서 여아들 스스로 "이것은 내 것이며, 나를 위한 것이고, 나는 그것을 가졌다."[13]라고 말하기를 원한다는 브렌다 로렐의 설립 의지는 상당히 뜻깊다. 브렌다 로렐은 여아의 디지털 게임의 플레이 특징을 다음과 같이 도출한다(표 9).

[표 9] 브렌다 로렐이 제시하는 여아의 게임 플레이 특성[13]

• 여아는 남아와 같은 방식으로 열광하지는 않았다. • 여아는 죽음과 재시작을 싫어한다. • 여아는 '감성적 길'을 요구하고, 사건이 올바르게 일어나길 원한다. • 여아는 퍼즐이나 장애물 등의 소재를 싫어한다. • 여아는 시간 제약에 흥미를 갖지 않는다. • 여아는 다른 플레이어와 함께 플레이하기를 원한다. • 여아는 하나 이상의 캐릭터로 활동하길 원한다.

브렌다 로렐은 위와 같은 여아의 게임 플레이 특성을 토대로 〈로켓의 새로운 학교〉를 기획 및 개발한다. 퍼플 문이 제작한 첫 번째 게임 타이틀인 이 작품의 주요 캐릭터는 8학년의 여아인 '로켓'이다. 로켓은

13 Justine Cassell · Henry Jenkins, *From Barbie to Mortal Kombat: Gender and Computer Games*, MIT Press, 1998, p. 121.

게임 〈숲속의 비밀 통로〉

한국으로 치면 중학교 2학년 여학생 캐릭터로, 동일한 나이 때의 여성 플레이어가 캐릭터에 감정을 이입하고 공감하기 쉽도록 설정되어 있으며, 무엇보다도 다양한 정서적 변화와 외면적 성장을 경험하도록 고안되었다.

실제로 퍼플 문의 〈로켓 월드Rockett's World〉 시리즈는 주요 캐릭터를 디자인하는 데 있어서 일상에서 언제든지 만날 수 있는 평범한 여아의 이미지를 제시할 수 있도록 고려했다고 한다. 로켓은 '나는 누구인가, 나는 누구와 함께 하는가'와 같은 존재론적 고뇌를 하고 있는 평범한 사춘기 소녀이다. 기존의 상업적 게임에서 대부분의 주요 캐릭터가 남성으로 설정되어 있으며 캐릭터의 주된 갈등이 외면의 행동임을 감안할 때, 내면의 갈등으로 고민하는 로켓의 설정은 분명 흥미롭고도 신선하다.

퍼플 문의 또 다른 게임인 〈숲속의 비밀 통로〉도 전작과 유사하게 여아들이 중요하게 여기는 인간관계 및 연대의 문제에 중점을 두고 있다. 기존의 상업적 게임이 일차적으로 타자 캐릭터를 적으로 인지하고 공격적 행동을 하도록 유도하는 것과 달리, 〈숲속의 비밀 통로〉는 캐릭터가 타자 캐릭터를 돕고 숨겨진 마법의 이야기 돌을 찾도록 유도한다. 퀘스트에 대한 보상으로는 타자를 공격할 수 있는 무기 대신에 타자와 공유할 수 있는 '이야기(tale)'를 제공한다. 그 외에도 퍼플 게임으로 분류되는 여아용 게임들은 공통적으로 공격적 행동 대신에 흥미로운 이야기를 통해서 게임의 서사를 발전시켜 나간다. 이야기를 뒷받침하기 위한 장치들로 대화, 편지, 다이어리, 기록물, 쪽지 등이 빈번하게 등장한다. 이는 기존의 폭력적 행동 중심의 게임과는 분명 차별되는 플레이를 유도한다는 점에서 디지털 게임 전반에 있어서 새로운 시도라 할 만하다.

사실 두 가지 상이한 목표를 반반씩 지향한다는 것은 이론적으로는 상당히 이상적이나 동시에 실현하기는 참으로 어려운 문제이기도 하다. 흑백논리에서 논리적 오류를 범하기 쉬운 쪽은 흑과 백보다 오히려 회색의 편이기 때문이다. 이 게임들은 퍼플 '책'이 아니라 퍼플 '게임'이기에 사춘기 소녀의 내면이 구체적인 게임 플레이의 형식으로 재현되는 데 있어서 한계를 가질 수밖에 없으며, 아직까지는 소녀의 심리적 갈등과 내면적 고뇌를 책만큼 세세하게 그려내지 못하고 있다. 결국 이러한 한계 때문에 이 게임은 상업적으로는 실패하고 만다.

결과적으로 퍼플을 핑크에 대한 명쾌한 대안이라고 평가하기가 어렵다. 퍼플 문은 '만약 게임 시장 조사 결과 여아용 게임의 성공을 위해서 상품을 분홍색 상자에 담아야 한다는 결론이 나오면 어떻게 대응하겠느냐.'는 질문에 대해서, '그렇다면 그 결과를 따르겠다'고 답한 바 있다.[14] 결국 '과연 여아들은 무엇을 원하는가'에 대한 근원적인 답변에까지는 이르지 못한 셈이다. 색깔로 치자면 퍼플 문은 브랜드명에서 드러낸 바와 같이 핑크는 아니지만 여전히 핑크를 상기시키는 퍼플에서 멈추고 만 것이다.

14 앞의 책, p. 18

여아의, 여아를 위한, 여아에 의한 게임

『바비 인형부터 모탈 컴배트까지: 젠더와 컴퓨터 게임From Barbie to Mortal Kombat: Gender and Computer Games』의 편저자인 헨리 젠킨스와 저스틴 카셀(Justin Cassell)은 '그렇다면 과연 여아용 게임이 반드시 필요한가.'라는 근원적인 난제로부터 논의를 시작한다.[15] 이는 앞서 살펴본 '여아를 위한 게임을 어떻게 만들어야 하는가.'라는 기업 페미니스트들의 질문보다 훨씬 전 단계에 해당하는 질문이다. 여아가 좋아하는 것들은 당연히 핑크와 엄마의 역할일 것이라는 전제에 문제를 제기하는 않는 입장과도 차별적이다.

기존의 디지털 게임이 남성의 성 역할만 강조하거나 남성성을 과격한 폭력성으로만 재현하거나 여성을 성적 대상으로만 재현하는 점 등은 분명 문제적이다. 장난감 가게에서 여아용 게임으로 분류될 카테고리 하나를 더 만드는 것, 핑크색 선반을 하나 더 만드는 것이 과연 디지털 게임에서 나타난 젠더 정체성의 문제에 대한 적극적인 대안이 될 수 있을지 의구심이 든다. 게다가 이미 사회적으로 고정된 성 역할을 익히고, 그 분류에서 벗어나는 것이 얼마나 사회적으로 위험한 결정인지를 암묵적으로 배운 남아들이 흔쾌히 여아용 게임을 플레이할 리 만무하다.

과연 모든 여아가 반드시 여아용 게임을 플레이해야 하는가라는 질문도 등장할 수 있다. 여아의 문화적 취향, 기호 등이 이미 사회에서 고정된 성 관념 및 성 역할의 영향을 크게 받아 형성되는 환경에서 과연 여아를 위한 게임이라고 믿는 기호들이 정말 여아가 좋아하는 것들인

15 앞의 책.

지, 아니면 라캉(Jacques-Marie-Émile Lacan)의 말처럼 타인의 욕망을 욕망하는 것인지를 고려할 필요도 있다.

퍼플 문에서 개발한 〈로켓의 새로운 학교〉

이처럼 일명 핑크 게임, 퍼플 게임은 기업 페미니스트들의 다양한 입장 속에서 실험적으로 나타났다. 상업적으로는 반짝 성공을 거뒀으나 젠더 문제에 있어서는 기여도가 높은 경우도 있고, 상업적으로는 실패했으나 젠더 문제에 있어서는 하나의 시작점을 제시한 경우도 있다. 중요한 것은 누가 성공했고 누가 실패했느냐가 아니라 이러한 다양한 시도들이 끊임없이 계속되고 있다는 점이다. 무엇보다 게임 강국을 자처하면서도 여전히 디지털 게임과 관련된 젠더에 대한 문제 제기는커녕 논의조차 제대로 진행된 적 없는 우리의 입장에서 볼 때 더더욱 그러하다. 핑크든 퍼플이든 블랙이든 화이트든 다채로운 시도들이 발현되어야만 그 안에서 발전적인 대안을 모색할 수 있기 때문이다.

6. 인디 게임의 퍼펙트 우먼

"그때까지 3년 동안 이리저리 쫓아다니며 보냈다. 나와 내 가족의 삶을 행동과 계획과 움직임, 끊임없는 움직임으로 채웠다. (중략) 달리는 걸 멈춰야 한다. 모든 일을 멈출 시간이다. 이제는 읽기를 시작할 시간이다."

— 니나 상코비치, 『혼자 책읽는 시간』 중에서[16]

게임 서밋에서 울려 퍼지는 여성의 목소리

전세계적으로 매년 다양한 형태의 게임 개발자 컨퍼런스(Game Developer's Conference, 이하 GDC)가 개최되고 있다. 그중에서도 독일 쾰른에서 열리는 'GDC 유럽(Game Developer's Conference Europe, GDC Europe)'은 게임 산업을 전문적으로 다루는 대규모 컨퍼런스이다. GDC 유럽은 컨퍼런스 직후 세계 최대 규모의 게임 발표 쇼인 '게임스컴(Gamescom)'과 연계되어 개최되기 때문에, 학계는 물론 업계에서도 지대한 관심을 받고 있으며 동시대 게임의 경향을 읽어내기에 적합한 장으로 평가받고 있다.

GDC 유럽의 경우 마이크로소프트(Microsoft), 구글(Google), 페이스북(Facebook), 아마존(Amazon), 에픽게임스(Epic Games INC.), 하복(Havok) 등 대규모 게임 관련 기업들이 무대의 중심을 이루는 가운데, 작게나마 인디 게임제작 회사들도 꾸준히 참여하면서 작품을 내놓고 있다. 양적으로 대형 게임들의 방대한 규모에 밀리기는 하나, 다양성의 측면에서 볼 때 인디 게임의 약진은 고무적이라 할 만하다.

인간을 압도하는 초대형 스크린과 최고급 사양의 컴퓨터, 생생한 사

16 니나 상코비치, 『혼자 책읽는 시간』, 김병화 옮김, 웅진지식하우스, 2012, 11면.

운드, 현란한 마케팅으로 북새통을 이루는 게임쇼 뒤편에서 '인디 게임 서밋(Independent Games Summit)'이 개최된다.

인디 게임 서밋이지만 여전히 남성 개발자가 80% 이상을 차지하며 소수의 여성 개발자들만이 인디 게임 서밋에 참여하고 있다. 소수 중의 소수인 여성 개발자들이 게임을 발표하면서 게임의 취지를 연속적으로 알리고자 노력한다. 2015년 GDC 유럽 인디 게임 서밋에서 두드러진 게임 중 하나가 〈퍼펙트 우먼Perfect Woman〉이다. 퍼펙트 우먼은 2014년 UCLA 게임 랩에서 유니티 3D(Unity 3D)와 키넥트(Kinect)를 이용해 개발한 시뮬레이터 게임이다. 제작진의 게임 제작 의도는 상당히 단순하면서도 직관적이다. '왜 게임의 주인공은 모두 남자인가'라는 의구심으로부터 이 게임이 시작되었다고 한다.

퍼펙트 우먼과 허드렛일 전쟁

이 게임의 주인공은 짐작 가능하게도 여성이다. 흥미로운 것은 남성이 플레이할 경우에도 여성 캐릭터로 플레이해야 한다는 점이다. 우리 사회는 서구든 동양이든 할 것 없이 어디서든 다양한 매체를 통해서 여성의 역할을 강조한다. 외모에서부터 마음가짐에 이르기까지 현대사회가 복잡다단해질수록 사회가 원하는 여성의 최소한의 자질들도 더더욱 복잡해지고 강화된다. 따라서 사회가 원하는 완벽한 여성이 되기란 점점 더 불가능하다는 것이 본 게임의 이면이요 컨셉이다.

이처럼 무겁고도 비판적인 주제를, 이 게임은 플레이라는 게임 특유의 방식으로 풀어나간다. 게임에서는 생의 주기를 반영해 각각의 레벨과 단계를 설정했다. 플레이어는 키넥트 앞에 서서 스크린 안에서 아바타가 취하는 갖가지 포즈를 모방해야 한다. 자기 본연의 모습과 상

대체현실게임 〈허드렛일 전쟁〉

인디게임 〈퍼펙트 우먼〉

관없이 주어진 답안을 똑같이 모방해야만 더욱 "완벽(perfect)"한 점수를 얻게 된다. 이러한 따라하기는 행동은 플레이어로 하여금 희극적인 웃음을 자아낸다. 아주 짧은 순간이지만 타자의 시선과 잣대로 규정된 '완벽한 여성'이 된다는 것이 얼마나 힘들고도 부조리한 것인지를 게임 플레이를 통해서 전달하는 것이다.

여성 게임 디자이너나 개발자들이 제시하는 게임들은 분명 남성 중심의 개발자들이 제시하는 게임과는 차별적이다. 무엇보다도 이들은 게임의 기본적인 요건을 충족하면서 동시에 '게임은 반드시 공격적인 폭력성을 수반한다.'라는 명제를 위반하는 게임들을 제시한다.

게임 디자이너이자 연구가인 제인 맥고니걸은 저서 『누구나 게임을 한다』(사실 이 책의 원제는 『현실은 부서졌다Reality Is Broken』이다.)에서 〈허드렛일 전쟁Chore Wars〉이라는 대체현실게임을 소개한 바 있다. 이 게임은 허드렛일, 즉 집안일로 가득한 현실을 게임의 형식에 부합시켜서 플레이어가 활기차고 의욕적으로 집안일을 하도록 유도하는 것이 목표이다. 빨래하기, 화장실 청소, 강아지 털 빗겨주기 등은 모두 모험의 용어들로 둔갑하며, 그에 대한 보상이 현실의 보상으로 이어지기도 한다.

물론 제인 맥고니걸이 지적한 바와 같이, 〈허드렛일 전쟁〉과 같은 대체현실게임은 현실의 성 역할 문제에 대해서 근원적인 해답을 제기하지는 못한다. 이러한 게임은 일종의 반(反)도피주의적 게임일 뿐이라는 비난을 받기도 한다.[17] 그럼에도 불구하고 이러한 대안적 게임의 등장은 우리로 하여금 뉴미디어에 나타난 다양한 여성상, 성 역할, 젠더 체계 등에 대해서 의구심을 갖도록 유도한다. 대체현실게임은 사회 변혁을 주도할 만큼 강력하진 못하지만, 적어도 개개인의 플레이어에게 인식의 전환을 촉구할 수 있는 계기를 간접 경험으로 제공한다는 점에서 의의가 있다.

---

17 제인 맥고니걸, 『누구나 게임을 한다』, 김고명 옮김, 알에이치코리아, 2012, 182면.

3장

하이퍼텍스트, 드라마, 인터랙티브 드라마

1. 하이퍼텍스트 속 패치워크 걸

"우리는 모두 처음엔 사막 어딘가에 버려진 한 다발의 뼈이거나, 모래밭에 흩어진 유해였다. 이 뼈들을 맞추는 것이 우리의 일이다."

— 클라리사 에스테스, 〈늑대와 함께 달리는 여인들〉 중에서[1]

패치워크 걸, 마이 바디

기술이 단기간에 급속도로 발전할 때 인간은 안정감보다는 불안감을, 친숙함보다는 소외감을 느낀다. 왠지 모르겠지만 나만 뒤처지고 있는 것 같다는 초조함, 인간이 기술의 도구로 전락한 것 같다는 걱정이 늘어난다. 인간을 배제하고 앞으로 나아가는 과학 앞에서 이는 자

---

1 클라리사 에스테스, 『늑대와 함께 달리는 여인들』, 손영미 옮김, 이루, 2013, 45면.

연스러운 가역 반응이다. 우리는 과학 발전에 대한 맹신과 계몽주의의 모토 아래 그저 앞으로만 나아갔다. 분명 기술이 발달하면 인간 삶의 질도 윤택해질 줄로만 알았는데 그러한 핑크빛 미래를 보장받지 못했다. 인간을 배제한 기술은 오히려 인간에게 치명적이다. 다시금 '사람 인(人)'에 집중하고 인간과 더불어 나아가면서 인간을 포용할 수 있는 기술로 거듭나야 한다는 자성의 목소리가 크다.

21세기에 들어서면서 다시금 '몸에 대한 담론'이 활성화되고 있는데, 이 역시 인간성을 회복하기 위한 목소리 중 하나이다. 인간의 몸은 사회의 권력과 정체성을 보여주는 지도이다.[2] 20세기의 이성주의와 계몽주의에서는 인간의 몸을 거추장스럽고 이성적 정신에 반하는 하등한 것으로 인식했다. 이러한 인식은 특히 인간의 활동을 기계가 신속하게 대체하면서 더욱 심해졌다. 사실 인간의 존재를 가장 일차적으로 명쾌하게 증명할 수 있는 것은 이성도 무의식도 아닌 바로 몸 그 자체임에도 불구하고 말이다.

그중에서도 여성의 몸은 더욱 불완전한 존재로 인식되어 왔으며, 심할 경우에는 몸에 대하여 논하는 것 자체가 금기시되기도 했다. 미디어 아티스트이자 소설가인 셸리 잭슨(Shirley Jackson)은 실험적인 하이퍼텍스트 픽션의 소재이자 주제로 여성의 몸을 선택했다. 그녀의 입장에서 분절적인 형식의 하이퍼텍스트 픽션과 여성의 몸은 유사점을 갖고 있기 때문이다. 셸리 잭슨은 하이퍼텍스트 픽션 〈마이 바디My Body〉[3]를

---

2 다나 J. 해러웨이, 『유인원, 사이보그, 그리고 여자: 자연의 재발명』, 민경숙 옮김, 동문선, 2002, 323면.

3 Shirly Jackson, "My Body", Electronic Literiture Collection. (http://collection.eliterature.org/1/works/jackson__my_body_a_wunderkammer/body.html)

창작하는 데 있어서 메리 셸리(Mary Shelley)의 소설 〈프랑켄슈타인Frankenstein〉으로부터 모티브를 얻었다고 밝히고 있다. 〈프랑켄슈타인〉의 원작자 메리 셸리는 영국의 여성 작가이다. 소설 〈프랑켄슈타인〉은 해부학에 대한 지식과 인간의 신체에 대한 통찰력이 잘 드러나 있어 단순히 기괴한 공포 소설이기보다는 '과연 인간이란 무엇인가.', '신체의 같고 다름은 어떠한 의미를 생성하는가.'와 같은 본질적 화두를 던진 수작이라 할 만하다.

셸리 잭슨은 하이퍼텍스트라는 형식에 여성의 신체라는 내용을 접합시켜 몸을 소재로 한 하이퍼텍스트 픽션을 꾸준히 발표했다. 1995년 〈패치워크 걸Patchwork Girl〉, 1997년 〈마이 바디〉, 2001년 〈더 돌 게임즈The Doll Games〉 등 제목만으로도 짐작할 수 있듯, 잭슨은 신체의 재구성과 의미화 작업을 지속적으로 해왔다. 각각의 기관이 합쳐져서 통합체로서의 몸을 이루듯, 각각의 이야기 블록들 혹은 렉시아이 합쳐져서 하나의 하이퍼텍스트 픽션을 구성한다. 이러한 점에서 볼 때, 셸리 잭슨이 하이퍼텍스트 픽션의 소재로 여성의 몸을 택한 것은 그 자체로 메타적이라고 볼 수 있다. 이는 남성 작가들이 '그래마트론'이나 '게임시' 등 문자나 서사 자체의 해체를 시도했던 것과는 또 다른 시도이다.

스킨 프로젝트

디지털 기술이 발달함에 따라서, 잭슨의 작업은 문자와 이미지 단위를 결합한 하이퍼텍스트 픽션에 그치지 않고 사용자의 참여를 통한 동영상으로 발전한다. 그중에서도 〈스킨 프로젝트Skin Project〉는 인간의 신체와 의미에 대한 흥미로운 실험이다. 이 작품에서 잭슨은 다수의 사용자가 적극적으로 참여하여 파편화된 텍스트들을 생성하도록 유도한 뒤 이를 편집자적 입장에서 하나의 동영상 작품으로 연결해냈다.

재구성을 위해서는 반드시 해체의 작업이 선행되어야 한다. 〈스킨 프로젝트〉에서 잭슨은 먼저 작가로서 자신이 생각하는 문장, 예를 들면 "우리는 우리가 누구인지 모른다. 그러나 우리는 우리가 죽지 않았음을 확실히 알고 있다(We don't know who we are but we are certain that we are not dead)."와 같은 문장을 작성한다. 이후 문장들을 계열체적 단위로 해체하여 프로젝트의 참여자들에게 무작위로 나눠준다. 참여자는 자신이 부여받은 단어를 각각 원하는 신체 부위, 예를 들면 팔꿈치나 아랫배, 뒤통수, 쇄골 등에 문신의 형태로 새긴 뒤 신체 부위의 이미지와 자신의 목소리를 동영상의 형태로 녹화한다.

잭슨은 파편화된 동영상 블록들을 다시 모아서 문장이라는 통합체 형식으로 연결한다. 잭슨이 편집한 문장은 참여자들에게 나눠주기 이전의 문장과 같고도 다르다. 이러한 일련의 해체와 재구성의 과정을 통해 작가와 참여자, 관람객은 과연 디지털 시대에 인간의 몸이란 무엇이며 어떤 의미가 있는지 다시금 생각해보게 된다.

일찍이 소설가 메리 셸리는 『최후의 인간The Last Man』에서 흩어진 나뭇잎 조각들을 한데 모아 통합적 메시지를 구축하고 판독하겠다고 밝힌 바 있다. 그녀는 어둠 속에서 길을 잃고 잘못된 방향으로 올라가다가 우연히 진짜 동굴을 발견한다. 셸리 잭슨이 진행한 〈스킨 프로젝트〉는 다수의 주체들이 참여해 한 편의 문장을 완성한다는 점에서, 잭슨이 하이퍼텍스트 픽션을 통해서 도모했던 여성 프랑켄슈타인의 은유적 몸 재구성이라는 주제와 긴밀히 연계되어 있다.

〈스킨 프로젝트〉에 참여한 주체들은 프로젝트 전반을 통해서 자신의 몸이 해체되었다가 전체의 부분으로 다시 재구성되는 경험을 하게 된다. 이와 같은 경험은 일종의 '절합(節合)'이라고 볼 수 있다.[4] 절합이란 한 통합체 내에서 분절과 결합이 동시에 작동하는 것을 지칭한다. 이 작품에서 최종적으로 참여자는 자신을 포함해 대중이 참여해 완성한 거대한 패치워크 이미지를 만나게 된다. 피부는 인간의 몸 중에서 가장 표면적으로 드러나는 공간이자 타자의 세상과 직접 맞닿는 경계적 공간이기도 하다. 동시에 인간의 몸을 감싸면서 유연하면서도 변형 가능한 특성을 가진다. 또한 피부는 하나의 면이자 공간으로 작용한다. 즉 〈스킨 프로젝트〉에서 인간의 몸은 종이이자 문장이요, 부분이자 전체이다.

아브젝트로서의 몸

〈패치워크 걸〉에서부터 〈스킨 프로젝트〉에 이르기까지 해체와 재조합을 통해서 완성된 여성의 신체는 반미학적인 쾌감을 전달한다는 점에서 줄리아 크리스테바(Julia Kristeva)가 제시하는 '아브젝시옹(abjection)' 개념과 연계될 수 있다. 인간은 자신을 위협하는 대상에 대해서 공포를 느낀다. 아브젝트는 동일성이나 체계, 질서를 교란시키는 것이다.[5] 신체의 분절과 결합은 일종의 자기분열이자 변종이다. 결국 분절과 결합을 거친 여성의 외모는 불쾌하고 추악하며 사회에 공포와 불안정을 야기할 수 있는 위험한 타자로 작용한다.

육체의 물질성과 젠더의 수행성의 결합에 주목한 바 있는 주디스 버틀러는 육체의 물질성을 힘의 역학에 대한 효과로 이해해야 한다고 주

4 앤 마리 발사모, 『젠더화된 몸의 기술: 사이보그 여성 읽기』, 김경례 옮김, 아르케, 2012, 69면.
5 줄리아 크리스테바, 『공포의 권력』, 서민원 옮김, 동문선, 2001, 21-25면.

장한 바 있다.[6] 겉으로는 전혀 달라 보이지만, 사실 이상적 여성인 바비 인형과 여성 괴물인 패치워크 걸의 구성 논리는 기본적으로 동일하다. 여성의 신체를 파편화하고 이를 해체하고 조립할 수 있다는 점에서 그러하다. 이 과정을 통해서 탄생한 패치워크 걸의 이미지는 공포와 두려움의 감정을 불러일으키는 동시에 그 자체로 기존 질서에서 벗어난 위반의 메시지를 전달한다.

하이퍼텍스트 픽션 〈패치워크 걸〉

다만 〈스킨 프로젝트〉의 경우 아쉽게도 이러한 작품의 의미를 참여자들이 과정 추론적으로 인지할 수 없다. 여전히 창작의 주체이자 최종적 편집자로서 전체의 이미지와 의미를 거시적으로 조망할 수 있는 사람은 오로지 작가인 잭슨뿐이다. 참여자들은 부분적인 블록을 받고 과연 이 단어를 어디에 새겨 넣고 어떻게 발음할 것인가에만 집중하게 된다. 이러한 점은 잭슨만의 한계라기보다는 소위 참여적 미디어 아트로 구분되는 작품들이 쉽게 범하는 오류 중 하나이다. 결국 〈스킨 프로젝트〉에서 개별적 참여자와 분절된 텍스트는 마치 프랑켄슈타인 박사가 만들어낸 괴물처럼 그 자체로 더욱 적극적 의미를 생성하는 데까지는 나아가지 못한다는 점에서 한계를 가진다.

---

6 주디스 버틀러, 『의미를 체현하는 육체』, 김윤상 옮김, 인간사랑, 2003, 23면.

2. 드라마 속 굿 와이프들

"사랑하는 아들은 지금쯤 학교에서 제대로 공부하고 있을까? 울거나 하고 있지는 않을까? 열심히 해라. 엄마도 열심히 살 테니까."

— 오쿠다 히데오, 『걸』 중에서[7]

메트로폴리탄, 코스모폴리탄, 캐리 브래드쇼

바야흐로 글로벌 콘텐츠를 실시간으로 소비할 수 있는 시대이다. 미국의 TV 콘텐츠 중에서도 특히 드라마는 다양한 유통망 및 VOD를 통해서 실시간으로 전 세계에 방영된다. 이에 따라 한국에서도 미국 드라마를 실시간으로 즐기는 층이 점점 많아지는 추세이다. 뉴욕을 배경으로 한 등장인물의 패션이 바로 다음 날 서울에서 유행하기도 한다.

물론 미국 드라마는 기본적으로 시즌제로 제작 및 방영되기 때문에 여러 가지 면에서 한국 드라마와 다르다. 또한 시청 대상이 미국 내 다양한 문화권의 대중과 아시아 및 유럽 등 전 세계를 아우르는 만큼 드라마의 소재가 다양하며 서사 전개가 극적이고 빠른 편이다. 장르에 있어서도 추리, 스릴러, 로맨스, SF, 판타지, 의학, 법정 등 그 스펙트럼이 넓다.

그중에서도 특히 정치 드라마의 경우 주로 장르의 관습성과 예상 시청 대상의 특성상 대부분 남성 등장인물들이 주요한 역할을 수행해왔다. 범죄 드라마 역시 연쇄 살인범과 그를 쫓는 수사반장 모두 남성인 경우가 대부분이었다. 오직 가족이 등장하거나 로맨스가 필요할 경우

7 오쿠다 히데오, 『걸』, 임희선 옮김, 북스토리, 2006, 359면.

드라마 〈섹스 앤 더 시티〉

에만 여성이 극 중에서 서사적 역할을 수행할 따름이었다.

20세기 말에서 21세기로 넘어오면서 드디어 미국 드라마에서 여성들이 프로타고니스트, 즉 주인공으로 본격적으로 등장하기 시작했다. 1998년부터 2004년까지 미국 HBO에서 방영한 〈섹스 앤 더 시티Sex and the City〉는 현대의 대표적 메트로폴리탄인 뉴욕에서 살아가는 30대에서 40대 여성 4명의 에피소드를 다뤄 전 세계적으로 각광받은 바 있다. 대도시에 거주하는 전문직 여성의 삶을 소재로 현대 여성의 성과 사랑을 다룬 드라마를 보며 여성 시청자들은 인물들의 라이프 스타일을 동경하기도 했다. 그녀들이 놀러간 장소, 입고 나온 의상이 특수를 누리기도 했다.

여성이 주인공이라는 점, 여성의 시점으로 대도시를 그려내고자 시도했다는 점, 모큐멘터리 형식으로 성에 대해서 다양한 의견을 다루고자 노력했다는 점, 무엇보다 미화되기는 했으나 여성의 중년까지 그려냈다는 점에서 〈섹스 앤 더 시티〉는 당시 반향을 불러일으키기에 충분했다. 그럼에도 불구하고 여전히 '혼사 모티브'가 주를 이루고 있으며 로맨스에 지나치게 초점을 맞췄다는 점, 도시의 소비문화에 아우라를 부여했다는 점, 여성을 네 가지 유형으로 정형화했다는 점 등은 다소 아쉬움으로 남는다.

핼버스탬(J. Jack Haberstam)은 이 방송을 두고서 로맨틱 코미디에 등장하는 여성 캐릭터의 네 가지 유형이 잘 나타나고 있다고 분석한 바 있다. 성질 더러운 여자(the shrew) 캐리, 시녀 혹은 들러리(the maid, of Honor) 샬롯, 못생긴 여자(the ugly chick) 미란다, 다른 여자(the other woman) 사만다가 여기에 속한다.[8] 물론 시즌1의 경우 핼버스탬이 지적한 바와 같이 인물들은 전형화되고 유형화된 여성 캐릭터로 등장했다. 당시에는 미혼 여성 캐릭터가, 그것도 복수로 나온 것만 해도 주목할 만한 현상이었다. 이후 시즌을 거듭할수록 이들의 유형은 다른 유형으로 변화하기도 한다. 극장판의 경우에는 종국에 혼사 장애를 극복하고 백인 남녀가 정상적인 결합에 이른다는 식의, 굳이 보여줄 필요 없는 해피엔딩으로 이야기를 완전히 끝내버리기도 했다.

나른한 중산층을 습격한 위기의 주부들

〈섹스 앤 더 시티〉가 고별 방송을 한 뒤 2004년부터 2012년까지 미국 ABC에서 방영한 〈위기의 주부들Desperate Housewives〉이 그 자리를 대체했다. 이 작품은 제목에 나타나듯 미국 중산층 가정의 주부 4명을 주인공으로 설정했다. 한국이든 미국이든 '전업주부'라는 사회적 기호 안에는 일상성, 뻔함, 단조로움, 무료함 등의 가치가 숨어 있다. 실제 전업주부의 삶과 상관없이 말이다.

이 드라마는 이러한 전형적인 기호를 반전의 기법으로 활용해 위스

8 J. 잭 핼버스탬, 『가가 페미니즘: 섹스, 젠더, 그리고 정상성의 종말』, 이화여대 여성학과 퀴어·LGBT 번역 모임 옮김, 이매진, 2014, 182–183면.

드라마 〈위기의 주부들〉

테리아가라는 허구적 마을에서 살아가는 주부들을 중심으로 일상 속에서 일탈을, 뻔함 뒤에서 비밀을, 단조로움 속에서 화려함을, 무료한 분위기 속에서 극적 사건을 불러일으킨다. 무엇보다도 극을 이끌어가는 얼굴 없는 화자(narrator)이자 주인공들의 친구가 앨리스 영이라는 자살한 여자라는 점이 상당히 독특하다. 시즌을 더해갈수록 시청률을 고려한 탓인지 앨리스 영의 서사적 역할은 미미해지며, 미스테리에서 벗어나 로맨스가 주를 이루고 여자 주인공들을 패션 아이콘으로 극상시킨다. 그럼에도 불구하고 기본적으로 시즌 1에서부터 추리적인 요소를 적극적으로 활용했다는 점에서 특기할 만하다.

이후 미국 드라마 내 여성 캐릭터의 활약은 보다 공격적으로 나타나는 중이다. 의학, 법률 등 남성 전유의 전문직 영역을 다루는 드라마에서 이전의 여성 캐릭터는 부수적이고 주변적인 인물로 기능하며 금발의 미모를 내세우는 볼거리로서의 구색을 갖추는 정도에 그쳤다. 그러다가 최근에는 메스를 잡거나 변론을 하는 전문직 여성 캐릭터들이 등장하기 시작했다.

미국 ABC 방송에서 2005년부터 현재까지도 방영 중인 의학 드라마

〈그레이 아나토미Grey's Anatomy〉의 경우 시애틀의 종합병원에서 근무하는 외과 의사들의 애환을 그리고 있다. 과연 전문직을 다룬 드라마인지 병원을 배경으로 한 온갖 삼각관계와 불륜을 다룬 드라마인지 헛갈린다는 혹평도 있기는 하나, 현실에 대해서 염세적인 주인공인 외과의 메러디스 그레이, 완벽한 이성주의자인 심장외과 전문의 산드라 오 등은 기존의 의학 드라마와 분명 차별적인 설정이다.

시즌이 거듭되고 온갖 생사와 대형 재난 재해 및 인명 사고가 거듭되면서, 로맨스를 꿈꾸던 미혼의 닥터 그레이는 이제 홀로 세 아이를 키워야 하는 엄마로 변해버렸다. 남편과 사별하고 세 자녀를 키우는 중년의 싱글맘은 일상을 영위하기 위해 고군분투 중이다.

전문직 여성, 슈퍼우먼의 비애

전문직 여성들이 주인공으로 등장하는 드라마가 증가하고 있다. 가령 법정 드라마에서 법률 보조 내지 비서로 일하면서 오피스 드라마에서 배경처럼 등장하던 미혼 여성뿐 아니라 기혼의 로펌 대표로도 등장하게 된다. 그중에서도 미국 CBS에서 2009년부터 2016년까지 방영한 〈굿 와이프Good Wife〉는 여성 주인공의 시점에서 논의를 전개한다는 점에서 주목할 만하다. 주인공인 알리샤는 본래 주 검사장의 부인이자 평범한 주부였으나 지성과 감성을 겸비한 변호사로 거듭나게 된다. 이처럼 문제를 해결해나가는 여성 프로타고니스트가 집 밖으로 나오게 된 사유는 간단하다. 가장인 남편이 감옥에 갇히면서 가정의 경제와 기반이 흔들리기 시작했기 때문이다. 시즌 초반에 남편이 수감된 주된 이유는 콜걸로부터 받은 성상납인 것으로 나오는데, 이에 그녀는 심한 굴욕감을 느낀다.

드라마 〈굿 와이프〉

그럼에도 불구하고 그녀는 분노를 밖으로 표출하거나 바로 이혼하지 않는다. 남편의 도덕적 결함을 탓하면서도 문제를 해결하는 과정에서 결정적인 순간 남편의 도움을 받아 살아남기도 한다. 시즌 초반에 대중의 평가 중에서 논란을 차지하는 것이 바로 알리샤가 남편의 결함에도 불구하고 끝까지 그의 곁을 지켰다는 사실이다. 그녀를 받아들이는 외부 사회의 경우, 그녀를 독립적으로 평가하지 않고 오로지 주 검사장의 아내로만 평가하거나 이용한다. 그녀는 아이들과 자신을 둘러싼 가정을 무너뜨리지 않으면서 사회적으로도 인정받고자 노력한다. 남편을 용서하지 않으면서도 그 관계를 끝내지 못한다. 마지막 시즌에서 그녀는 '이혼'이라는 강수를 던지기는 하나, 끝까지 이혼하고 독립적으로 새 출발을 하는 모습을 보여주진 않는다.

알리샤가 남편으로부터 사회적으로, 경제적으로 분리되는 데는 안타깝게도 새로운 강한 남자의 도움이 필요했다. 유부녀의 신분으로 그녀가 연애를 하는 모습이 드라마 전반에 두드러지게 나타난다. 결국 '남의 아내를 탐한' 사랑은 금기를 위반한 대가로 파국을 맞이하고, 결과적으로 그녀에게 남은 것은 자기 자신뿐이다.

그러다 시즌 5에 이르러서야 여성 연대가 보다 강하게 나타나기 시작한다. 게다가 큰 아들인 잭이 고등학교를 졸업하고 집이라는 둥지를 떠나가게 되면서, 즉 가정에서의 의무가 어느 정도 해소됨으로써 알리샤는 보다 활동적으로 대외 활동을 해나간다. 시즌의 마지막에 '이혼'을 제안할 수 있는 이유 중 하나도 어머니로서의 의무가 어느 정도 끝났기 때문이다.

이 드라마의 제목인 〈굿 와이프〉는 그 자체로 많은 것을 이야기한다. 과연 '좋은 아내'의 자질이란 무엇이며 이러한 경직된 가치들을 사회는 얼마나 자연스럽게 강요하고 있는지가 제목에서부터 여실히 드러난다. 피터 플로릭은 애초에 자신의 아내가 바깥에서 일을 하는 이유가 오로지 자신이 가장 역할을 제대로 하지 못했기 때문이라고 생각한다. 시어머니 역시 그녀에게 최선을 다해서 아들에게 조력하라고 강요한다. 즉 그녀는 집에서 좋은 아내가 되어야만 사회에서도 좋은 법조인이 될 수 있다. 이는 20세기부터 전 세계적인 논쟁거리로 부상한 '일하는 어머니(working mother)'와 '가정을 지키는 어머니(mother at home)' 사이의 선택이라는 주제와도 연결된다.

결정적이면서도 안타까운 문제는 그녀를 비추는 카메라의 시선에 있다. 이 드라마를 보는 시청자들은 그녀가 로맨스를 이루기를 바라는 동시에 가정의 평안을 바라기도 한다. 남편이 음모에서 벗어나 성공하기를 은근히 바라는 동시에, 그녀가 법정에서 이기기를 원한다. 가정의 기강과 질서가 바로잡히기 위해서는 피터 플로릭이 다시 정계에 진출하여 사회적으로 성공하고 그 이후 그녀가 일에서 성공해야 한다고 여길 수도 있다. 만약 알리샤에게 가정과 일이라는 두 가지 선택지가 주어진다면 그녀가 가정을 먼저 선택하고 이후 일을 택해 종국엔 두 가지를 모두 잘 해내길 내심 기대할 수도 있다. 즉 시청자들이 원하는 굿 와이프란 내조와 외조를 모두 완벽하게 해낼 수 있는 슈퍼 우먼인 셈이다.

화이트 하우스, 여성의 정치와 권력

미국 드라마에서조차 좀처럼 여자가 주인공이 되기 어려운 분야가 바로 정치 드라마이다. 미국 정치 드라마의 경우 대개 실제 백악관을 서사적 무대로 설정한다. 따라서 실제 정치의 세계가 그러하듯 백악관에서 발생하는 남성 일색의 마초적 질서를 그려낸다. 이것은 마피아를 다루는 드라마에 동일하게 적용되는 법칙이기도 하다. 여기서 여성은 지켜야 할 대상이거나 보상일 뿐이다. 혹은 장식품처럼 남자들의 언저리를 장식하는 영부인(first lady)에 머무른다.

여성은 정치적 도구나 대상일 뿐 권력의 주체가 될 수 없다는 불문율은 최근 들어서 서서히 깨지기 시작했다. 미국 넷플릭스(Netflix)에서 2013년부터 방영 중인 데이빗 핀처(David Fincher) 연출의 〈하우스 오브 카드House of Card〉는 미국 워싱턴과 백악관을 배경으로 음모와 스캔들을 다룬 본격적인 정치 드라마이다. 초반만 해도 이 드라마의 주인공은 피도 눈물도 없는 모략가 프랭크 언더우드였다. 다수당 원내 부총무로 시작해서 종국에는 대통령의 자리를 차지하는 그의 양면성은 드라마의 중심을 이루고 있다.

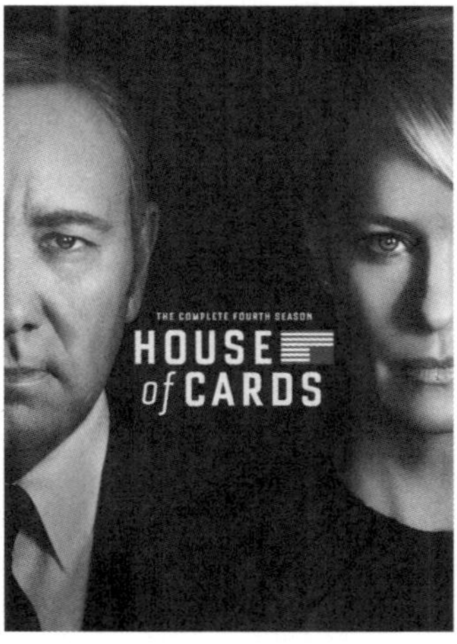

드라마 〈하우스 오브 카드〉

그런데 흥미롭게도 극이 전개될수

록 그의 동반자인 클레어 언더우드의 권력을 향한 욕망이 강조된다. 그녀는 NGO 단체의 대표로 시작해, 프랭크보다 더 강력한 정치적 욕망을 드러내고 이를 실현하기 위해서 최선을 다한다. 그녀는 그림자로 시작하여 서서히 자신의 색깔을 드러낸다.

그 외에도 특종을 찾아 금기조차 위반하다가 희생되는 여기자 조이 반즈, 프랭크 언더우드의 조력자인 백악관 수석 비서 린다 바스케즈, 역시 전형적인 조력자인 국무장관 캐서린 듀런트 등이 모두 유력한 여성 정치가로 등장한다. 클레어는 정치 드라마 속 여성 캐릭터로는 최고의 자리라고 여겨왔던 영부인의 직함마저 과감히 밟고 올라가 더 높은 자리를 원하기에 이른다. 시청자의 입장에서 도덕적으로 그녀가 옳다고 생각하는 것은 결코 아니다. 다만 여성임에도 불구하고 권력을 획득하기 위해서 무자비하고도 치밀하게 위를 향해 올라가는 그녀의 욕망을 재현한 장면이 생소하기에 반가울 따름이다.

이처럼 최근 정치 드라마에서도 강한 여성 정치가가 등장하기 시작했다. 다만 여전히 '누군가의 그녀'로서 남성의 세계에 진입할 수밖에 없다는 설정이 한계적이면서도 동시에 현실의 벽을 여실히 반영한다. 권력욕으로 가득한 여성 캐릭터가 결국 남성을 짓밟거나 남성의 권력을 빼앗는다는 설정을 통해서, 여성 캐릭터가 안타고니스트로 보이도록 유도하기도 한다. 〈하우스 오브 카드〉 시리즈의 클레어는 자신과 남편의 권력욕 때문에 어머니가 되기를 포기한다. 즉 그녀가 모성으로 대표되는 여성성을 포기하는 순간 권력이라는 남성성을 지향하기 시작한다는 설정이다.

또한 드라마 속 여성 캐릭터는 서로 상반되거나 모순적인 이미지를 동시에 갖춘 슈퍼우먼으로 설정되어 있다. 가령 〈굿 와이프〉 시리즈의 알리샤는 자식들에게는 친구 같은 엄마이자 남편에게는 결혼 생활에 충실했던 전업 주부, 동료들에게는 현명하고도 수완 좋은 직장인, 애인에게는 매력적이고도 아름다운 여자 친구이다. 그렇기에 그녀의 별명은 이 세상에 없는 존재, 즉 '성녀 알리샤'이다. 문화권과 장르를 막론하고, 드라마 속 그녀들은 여전히 아버지, 남편, 애인이라는 관계망 속에서 '누군가의 딸이자 아내이자 내연녀'로 자신의 존재를 피력하는 단계에 머물러 있다. 드라마의 주인공이 된 이상 그녀들은 반드시 아름다워야 하며 늙지 말아야 한다. 혹은 다양한 가면을 구비한 슈퍼우먼이 되어서 상반되거나 모순적인 가면들을 번갈아가며 써야만 한다.

〈그레이 아나토미〉의 의사 그레이, 〈굿 와이프〉의 변호사 알리샤 모두 시즌을 거듭할수록 강인해지고 독립적으로 변모하지만, 동시에 그녀들은 험난한 사회에서 구르고 다치며 그야말로 만신창이가 된다. 신데렐라가 이야기의 마지막 부분에서 왕자를 만나 행복한 삶을 보장받는 것과는 반대로, 독립을 선언한 그녀들의 삶은 점점 꼬여가고 파국에 이르기도 한다. 만약 남성 주인공이었다면 당연하게 주어졌을 것이 분명한 그 어떤 명예나 권력, 보상도 그녀들에게는 없다. 영웅의 여정을 다 수행하고 났을 때 그녀들에게 남는 것은 상처와 강인함뿐이다. 그럼에도 불구하고 시즌이 계속되고 시청자가 계속해서 이 드라마들을 시청하는 이유는, 바로 그녀들의 그러한 고군분투를 이야기의 형태로 계속 지켜볼 수 있다는 것만으로도 위안을 얻기 때문일 것이다.

3. 인터랙티브 드라마 속 신경쇠약 직전의 여인들

"애니는 폴을 향해 이상야릇하게 어머니 같은 미소를 지었다. 처음으로 폴 셸던의 마음속에 너무나 또렷한 생각이 떠올랐다. '큰일 났다. 이 여자는 제정신이 아니야.'"

— 스티븐 킹, 『미저리』 중에서[9]

멜랑콜리의 감옥에 갇힌 여성 캐릭터

콘텐츠 유형을 막론하고 '여성 캐릭터 연구'라는 주제의 선행 연구사를 찾아보면, 정신병을 앓는 여성 캐릭터에 대한 연구가 참으로 많다. 특히 소설의 경우 여성 캐릭터에 대한 연구가 남성 캐릭터에 비해서 상대적으로 적기도 적거니와, 있는 경우에도 대부분 정신병을 앓는 인물이라는 점이 주목할 만하다. 우울증, 조울증, 신경증, 분열증, 편집증 등 분류는 다양하나 원인은 유사하다. 반대로 신경증을 앓는 남자의 이야기는 전체 캐릭터 연구에서 차지하는 비율이나 중요성을 고려할 때 거의 없다고 해도 과언이 아니다. 남성 캐릭터는 신경증보다는 알코올 중독, 약물 중독, 인격 장애 등을 앓는 경우가 더 많다. 이는 실제로 정신 건강 시설에서 성별에 따라 환자들의 발병률을 비교한 데이터와 별반 다르지 않다.[10]

이러한 현실의 데이터를 반영하듯 허구적인 서사물에서도 유독 신경쇠약 직전의 혹은 정신병을 앓고 있는 여성 캐릭터가 많이 등장한다. 그중에서도 주로 멜랑콜리(melancholy), 우울증에 걸린 여성 캐릭터

---

9 스티븐 킹, 『미저리』, 조재형 옮김, 황금가지, 2004, 33면.

10 필리스 체슬러, 『여성과 광기』, 임옥희 옮김, 여성신문사, 120면, "성별에 따라 정신과 시설에서 진단명을 분류하게 되는 발병률" 표 1번 참조.

가 가장 빈번하게 등장한다.

프로이트에 따르면, 멜랑콜리는 부모나 애인 등 사랑하는 대상을 상실한 뒤 애도(mourning)의 기간을 갖지 못해 우울증에 걸려 실제 세계에 적응하지 못하고 자신만의 세계에서 자기비하와 죄의식 속에 살아가는 것이다. 우울증의 경우 주체가 사랑과 애정의 대상을 상실한 뒤, 그 리비도를 회수해 자신과 합체하면서 결과적으로 애정 대신 증오를 드러내게 된다.[11]

스티븐 킹 원작의 영화 〈미저리〉

디지털 게임으로는 이례적으로 여성 캐릭터를 주인공으로 삼는 게임 시리즈로 〈아메리칸 맥기의 앨리스〉와 그 후속작인 〈앨리스: 매드니스 리턴즈〉가 있다. 이 게임에서 앨리스는 화재로 부모를 잃은 뒤 정신병원에 감금된다. 그녀는 우울증의 전형적인 증상을 보이며 무의식적 상상의 세계에서 잔혹하고 엽기적인 방법으로 적들을 제거하면서 모험을 수행한다. 앨리스와 붉은 여왕의 관계는 적대적이면서도 복잡다단하다. 그녀의 불안정과 광기는 일종의 악마적인 기질이자 동시에 상실된 대상을 향한 억압된 공격으로 묘사되고 있다.

프로이트는 히스테리 역시 여성의 본질적인 질병으로 규정한다. 히스테리 증상은 수년 간 지속되는 데 반해, 증상들을 유발한 사건은 단지 한 번밖에 일어나지 않는다. 또한 히스테리 환자의 대부분은 무의

11 지그문트 프로이트, 『정신분석학의 근본 개념』, 윤희기 · 박찬부 옮김, 열린책들, 2003, 243–258면.

식적인 기억으로 인해 괴로워한다. 그에 따르면 결과적으로 그녀들의 히스테리는 아버지에 대한 욕망과 어머니에 대한 증오의 결과이다.[12]

그러나 여성의 문화적 신경증은 여성을 여성의 정치적, 경제적, 사회적 문화적 상황으로부터 막으려는 징후로 해석해야 한다.[13] 그녀들은 창조적이지만, 결코 예술가가 될 수 없다. 19세기 영미 여성 작가들의 작품을 분석했던 산드라 길버트(Sandra Gilbert)와 수전 구바(Susan Gubar)에 따르면, 이러한 '여성의 질병'은 사회적 조건이 빚어낸 질병이며 여성들에게 부여하는 훈련의 목표이기도 했다.

실제로 19세기 전반에는 상류층과 중상층 여성들을 중심으로 허약하고 병적인 존재로서의 여성을 숭배하는 현상이 영국과 미국에서 나타나기도 했다. 이에 따라서 여성의 신경쇠약이 당연한 것은 물론이고 찬양할 만한 것으로 간주되기까지 했다.[14] 페미니즘 심리학자인 필리스 체슬러(Phyllis Chesler)는 '이들 여성은 과연 누구의 입장에서 볼 때 미쳤는가? 정상과 비정상을 가르는 이들 판관은 누구인가?'라고 의문을 제기하면서, 자기 내부로 공격성을 강화시키거나 자기 분열을 일으킬 수밖에 없는 환경에 대해서 개탄한 바 있다.[15]

죽거나 혹은 미치거나

이처럼 정신병을 앓고 있는 여성 캐릭터는 특이한 능력을 소유하고 있는 것으로 설정되어 있다. 점성술사, 예언가, 치유사, 무당, 마녀 등

---

12 지그문트 프로이트, 『히스테리 연구』, 김미리혜 옮김, 열린책들, 2003, 14–19면.

13 뤼스 이리가라이, 『하나이지 않은 성』, 이은민 옮김, 동문선, 2000, 66–67면.

14 산드라 길버트 · 수전 구바, 『다락방의 미친 여자』, 박오복 옮김, 이후, 2009, 142–143면.

15 필리스 체슬러, 앞의 책, 12면.

구비 문학에서 소설에 이르기까지, 기이한 능력을 소유한 여성들은 늘 매력적이고도 문제적인 캐릭터로 등장한다. 그녀들은 미래를 예견하거나 남들이 보지 못하는 것들을 보고 듣지 못하는 것들을 듣는다. 소설가 버지니아 울프(Virginia Woolf)는 "16세기에 위대한 천재성을 갖고 태어난 여성이라면 누구나 틀림없이 미쳐버렸거나 권총 자살을 했거나 마을에서 멀리 떨어진 오두막에서 반쯤은 마녀로, 반쯤은 요술쟁이로 공포와 조롱의 대상이 되었다가 쓸쓸하게 어느 날 생을 마감했을 것"이라고 서술한 바 있다.[16] 그녀들은 남들보다 뭔가를 더 알기에 미칠 수밖에 없다. 즉 기성 사회는 그녀들의 말과 행동을 미친 여자의 것이라고 규정짓고 그녀들을 격리해야만 현재의 가부장제가 안정적으로 유지될 수 있는 것이다.

동시에 그녀들의 주변에는 사건 사고가 끊이질 않으며 늘 위험이 도사리고 있다. 그녀들 스스로가 금기의 영역에 대해 알고 있는 위반적 존재이기 때문이다. 즉 그녀들은 신통한 능력을 타고난 대신 평범한 일상을 포기해야만 한다.

이처럼 기구한 삶의 여주인공들은 설화나 소설은 물론 디지털 시대의 콘텐츠에도 어김없이 등장한다. 다만 현대 소설에서 우울증을 앓는 캐릭터가 주로 상실감과 실망감을 드러내는 데 반해, 디지털 게임에서는 공격성과 행동으로 드러나는 경우가 많다. 다만 그녀들은 자신들의 공격적 성향과 행동에 대해서 자책하고 고뇌한다. 이는 동일한 설정의 남성 캐릭터와는 차별되는 모습이다.

16 버지니아 울프, 『자기만의 방』, 이미애 옮김, 민음사, 2006.

인터랙티브 드라마까지 퍼진 신경증

디지털 게임에서 여성이 행동의 주체이자 주인공으로 등장하는 경우는 많지 않다. 몇 안 되는 여성 캐릭터 중에서 신경증을 앓고 있는 인물이 많다는 점은, 수많은 남성 캐릭터 중에서 동일 증상을 앓고 있는 인물이 거의 없다는 점과 비교할 때 특이할 만하다. 할리우드의 유명 배우들이 모델을 맡아 역할을 개발했을 정도이니 신경증을 앓고 있는 여성, 기이한 초능력을 가진 여성이 얼마나 대중적으로 상품 가치가 높은 캐릭터인지 짐작할 수 있다.

2013년에 퀀틱 드림(Quantic Dream)에서 개발한 〈비욘드: 투 소울즈 BEYOND: Two Souls〉이 그 대표적인 예이다. 이 게임은 액션 어드벤처이면서 동시에 할리우드 영화와 유사한 극적 스토리를 중심으로 게임이 진행되기 때문에 인터랙티브 드라마(interactive drama)로 분류되기도 한다. 게임 플레이 중간에 삽입되어 게임 서사의 기반과 단서를 제공하는 '컷 신'만 3시간이 넘는 분량으로, 기존의 액션 어드벤처 게임과 비교할 때 그 양이 많은 편이다. 실제로 이 게임은 2013년 미국의 트라이베카 영화제(Tribeca Film Festival)에 공식 초청을 받았을 만큼 영화적인 기법과 담화 구조를 충실히 따르고 있다.

게임은 동시에 플레이어가 스스로 주인공이 되어서 주도적으로 서사를 전개할 수 있기 때문에 캐릭터에 대한 플레이어의 몰입도가 높다. 하나의 엔딩을 모든 플레이어가 따라가는 형식이 아니라 플레이어의 선택에 따라서 20가지 이상 엔딩이 달라지거나 엔딩을 가늠할 수 없는 '분기형 서사 구조'를 차용하고 있기 때문에, 플레이어가 일종의 감독의 관점에서 서사의 블록을 맞춰 나가는 묘미도 있다. 또한 〈비욘드〉의 엘런 페이지(Ellen Page), 윌렘 대포(Willem Dafoe) 등 할리우드의

게임 〈앨리스: 매드니스 리턴즈〉의 앨리스, 〈비욘드: 투 소울즈〉의 조디 홈즈

유명 배우들을 캐스팅한 뒤 약 100개 이상의 센서를 이들의 얼굴에 부착하고 주인공의 움직임을 재현했기 때문에 캐릭터의 섬세한 감각과 내면까지 표현이 가능하다. 이처럼 이 작품은 소설적 주제, 영화적 미학, 게임적 플레이가 뉴미디어 기술을 통해서 하나로 통합된 좋은 예이다. 이에 평론가들은 이 게임을 두고 '차세대 영화와 게임의 통합 모델'이라고 호평한 바 있다.

게임의 주인공인 조디 홈즈는 태어날 때부터 두 개의 영혼을 가지고 태어났다. 다른 한 영혼은 에이든이라고 불리는 일종의 남성성으로 그녀와 대화를 할 수도 있고 외부에 물리적 힘을 가할 수도 있다. 플레이어는 나약한 여성인 조디 홈즈의 물리적 한계를 에이든을 통해 극복하기도 한다. 그녀는 평범한 사람들에게 낯설고도 두려운 존재이다. 학창시절 친구들은 조디를 왕따 시키고 급기야 양부모는 그녀를 연구소에 격리시키기로 결정한다. 그리고 미국 정부의 비밀 조직은 그녀의 능력을 이용하기 위해서 조디를 비밀 요원으로 훈련시킨다. 그녀는 소말리아의 대통령을 사살하라는 임무를 받지만 이를 거부하고 탈영해 자신의 능력을 이용해 인간에게 해를 가하려 하는 인프라월드를 아예 제거하려는 모험을 시작한다.

여기까지의 기반적 서사만 보더라도 이 작품이 다분히 영화에 가까운 복잡한 스토리 아크로 구성되어 있음을 알 수 있다. 이미 할리우드 영화를 통해서 익숙해진 인물과 사건임에도 불구하고, 플레이어는 조디 홈즈의 말과 행동을 결정하고 에이든을 불러내 신비한 능력을 발휘하는 게임의 과정에서 몰입을 경험하게 된다. 친구들에게 왕따를 당하는 장면만 하더라도 일정 거리를 유지하면서 그 장면을 목도하는 대신 플레이어가 자신이 선택한 대사나 행동에 따라 게임 세계 안에 자연스럽게 녹아들게 되어 있다. 무엇보다도 플레이어의 선택에 따라 게임 세계에 등장하는 NPC의 생사와 마지막 엔딩이 달라진다는 점이 〈비욘드〉의 가장 큰 매력이다. 이 작품은 2시간 동안 '보는' 영화가 아니라 60시간 이상 '하는' 게임인 것이다.

안정적인 사회에서, 남들과 다른 능력을 지닌 인간은 위험하다고 여겨진다. 그 사람이 여성일 경우 더더욱 그러하다. 넓게 보자면 초능력자, 천재 작가, 마녀, 팜므파탈 등 다양한 유형의 여성들이 모두 '미친 여자'로 분류되기도 한다. '미친 여자'는 단순한 기피의 대상이 아니라 호기심의 대상이기도 하다. 따라서 디지털 게임에서도 끊임없이 주요한 여성 캐릭터로 재현되고 있는 것이다.

4. 대체현실게임 속으로 사라진 여인들

"그런 여자는 존재하지 않기 때문입니다. 처음부터 없었던 것입니다. 존재하지 않는 사람을 데려오는 것은 어느 누구도 할 수 없는 일이지요. 억지로 꾸민 이야기, 환상, 있지도 않는 것에 생명을 불어넣는다는 것은 불가능한 일입니다."

— 윌리엄 아이리시, 『환상의 여인Fantom Lady』 중에서[17]

마침표가 아닌 물음표의 미학

상호작용적인 콘텐츠들은 사용자에게 마침표가 아닌 물음표를 제시하며 이야기를 시작한다. 사용자들에게 심각하고 진지한 문제를 제시하고 이를 스스로 적극적으로 풀어나가도록 유도하는 것이다. 영화의 관객이나 소설의 독자와 달리, 이러한 상호작용적 콘텐츠들은 사용자에게 텍스트와의 안전거리를 무시하고 텍스트 안으로 들어오라고 손짓한다. 옆집의 불구경을 수수방관하던 사람에게 소방관의 호스를 쥐어주고, 범죄 현장에서 노란 테이프 밖의 사람에게 탐정의 돋보기를 건네주는 것과 유사하다.

물론 사용자가 무턱대고 모든 사건의 주인공이 되고 싶어 하지는 않을 것이다. 사용자는 지루한 일상을 탈출하여 일탈적이면서도 자극적인 사건을 파헤치고 싶어 한다. 그래서인지 사용자의 적극적인 참여를 촉구하는 대체현실게임(Alternative Reality Game: ARG)은 유독 사라진 사람이나 보물을 찾는 미스테리형 플롯을 선호한다. 대체현실게임은 일종의 미궁이자 미로요, 미스테리이자 스릴러이다. 개발자들은 최소한의 규칙과 역할을 제시한 뒤 사용자가 주체적으로 다양한 기기를 활용

---

17 윌리엄 아이리시, 『환상의 여인』, 최운권 옮김, 해문출판사, 2005, 64면.

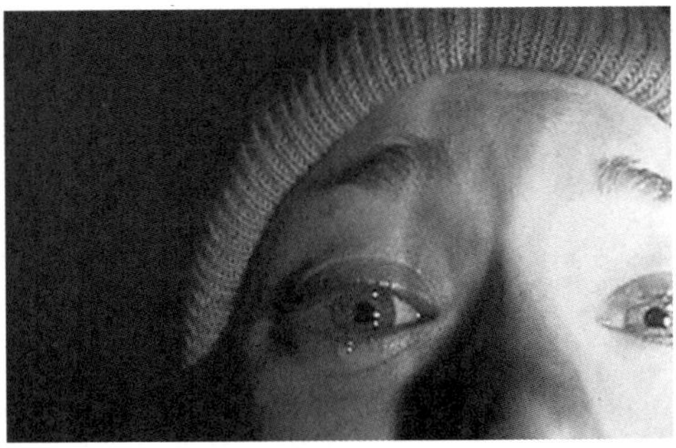
영화 〈블레어 위치〉

하여 난제를 해결하도록 유도한다.

트랜스미디어가 제시하는 미로 혹은 미궁

대체현실게임에서는 사용자의 참여를 적극적으로 권장하기 위해서 다양한 미디어를 동시다발적으로 활용한다. 따라서 대체현실게임은 트랜스미디어 콘텐츠의 대표적인 양식이라 할 만하다. 트랜스미디어(transmedia)의 개념은 1991년에 마샤 킨더(Marsha Kinder)가 '트랜스미디어 상호텍스트성(transmedia intertextuality)'이라는 용어를 최초로 사용함으로써 제시됐다. 대중적으로는 1999년에 영화 〈블레어 위치Blare Witch Project〉가 성공하면서 널리 퍼졌다.

이후 스마트폰, 태블릿 PC 등 다양한 미디어가 등장함에 따라서 그 개념은 보다 확장됐다. 대표적인 트랜스미디어 연구자인 헨리 젠킨스는 트랜스미디어에 스토리텔링을 접목시켜서 그 개념을 발전시켰다. 트랜스미디어 스토리텔링(transmedia storytelling)이란 하나의 허구적 세계를 구성하는 요소들이 다양한 전달 수단에 체계적으로 흩어졌다가 합쳐지는 과정으로, 하나의 통합적이고 협력적인 엔터테인먼트 경험을 창출하는 것을 목적으로 한다.[18] 젠킨스는 보다 세부적으로 트랜스미디어 스토리텔링의 기준을 크게 다음과 같이 세 가지로 제시한다(표 10).

[표 10] 핸리 젠킨스가 제시한 트랜스미디어 스토리텔링의 기준

① 다양한 미디어 플랫폼을 통해 공개되어야 한다. ② 각각의 새로운 텍스트가 전체 이야기에 분명하고도 가치 있는 기여를 해야 한다. ③ 각각의 미디어는 각자의 역할을 수행하며, 어떤 상품이든지 전체 프랜차이즈로의 입구가 될 수 있어야 한다.

트랜스미디어 콘텐츠에서는 독자적인 텍스트 조각들이 다양한 미디어 플랫폼을 넘나들고, 이러한 텍스트 조각들이 모여 하나의 통합적인 서사 세계(story world)를 구축한다.[19] 트랜스미디어 스토리텔링에서 텍스트들은 TV, 모바일, 웹, 라디오 등 다양한 미디어 플랫폼을 넘나들면서 전달되며, 동시에 각각의 텍스트가 전체 스토리에 분명하고도 가치 있는 기여를 한다.[20] 대부분의 서사체가 단일 미디어를 통해 전달되었던 반면 트랜스미디어 스토리텔링에서는 그 어떤 미디어도 가치 중심적이지 않다. 기존의 서사체들이 스토리를 선형적으로 구성했던 것과 달리, 트랜스미디어 스토리텔링에서는 스토리가 비선형적일 뿐만 아

18 Henry Jenkins, "Transmedia 202", 2011. 08. 01. (http://henryjenkins.org/2011/08/defining_transmedia_further_re.html)

19 한혜원 · 남승희, 「트랜스미디어 콘텐츠의 스토리텔링 구조 연구 – 〈로스트〉 대체현실게임을 중심으로」, 『인문콘텐츠』, Vol.15, No.0, 2009, 7면.

20 Henry Jenkins, *Convergence Culture: Where Old and New Media Collide*, New york University Press, 2006, p.149.

니라 다수의 독자들과 동시다발적인 상호작용을 통해 확장되기도 한다. 헨리 젠킨스는 이러한 점에 주목해 트랜스미디어 스토리텔링의 특징을 급진적 상호텍스트성(radical textuality)과 멀티모드성(multi-modality)이라고 규정한 바 있다.[21]

트랜스미디어 콘텐츠는 종종 OSMU(One Source Multi Use) 혹은 미디어 믹스(media mix) 등의 개념과 혼용되기도 한다. 두 경우 모두 하나의 서사체를 복수의 미디어를 통해 소비하는 현상을 지칭한다는 점에서 공통점을 갖는다. 다만 OSMU는 성공한 원작 콘텐츠(One Source)를 다른 미디어로 옮겨 재소비하는 것을 말한다. 이 경우 이미 통합체적으로 완성된 서사체를 미디어에 따른 전달 방식이나 표현 형식만 바꿔 순차적으로 전달하는 것이기 때문에 결과물 자체의 서사 구조나 질서는 그대로 유지된다.[22] 반면 미디어 믹스는 일본 문화산업에서 아니메(アニメ)가 미디어와 상품 간 연계를 추구하면서 사용했던 전략으로, 복수의 표현 수단을 통해 콘텐츠를 분산시키는 것을 가리킨다.[23] 트랜스미디어 스토리텔링은 이와 차별적으로 부분의 합보다 큰 이야기이며, 하나의 통합된 이야기를 지향한다. 이는 다수의 미디어(multiple media)를 통해 하나의 통합된 스토리 혹은 경험을 창출하고 미디어 간 중복을 방지하는 것을 원칙으로 한다.[24]

---

21 Henry Jenkins, 앞의 글.

22 Henry Jenkins, 앞의 책, p. 8.

23 Marc Steinberg, *Anime's Media Mix Franchising Toys and Characters in Japan*, University of Minnesota Press, 2012. pp.1–7.

24 Andrea Phillips, *A Creator's guide to Transmedia Storytelling: How to Captivate and Engage Audiences Across Multiple Platforms*, McGraw-Hill, 2012, p.14–15.

대체현실게임을 통한 탐정 놀이

대체현실게임은 오프라인과 온라인, PC와 모바일 등 최소 2가지 이상의 다양한 미디어 플렛폼을 통해서 콘텐츠를 공개한다. 즉 사용자들이 콘텐츠에 접근할 수 있는 출입구가 복수로 설정되어 있다. 이들은 매체나 에피소드에 따라서 각각 의미 있는 기능을 수행하며, 무엇보다도 독립적인 렉시아(lexia)로 존재한다. 동시에 각각의 블록에 통합될 경우, 그 이야기가 확장되면서 사용자에게 융합적 경험을 제공한다. '따로 또 같이' 자신의 고유한 색깔을 유지하는 가운데, 이들은 하나의 통합적인 이야기의 장을 구축한다. 이런 점에서 볼 때 대체현실게임은 트랜스미디어 스토리텔링의 요건을 충족시키는 대표적인 콘텐츠라 할 만하다.

그런데 대체현실게임에서 늘 등장하는 흥미로운 캐릭터 중에 '탐정'과 '사라진 여인'이 있다. 탐정은 사용자 주체이며, 사라진 여인은 탐정인 사용자가 찾아야 할 궁극의 대상이자 목표이다. 물론 소설, 영화, 드라마 등 다른 이야기 예술에서도 탐정은 늘 매력적인 캐릭터로 존재해왔다. 아무래도 기관에 소속된 경찰보다는 사립 탐정이 보다 일탈적이다. 누구나 한 번쯤은 셜록 홈즈, 에르큘 포와로, 괴도 루팡, 명탐정 코난 등 이름만으로도 매력적인 세기의 탐정이 되어 미스터리를 해결하고 싶어 한다. 극적인 사건의 실마리를 찾고 풀어나가야 할 탐정이 자신이라는 것을 인지한 사용자들은 기꺼이 텍스트 안으로 뛰어든다. 이들은 필요하다면 온라인과 오프라인 어디서든 활동하며, 휴대폰, 컴퓨터, TV, 게임 등 다양한 매체를 활용한다. 사건의 주인공이 다름 아닌 바로 자신임을 안 순간, 이야기를 대하는 자세 자체가 달라지는 것이다.

온라인 게임의 사용자는 완벽하게 구축된 가상 세계 안에서 아바타를 통해서 간접 경험을 하지만, 대체현실게임의 사용자는 불완전한 현실 세계를 배경으로 적극적인 활동을 해야만 비로소 이야기가 진행된다. 따라서 플롯이 명쾌하고 지시적이며 무엇보다도 자극적이어야만 사용자의 행동을 끌어낼 수 있다. '찾아라'라는 명령문은 사용자의 적극적 행동을 유도하기에 가장 적합하다. 이때 찾아야 할 대상이 값지고 귀할수록 사용자의 참여를 유발하기 쉽다. 따라서 찾아야 하는 대상을 사람으로 설정하는 것은 당연한 귀결일 것이다.

사라진 여인을 찾아라

그런데 흥미로운 한편 문제적인 사실은 대중적으로 성공한 대체현실게임의 대부분이 찾아야 하는 대상을 젊은 여성으로 설정했다는 점이다. 일명 '사라진 여인을 찾아라'라는 명제는 대체현실게임에서 빈번하게 활용되고 있다. 대체현실게임에서 어느 날 갑자기 평범한 젊은 여성이 의문 속에서 실종되거나 살해된 채 발견되는 이유는 도대체 무엇일까? 이것은 과연 여성혐오적 살인, 즉 페미사이드(femicide)를 드러내는 것인가, 아니면 그녀들을 희생양으로 삼아 다른 메시지를 전달하려 함인가? 무엇보다도 그녀들의 부재는 왜 대중의 이목을 끌고 그들을 콘텐츠에 참여하도록 유도하는 트리거 역할을 하는 것일까?

트랜스미디어 콘텐츠의 효시로 불리는 스웨덴 SVT와 더 컴퍼니P의 합작인 〈마리카에 관한 진실The Truth about Marika〉에서는 결혼을 앞둔 미혼 여성 마리카가 실종된다. 저작 『트랜스미디어 스토리텔링A Creator's Guide to Transmedia Storytelling』으로 유명한 안드레아 필립스(Adrea Phillips)가 참여한 〈퍼플렉스 시티Perplex City〉에서도 여자 주인공인 애나 헤스가 실종되고, 오랑쥬 기업의 트랜스미디어 프로젝트인 〈디텍티브 애비뉴Detective Avenue〉에서도 가젤의 동생인 수젤이 의문

대체현실게임 〈퍼플렉스 시티〉

대체현실게임 〈디텍티브 애비뉴〉 웹페이지

의 죽음을 당한다. 이들은 모두 도시에서 평범한 생활을 영위하던 소시민으로 설정되어 있으나 어느 날 돌연 사라진다. 바로 이 부분에서 역시 소시민이자 평범한 사용자들은 오히려 실재감을 느끼면서 콘텐츠에 강하게 몰입하게 된다. 사라진 그녀들의 뒤에는 거대한 권력의 음모와 집단의 비밀이 숨겨져 있다.

이제 사용자인 대중에게는 물음표와 핸드폰이 주어진다. '당신은 앞에 펼쳐진 이 비밀의 문을 열고 들어가 해결의 열쇠를 찾겠는가?' 대체현실게임의 개발자들은 최소한의 규칙을 알려주고 사용자들에게 퍼즐과 알리바이를 제시한다. 그러면 사용자는 마치 놀이동산이나 테마파크에 입장하듯, 핸드폰을 손에 쥔 채 즐거운 마음으로 매직 서클 안으로 들어가게 된다. 사용자가 많아질수록 텍스트는 점차 확장된다. 하나의 죽음은 또 다른 실종과 죽음, 더 큰 미스터리와 연계되면서 판을 키워나간다. 이 과정에서 다양한 매체들이 소환되고 활용된다.

매체를 활용할 수 있는 놀이의 장이 실제 대도시인 점도 사용자들에게는 매력적이다. 위에서 예시로 든 대체현실게임들은 대부분 황폐하고 복잡한 대도시를 주요한 서사적 배경으로 설정하고 있다. 복수의 사용자들이 다양한 매체를 적극적으로 활용하고자 하는 물리적 측면과 더불어, 광활한 대도시에서 소소히 일상을 영위하는 개인의 입장을 잘 구현할 수 있다는 주제적 측면에서도 대도시가 적합하다.

결국 매직 서클 안에서 사용자들은 현실의 도시 공간에서는 이루기도 어렵고 보기도 어려운 권선징악, 개인의 승리, 권력에 대한 고발 등을 경험하게 된다. 누군가에게는 어제와 다를 것 없는 일상과 도시이지만, 대체현실게임에 참여하는 순간 그 공간은 모험의 미로이자 일탈의 도시로 변모한다. 그것도 개인적 차원이 아니라 타인인 사용자들과의 긴밀한 상호작용과 공동체를 통해서 이뤘다는 점에서 큰 성취감을 느끼게 된다. 이러한 간접 경험을 통해서 사용자들은 소설이나 영화와는 비교할 수 없는 강렬한 카타르시스를 경험하게 된다.

대도시에서 수수께끼 풀기

사라진 약혼자, 옆집 소녀, 누이동생을 찾아 모험을 떠난다는 모티브는 디지털 게임에서도 재활용되고 있다. 2013년 풀브라이트(Fullbright)에서 제작한 PC게임 〈곤 홈Gone Home〉이 대표적이다. 이 게임은 게임 전문 사이트 폴리곤(Polygon)에서 2013년 올해의 게임 상(Game of the Year)을 수상하는 등 배경이 된 20세기 말 미국 중산층을 잘 재현해냈다는 평가를 받았다.

게임을 시작하면 플레이어는 브린브라이어 가족 중 첫째 딸인 케이틀린 브린브라이어 역할을 맡게 된다. 1995년 6월7일, 케이틀린은 1년간의 유럽 여행을 마치고 드디어 집으로 돌아오게 된다. 그런데 집에는 아무도 없고 고등학생인 "자신을 찾지 말라"는 여동생 사만다의 쪽지만 남아있다. 케이틀린의 시점으로 분한 플레이어가 빈집을 뒤지면서 일상적인 집 공간은 일탈적인 모험 공간으로 변모하게 된다. 플레이어는 가장 중요한 동생의 일기장을 포함하여 메모, 그림, 편지, 서류, 테이프 등을 모으고 비밀 통로와 잠긴 방문을 열면서 가족의 비밀을 알아나간다.

게임 〈곤 홈〉의 한 장면

이처럼 '사라진 여인'을 다루는 대체현실게임과 디지털 게임은 고도로 발달한 메트로폴리탄에서 플레이어 개인이 수수께끼와 퍼즐을 주체적으로 풀어나가는 과정에서 자신의 존재감을 느낄 수 있도록 한다는 점에서 일탈의 놀이장이라 할 만하다. 사용자들은 오로지 재미있는 퍼즐을 풀어나가는 주체가 되어 콘텐츠에 참여하게 된다. '사라진 그녀들'은 게임 속 3D 캐릭터일 수도 있고, 매일 출근길에 스쳐 지나가면서도 인사하지 않는 옆집 여고생일 수도 있다.

참여자는 사건 해결사 혹은 수사자(investigator)로서 기능한다. 이는 탐정이 단서 모으기를 통해 의문을 풀어나가는 과정과 비슷하다. 마치 강풀의 웹툰 〈이웃사람〉에서 어느 날 강산맨션의 202호에 살던 평범한 소녀가 살해당하고, 사건이 미궁으로 빠진 가운데 강산맨션의 이웃들이 범인을 추적해 나가는 것처럼 말이다. 이처럼 대체현실게임을 통해서 사용자들은 '아무렇지도 않아 보이던 일상'에 잔잔한 균열을 가하게 되고, 콘텐츠에 참여하는 순간 세상과 자아에 대해 다시금 새롭게 인식하게 된다.

4장

SF, 판타지, 호러

1. 여성 리더의 우주 정복

"이것을 알아내기만 하면 그는 스스로를 통제할 수 있을 뿐만 아니라 모든 것을 통제할 수 있게 된다. '그리고 나는, 죽은 자와 산 자를 합쳐 모든 인간들과 전혀 다른 존재가 되는 거야.'"

— 필립 K. 딕, 「전기 개미」 중에서[1]

우주로 날아간 여성들

21세기에 들어서면서 미국의 거장들이 우주를 공간적 배경으로 삼는 영화들을 많이 발표하고 있다. 소위 공상과학영화(Scientific Fiction, SF)로 간주되던 이야기들이 신기술과 뉴미디어를 활용해 리들리 스콧(Ridley Scott), 크리스토퍼 놀란(Christopher Nolan) 등 검증된 감독의 손을

1 필립 K. 딕, 『사기꾼 로봇』, 어윤금 · 김소연 옮김, 집사재, 2004, 17면.

거쳐서 제시되는 중이다. 〈그래비티Gravity〉, 〈인터스텔라Interstellar〉, 〈마션The Martian〉이 그 맥을 이어나가고 있는데, 위의 작품들은 모두 SF 영화로서는 대중의 각광을 받았다. 새로운 시대를 앞에 두고 인류는 '끝과 시작'에 대한 이야기를 갈망하고, 무엇보다도 '지금 여기' 즉 지구의 문제를 해결할 수 있는 대안을 모색하게 된다. 그리하여 새로운 지평을 제시할 수 있는 '우주'는 다시금 인간 상상력에 대한 광활한 유토피아이자 미지의 영토로 제시되고 있다.

세 영화는 우주라는 배경의 공통점 외에도 인물, 사건 등의 설정에 있어서 유사한 부분을 보인다. 세 작품 모두 개인의 종말 혹은 인류의 종말을 주된 갈등 요소로 다루고 있으며, 이를 극복하는 해결점으로 타자에 대한 신뢰와 가족에 대한 사랑을 내세운다는 점이다.

영화에 따라서 차이가 있기는 하나, 모두 여성 우주인을 다루고 있다는 점도 공통점이다. 이는 본래 어드벤처 장르의 영화가 통상 모험가나 영웅으로 남성을 다뤄왔다는 점을 염두에 둘 때 더욱 그러하다. 〈그래비티〉에서 불가능한 미션을 수행하고 살아남아 지구에 귀환한 스톤 박사, 〈인터스텔라〉에서 끝까지 신념을 잃지 않던 과학자 브랜드와 인류를 구원할 방정식을 완성한 머피, 〈마션〉에서 헤르메스호를 이끌고 팀원 마크 와트니를 구출한 탐사대의 대장 멜리사 루이스 등은 모두 여성이다. 이는 종말 직전의 지구와 난제들, 이에 대한 대안으로서의 광활한 우주 공간과 이성과 감성의 코드를 겸비한 여성 리더라는 설정을 통해서 미래지향적 비전을 제시하려는 것으로 보인다. 결국 세 영화는 모두 문제를 해결하고 무사히 귀환하는 것으로 이야기가 끝난다.

새로운 인류의 가능성을 품고 있는 여성

알폰소 쿠아론(Alfonso Cuaron) 감독의 영화 〈그래비티〉는 우주 공간을 배경으로 서바이버 모티브를 재현한 SF 영화이다. 2013년 당시 90분 남짓한 이 영화가 대중적 반향을 불러일으킬 수 있었던 이유는 새로운 차원의 3D 관람 체험 덕분일 것이다.

사실 〈그래비티〉의 줄거리 자체는 복잡한 기존의 SF 영화에 비해서 단순한 편이다. 영화의 주인공인 스톤 박사는 네 살 된 딸을 잃은 아픔을 안고 살아가는 인물로, 허블 우주 망원경을 수리하기 위해서 탐사하던 중 인공위성의 잔해와 부딪히면서 홀로 우주에 남겨진다. 조력자인 매트는 그녀로부터 아이를 잃은 상처 이야기를 들은 뒤 잠시의 주저함도 없이, 자신을 희생하고 그녀를 살려 지구로 되돌려 보내려 한다. 결국 그녀가 우여곡절 끝에 두 발을 지구의 땅에 딛고 서게 되는 것이 이 영화의 마지막 장면이다.

한국에서 유독 대중적 관심과 인기가 높았던 크리스토퍼 놀란 감독의 영화 〈인터스텔라〉는 지구의 종말을 본격적인 갈등 요소로 다루고 있다. 일반적으로 지구의 종말을 다룬 대부분의 영화가 디스토피아적 세계관과 암울한 미래를 제시하는 것으로 끝나는 것과 달리, 이 영화는 지구의 종말에 대한 대안과 희망을 우주로의 이주에서 찾는다. 불가사의한 틈과 차원, 어머니 부재의 개인과 지구, 이러한 가족과 지구를 구하기 위해서 우주로 나아가 희생된 아버지라는 파국 속에서 대안은 머피와 브랜드라는 여성 과학자들의 지식과 사랑을 통해 제시되고 실현된다. 현재 당면한 인간의 문제를 해결할 수 있는 열쇠란 고도의 방정식과 군사적인 폭력 이전에 가족 로맨스와 타자에 대한 에로스 안에 있음을 설명하고 있는 것이다.

〈그래비티〉의 스톤 박사, 〈인터스텔라〉의 브랜드 박사, 〈마션〉의 루이스 대장.

리들리 스콧 감독의 영화 〈마션〉에는 팀원인 마크 와트니를 구하려는 멜리사 루이스 대장이 등장한다. 미항공우주국(NASA)의 수장인 샌더스 등 남성 리더들이 조직의 이익을 먼저 챙기고 대의를 위해 개인의 희생을 서슴지 않는 것과 달리, 루이스는 필요하다면 조직에 반하고 눈물을 흘리며 자신이 앞장서서 희생하기도 하는 여성 리더이다. 결국 루이스, 요한센 등 여성 우주인의 이타적 태도와 희생정신에 힘입어 마크 와트니는 무사히 지구에 귀환하게 된다.

이처럼 세상의 새로운 시작을 주제로 삼는 SF 영화에는 여성이 자주 등장한다. 〈그래비티〉에는 결핍을 안고도 다시금 살아가는 어머니이자 과학자인 스톤 박사가, 〈인터스텔라〉에는 아버지로부터 버림받은 딸 브랜드 박사와 아버지를 살리려고 노력하는 딸 머피가 있으며, 〈마션〉에는 여성 리더인 루이스 대장이 있다.

그리고 세상의 끝에는 늘 '희생하는 아버지'가 설정되어 있다. 세상의 끝에서, 아버지인 쿠퍼는 〈그래비티〉의 매트가 그랬듯 기꺼이 희생자가 된다. 영화에서 다뤄지는 우주 공간은 그 자체로 미래지향적이다. 따라서 미래지향적 SF와 신기술의 조합은 서사적 개연성을 높여준다. 미래적인 영화에서 제시하는 메시지란 대부분 '새로운 인류의 가능성'이다. 즉 가장 발달한 기술을 활용해서, 영화는 존재의 끝과 시작에 대해서 표현하고 싶어 하는 것이다.

2. 세상의 끝에 선 여성

"화차(火車)여, 오늘은 우리 집을 스쳐 지나가더니 또 슬픈 어느 곳으로 돌아가느냐."

— 미야베 미유키, 『화차』 중에서[2]

포스트 아포칼립스의 스펙터클

종말 이후의 가상 세계를 다룬 소설, 영화, 애니메이션, 게임 등을 '포스트 아포칼립스(post-apocalypse)'라고 칭한다. 포스트 아포칼립스는 문자 그대로 아포칼립스, 즉 종말 이후의 세계를 뜻한다. 20세기에서 21세기로 한 세기의 굴레를 넘어오면서 예술가들은 현대 사회가 겪고 있는 자원 고갈, 불평등, 전염병과 바이러스, 전쟁과 테러, 경제 위기, 유전자 변형 및 핵 개발 등 다양한 자연재해와 인공재해, 사회 정치적 문제에 대해서 심도 있게 고민하고, 이를 미래의 디스토피아로 연계해 재현하기도 한다.

최근 들어서 디지털 게임에서도 포스트 아포칼립스의 세계관이 게임의 특성을 토대로 재현되고 있다. 대표적인 예로 〈폴아웃Fallout〉 시리즈, 〈레이지Rage〉, 〈워킹데드The Walking Dead〉, 〈아이 엠 얼라이브I Am Alive〉 등이 있다. 위의 게임들은 기존의 소설이나 영화 등과 동일한 세계관을 재현하되, 플레이어가 종말의 세계에서 살아남은 소수의 인류가 되도록 한다는 점에서 주목할 만하다.

그중에서도 2013년에 너티 독(Naughty Dog)에서 개발한 〈더 라스트 오브 어스The Last of Us〉는 대표적인 포스트 아포칼립스 세계관의 액션

2 미야베 미유키, 『화차』, 박영난 옮김, 시아출판사, 2000, 127면.

어드벤처 게임이다. 주인공 조엘은 미국 텍사스에서 딸과 함께 생활하던 중 인간을 숙주로 삼아 식인괴물로 변하는 곰팡이의 감염 사태를 맞이한다. 이들은 감염 지대에서 탈출을 도모하지만, 이미 도로는 폐쇄되고 딸은 무장군인에게 사살당한다. 이후 조엘은 14살 소녀인 엘리와 함께 또 다른 격리 지구로 떠난다. 플레이의 목표는 오로지 장기간 생존에 있다. 세계를 정밀하고 사실적으로 재현해냈다는 점을 특히 높이 평가받으며, GDC에서 올해의 게임 상(Game of the Year)을 받은 바 있다.

게임 〈더 라스트 오브 어스〉

조지 밀러(George Miller) 감독의 〈매드 맥스Mad Max〉 시리즈 역시 대표적인 포스트 아포칼립스 영화이다. 1979년 멜 깁슨이 가죽 재킷을 입고 인터셉터를 타던 저예산 영화 〈매드 맥스〉가 시작된 이래, 1981년 2편, 1985년 3편이 포스트 아포칼립스 영화로는 이례적으로 대중적 성공을 거뒀다. 그로부터 30년 만인 2015년에 〈매드 맥스: 분노의 도로Mad Max: Fury Road〉는 더 강력해진 디스토피아를 열었다. 이 영화는 인류가 핵전쟁으로 멸망한 뒤 자원 고갈과 물 부족, 가진 자들의 독재와 폭력 속에 살아가는 모습을 담고 있다. 한국에서도 아이맥스(iMAX) 등에서 개봉해, 암울한 세계관에도 불구하고 매니아를 비롯한 다양한 관객층으로부터 각광을 받은 바 있다.

〈매드 맥스: 분노의 도로〉는 영화 자체만 두고 볼 때도 기이하면서도 대단하다. 3일간의 추격신을 담아내기 위해서 1,700여 명의 제작진이

나미비아 사막에 모여서 150대가 넘는 자동차 및 오토바이를 개조하여 동원한 자금력이나, 엄청난 폭파와 추격 장면을 담아내면서 그린스크린을 전혀 사용하지 않았다는 제작 과정의 일화는 그저 놀라울 따름이다.

영화의 내용 역시 범상치 않다. 보통의 안정적인 발단에서 시작해서 전개, 위기, 절정으로 치닫는 스토리 아크가 아니다. 시작부터 관객은 맥스의 시점에서 보는 미친 세상을 따라가느라 혼이 쏙 빠진다. 핵전쟁 이후 아무것도 남지 않은 황금빛 사막에서 불어오는 모래바람의 위용, 밤이 되면 푸른빛으로 물드는 세상, 온갖 독성에 노출되어 망가진 세기말 세상이 재현된 섬세한 모습을 바라보는 것만으로도 시야가 가득 찬다. 그리고 그 공간 위를 20세기 인간이 만들어낸 최고의 발명품이자 재앙의 산물인 자동차와 무기들이 정신없이 질주한다. 포스트 아포칼립스를 다룬 영화 중 스펙터클의 측면에서는 가히 최고라 할 만하다.

녹색 어머니의 땅

이와 같은 스펙터클은 세기말의 비참함과 절망을 더더욱 나락으로 끌어내리는 역할을 한다. 끔찍하리만치 나락으로 떨어진 인간들을 구원할 영웅은 과연 누구일까? 강철 같은 남자, 오로지 이 무법천지에서 살아남는 것이 목표인 주인공 맥스일까? 포스트 아포칼립스 이후, 인류를 구원할 씨앗은 과연 어디에 있을까?

영화를 시작한 지 10분 만에 영화 관람객들은 삭발을 하고 기름을 얼굴에 칠한 시타델의 사령관 퓨리오사에 주목하게 된다. 〈매드 맥스: 분노의 도로〉는 맥스보다는 여전사 퓨리오사에 대한 이야기이다. 시타델은 세기말의 지구에서 거의 유일하게 물과 기름이 남아 녹색 식물이

자랄 수 있는 토양을 갖춘 곳이다. 임모탄은 자원을 거머쥐고서 인간을 소유하고 지배하는 독재자이다. 임모탄은 '녹색 어머니의 땅'에서 퓨리오사와 그녀의 어머니를 어릴 적 납치해 온다. 어머니를 잃고 왼팔에 기계손을 낀 퓨리오사는, 어머니의 땅으로 돌아갈 일념으로 살아남던 중 드디어 탈출할 수 있는 기회를 얻게 된다.

여기서 흥미로운 것은 영화 전반에 걸쳐서 '어머니'라는 상징이 선의 존재뿐 아니라 악의 존재에게도 중요한 기제로 작용한다는 점이다. 임모탄은 스플랜디드, 케이퍼블, 발키리 등 5명의 각기 다른 인종의 아내를 두고 있다. 임모탄은 이들이 독에 오염되지 않도록 가두어 관리하고 그 덕분에 이들은 유일하게 오염되지 않은 인류로 남아 있다. 퓨리오사는 5명의 아내들을 데리고 탈출을 시도한다.

물론 임모탄이 그녀들을 진정 자아를 투영할 수 있는 타자로 사랑하는 것은 결코 아니다. 임모탄에게 있어서 그녀들은 자신의 성적 상품이자 완벽한 후계자를 낳는 출산 기계에 불과하다. 포스트 아포칼립스의 세계에서 에로스가 설 자리는 없고 오로지 생식만 있을 뿐이다.

여성 영웅이자 여전사로서 퓨리오사의 지위는 특별하다. 삭발에 낙인찍힌 기계팔의 퓨리오사는 육체적으로는 남성만큼이나 강인하지만, 결정적인 순간에는 이성 대신 감성을 택한다. 그 어떤 포스트 아포칼립스 영화에 나온 영웅 캐릭터보다도 강렬한 액션을 수행하면서도, 동시에 그 누구보다도 희망과 절망을 동시에 얼굴에 드러내는 캐릭터이다. 맥스는 퓨리오사에게 있어서 보조적인 캐릭터, 조력자에 불과하다.

〈매드 맥스〉 시리즈 중에서 가장 강력하고도 광대한 세계관을 펼치는 데 있어서, 인류를 구원할 영웅으로 여성인 퓨리오사가 선택된 점은 상징적이다. 퓨리오사의 설정은 전체 극의 서사와도 유기적인 연계를 맺는다. 〈매드 맥스: 분노의 도로〉에서 가장 극적인 부분은 퓨리오사와 그녀의 일당이 임모탄을 죽이고 시타델로 돌아가는 장면이다. 이제까지 시타델과 임모탄으로부터 벗어나는 것, 추격을 따돌리고 탈출하는 것이 극의 목표인 줄 알았던 관객들은 퓨리오사와 맥스가 돌아가는 장면을 충분히 이해하면서도 아연실색할 수밖에 없다. 그들이 돌아가는 이유는 단 하나이다. 바로 그곳에 그들이 씨를 뿌릴 수 있는 땅과 물이 있기 때문이다.

〈매드 맥스: 분노의 도로〉에는 포스트 아포칼립스를 다룬 영화에 이렇게 많은 여성이 등장한 적이 있었을까 싶을 정도로 참으로 많은 여성들이 영웅으로 등장한다. 무엇보다도 퓨리오사가 속해 있던 강력한 어머니와 할머니의 부대는 세계의 끝을 시작으로 바꿀 수 있는 씨앗을 잘 간직하고 있다. 그들은 아마조네스의 후예들처럼 여성들로만 구성되어 세계의 끝에서 희망을 잃지 않고 살아가고 있다.

다만 임모탄의 여인들은 처음에는 사회적으로 부여된 여성의 역할, 즉 나약하고 변덕스럽고 아무것도 할 줄 모르는 사회적 약자로 그려진다. 그러나 그녀들은 극이 점차 진행됨에 따라 하얀 옷이 점차 더럽혀지고 극의 후반부에 이르러 본래 모습을 되찾는다. 역으로 영화의 전반부에서 남자인지 여자인지 알 수 없을 만큼 강력했던 퓨리오사가 점차 여성성을 찾아가기도 한다. 결국 여인들을 한마음으로 새로운 세상을 스스로 건설하기로 다짐한다. 이처럼 영화는 시타델에서 시작해서 시타델에서 끝난다. 포스트 아포칼립스 영화임에도 불구하고, 영화는 혼란 속에서도 일말의 희망을 여성들로부터 보여주고자 노력한다. 물론 그 씨앗이 새싹을 틔울지는 알 수 없다. 그럼에도 불구하고 인류는 오로지 그녀들을 통해서만 희망을 볼 수 있다.

영화 〈매드 맥스: 분노의 도로〉의 퓨리오사

〈매드 맥스: 분노의 도로〉는 워너브라더스 게임즈를 통해서 디지털 게임으로도 발매됐다. 영화를 보는 내내 관객들은 자신이 맥스나 퓨리오사가 되어 사막 한가운데 서 있는 것 같다는 착각을 하게 된다. 이러한 유사 경험이 1인칭 초점의 게임 플레이로 이어지면서, 〈매드 맥스: 분노의 도로〉가 제시하는 포스트 아포칼립스의 메시지는 더 직접적으로 다가오게 된다.

'모든 것의 끝이자 시작인 지구'라는 매드 맥스의 세계관을 반영하듯 게임은 높은 자유도를 지향하며 공간의 제약이 덜한 오픈 월드(open world) 형식을 지원한다. 플레이어는 광활한 사막에서 임모탄의 셋째 아들과 '워보이들'과 전투를 하고 레이싱을 한다. 영화를 기반으로 하고 있기 때문에 영화의 세계관, 배경, 안타고니스트 등 비주얼을 거의 그대로 옮겨와 생동감 있게 재현하고 있다.

다만 영화의 경우, 퓨리오사와 여인들의 활약이 서사의 중심을 이루는 가운데 포스트 아포칼립스 시대에 대안을 제시한 반면, 게임에서는 이러한 여성 캐릭터들이 일부 생략되거나 축소되었다는 점이 아쉽다. 서사적 특성상 여성의 역할과 기능을 축소할 경우 포스트 아포칼립스는 극적 액션을 벌이기 위한 공간으로밖에 작용하지 못하고 만다. 게임의 경우 플레이어가 주로 플레이할 수 있는 캐릭터가 여전히 남성인 맥스로 설정되어 있으며, 영화에서 보여준 것과 같은 모성을 통한 희망과 구원의 씨앗을 찾아보기는 어렵다. 여전히 디지털 게임의 경우, 캐릭터의 극적 액션과 폭력성이 강조되는 과정에서 정작 주제와 밀접한 관계를 맺고 있는 여성 캐릭터에 대한 재현에 있어서는 소홀했던 탓이다.

3. 환상 사지와 여성 프랑켄슈타인

"이 플롯들의 명백한 '적절성'을 이해하려면 무엇보다도 사라지는 사람이 대개 여자다운(ladylike) 여자라는 사실에 주목해야 한다. 이 허깨비 같은 인물에서 여자(woman), 즉 남자 속의 결핍을 채울 수 있을 여자의 환영을, 궁극적으로 성관계가 가능할 이상적인 대상자, 요컨대 라캉의 이론을 따르자면 존재하지 않는 그 여자(the woman)의 환영을 깨닫기란 어려운 일이 아니다."

— 슬라예보 지젝, 『삐딱하게 보기』 중에서[3]

한없이 부족한 그녀의 몸

매튜 본(Matthew Vaughn) 감독의 영화 〈킹스맨Kingsman: The Secret Service〉은 스파이 영화의 문법과 SF적 상상력을 결합한 독특한 작품이다. 영국식 스파이를 주인공으로 하는 이 작품은 〈007 시리즈〉로 대변되는 스파이물의 관습성(cliche)을 답습하거나 패러디하는 가운데, 그로테스크하면서도 카니발리즘적인 환상성을 잘 구현하고 있다. 으레 등장하는 평범하다 못해 보잘것없는 주인공, 위기의 순간 그를 돕는 마법사급의 젠틀맨 조력자와 친구들, 웃음소리가 통쾌한 천재인 사이코패스 악당과 그를 아무런 조건 없이 돕는 미녀 조력자, 결정적으로 믿었던 충신의 배신, 그 외에도 기발한 무기와 아이템의 디테일들이 스파이물의 뼈대를 구성하고 있다. 여기에 매튜 본 특유의 카니발니즘이 신체 절단, 강화 다리, 집단 학살, 뇌 폭발 등을 통해 가시화되면서 살을 붙이고 있다.

이러한 인물 설정을 자세히 들여다보면, 관습성 안에서 다양한 선입

3 슬라예보 지젝, 『삐딱하게 보기』, 김소연 · 유재희 옮김, 시각과언어, 1995, 163면.

영화 〈킹스맨〉의 가젤

견과 편견들을 읽어낼 수 있다. 그중에서도 천재 악당인 발렌타인을 맹신하며 그의 곁을 지키는 미녀 조력자 가젤은 스파이물에 등장하는 여성 캐릭터에 대해서 다시금 생각하게 한다. 가젤은 화면에 나오는 빈도수에 비해서 대사가 적고, 그녀의 과거에 대해서 유추할 수 있는 단서 역시 다른 인물들보다 상대적으로 부족하다. 결정적으로 완벽에 가까울 정도로 아름다운 그녀는 두 다리만 날카로운 검으로 되어 있다. 그녀는 늘 악당의 곁을 지키면서 때로는 햄버거 시중을 드는 메이드가 되기도, 말동무나 애인이 되기도 하고, 두 다리로 잔인하게 적을 제거하는 암살자가 되었다가 종국에는 발렌타인을 위해 자신을 아낌없이 희생한다.

발렌타인의 태도로 미루어 짐작해볼 때, 그녀에게는 분명 뼈아픈 과거가 있어 어떤 연유로 두 다리를 잃었으나 발렌타인 덕분에 강화 다리를 얻었을 것이다. 그리고 강화 다리를 얻는 순간, 그녀는 인간 여성이 아닌 아무렇게나 대해도 상관없는 괴물로 전락한 것이다. 신체가 이식된 부위가 팔이 아니라 다리라는 점 역시 나름 의미심장하다. 따라서 강화 다리의 가젤이 스크린에 등장하는 순간, 관객들은 암묵적으로 인조인간의 비극적 최후를 당연시하게 된다.

할리우드 블록버스터 등에서 그려지는 여성의 신체 변형의 기저에는 여성의 몸 자체에 대한 사회의 부정적 시선이 깃들어 있다. 여성학자인 그로츠(Elizabeth Grosz)에 따르면, 이처럼 존재하지 않는 사지에 대한 경험을 환상 사지(phantom limb)라고 한다. 환상 사지란 생물학적 사지에 대한 상실을 대면할 경우 주체가 온전한 육신의 전체성을 보존하고자 노력하는 나르시시즘적 시도이다. 환상 사지는 몸의 통합성, 총체성, 완전성에 대한 향수로부터 출발한다.[4] 인간에게 있어서 몸이란 한계인 동시에 극복해야 할 경계적 대상이요 뫼비우스의 띠이다. 이처럼 경계를 초월하고자 하는 인간의 욕망(desire)과 상상력(imagination)을 잘 구현하는 것이 바로 환상 사지이다.

한없이 강력한 '그'의 몸

물론 남성 캐릭터가 강화 팔이나 강화 다리를 갖게 되는 경우도 할리우드 SF 영화에서 빈번하게 나타난다. 다만 이 경우 여성 캐릭터와는 해석 방식과 의미 부여가 다르다. 가령 대중적으로 잘 알려진 그래픽 노블이자 영화 〈어벤저스The Avengers〉나 〈엑스맨X-Men〉의 시리즈에서 남성 캐릭터가 강화 팔이나 강화 다리를 갖게 될 경우, 그는 괴물성을 지닌 존재이긴 하나 동시에 인간보다 우월한 존재, 즉 호모 슈퍼리얼로 대접받는다. 그들은 자신의 강화 팔에 대해서 진지하게 고뇌하고 종국에 그 강화 팔을 활용하여 세상을 구원한다. 여성 캐릭터에게 있어서 강화 다리는 신체의 결핍과 그에 대한 대체인 동시에 여성성의 상실을 상징하지만, 남성 캐릭터에게 있어서 강화 다리는 부족함이 아니라 더해짐이며, 동시에 영웅의 자격이 되는 것이다. 이처럼 남성 캐릭터의 경우 인간의 한계를 뛰어넘는 영웅 탄생의 의미로 강화 팔과 강화 다리를 활용하고 있다.

---

4 엘리자베스 그로츠, 『뫼비우스 띠로서 몸』, 임옥희 옮김, 여이연, 2001, 169면.

마블 그래픽 노블의 캐릭터 미즈 마블(Ms Marvel) (좌)
영화 〈어벤저스〉의 블랙 위도우 (우)

20세기 사이보그 및 로봇을 다룬 영화 중 대중적으로 흥행에 성공한 대표적인 예로 〈로보캅RoboCop〉이 있다. 이 영화는 2014년에 리메이크되는데, 이때 영화 속 주인공은 로봇 기술을 이용해 훼손된 신체를 대신하는 최첨단 수트를 이식받는다. 이보다 1년 앞선 2013년에 미국 시카고 재활 연구소는 이와 유사한 이론적 토대를 근거로 일련의 연구 성과를 발표한 바 있다. 연구진은 영화에 등장하는 로보캅 수트와 유사하게 뇌파를 사용해 움직일 수 있는 로봇 다리를 개발했다. 환자의 절단된 상처 부위 피부에 전극을 부착해 전자 신호를 받도록 한 뒤 이를 포착한 뇌가 행동 신호를 내릴 수 있도록 하는 방식이다. 영화를 개봉한 해인 2014년에 데카(DEKA)사가 개발한 생체 로봇 팔인 데카 암은 미국 FDA의 승인을 받은 바 있다. 이처럼 환상 사지의 개념은 더 이상 상상계의 백일몽이 아닌 실재계의 기술이다.

인간에게 있어서 몸이란 세상을 움직일 수 있도록 하는 원동력이자 시간과 장소의 제약을 받는 구속물이기도 한다. 즉 인간에게 있어서 몸은 그 자체로 도전의 대상이자 뛰어넘어야 할 한계인 동시에 내면의 자아를 외부로 표현하면서 타자의 시선을 의식하고 이를 반영하는 장이다. 따라서 어떠한 환경에서 어떻게 인지하느냐에 따라서 자신의 몸을 긍정할 수도 있고 부정할 수도 있다.

사이보그 선언의 의의

일찍이 다나 해러웨이는 1985년 '사이보그 선언'을 통해 현대 사회의 차별적 문제들을 극복하는 사회정치적 상징으로서의 사이보그를 제안했다.[5] 이후 다수의 인문학자와 예술가들은 포스트 휴먼(Post-human)의 기조 아래, 다양한 상상적 사이보그를 제안했다.[6] 발사모(Anne Marie Balsamo)와 와이즈먼(Judy Wajcman)은 유전공학과 미디어 기술을 여성의 몸 담론에 접합시켜 인간과 기계, 자연과 인공, 남성과 여성 등의 전통적 서구 이원론의 토대를 해체하고자 시도한 긍정적인 경우이다.

앞서 분석한 뉴미디어 콘텐츠에 나타난 여성의 환상 사지는 위와 같이 이원론을 해체하는 것이 아닌, 더욱 공고히 하기 위한 장치라는 점에서 문제적이다. 위의 작품들은 여성의 몸을 불완전한 신체, 약한 존재로 전제하고 이를 극복해야 할 대상으로 설정한다. 나아가 여성의 몸을 극복하고 지향해야 할 완전체로 남성의 몸을 제시한다는 점에서 한계를 보인다. 이는 인간의 신체를 해방하는 것이 아니라 오히려 구속하게 되는 결과를 낳는다.

---

5 Donna Haraway, "A Manifesto for Cyborgs: Science, Technology, and Socialist Feminism in 1980s". in Linda J. Nicholson. Ed. *Femimism/Postmodernism*. Routledge, 1992. 190-233.

6 앤 발사모, 『젠더화된 몸의 기술 -사이보그 여성 읽기』, 김경례 옮김, 아르케, 2012.
주디 와이즈먼, 『테크노페미니즘』, 박진희 옮김, 궁리, 2004.

4. 성스러운 피와 고어

"가장 오래되고 강력한 인간의 감정은 공포이며, 그중에서도 가장 오래되고 강력한 것이 바로 미지에 대한 공포이다."

— H.P. 러브크래프트, 『공포 문학의 매혹』 중에서[7]

가상 세계의 어두운 뒷골목

가상 세계의 어두운 뒷골목에서는 인간의 폭력과 잔혹함의 측면이 재현되기도 한다. 그것은 게임이라는 미디어 자체가 폭력적이어서가 아니라, 디지털 게임을 만들고 행하는 인간의 이면에 이와 같은 면모가 있기 때문일 것이다. 따라서 '디지털 게임은 왜 폭력적어야만 하는가?'라는 화두는 '현대인은 왜 게임과 가상 세계를 통해서 폭력적 행동을 구현하고 싶어 하는가?'로 대체되어야 한다. 즉 동일한 미디어를 두고도 인간이 어떻게 활용하느냐에 따라서 독이 될 수도 있고 약이 될 수도 있는 셈이다.

폭력과 잔혹함은 분명 인간 사회에서 금기시되고 있으며 이를 위반할 경우 처벌이 따른다. 물론 사회화를 거친 대부분의 현대인들은 자신의 행동을 제어할 줄 안다. 그러나 동시에 모든 사람은 잠재적으로 폭력적일 수 있다. 특히 청소년기에는 평화적 상태와 폭력적 상태의 문턱을 넘나드는 통로를 갖게 되며, 이 통로가 점점 자주 사용될 경우 흔히 '폭력화'라는 과정을 거치게 된다.[8] 폭력화의 전달 방식은 단순히 미디어를 통해서만 이뤄지는 것이 아니다. 폭력적인 게임에 자주 노출

---

7 H. P. 러브크래프트, 『공포 문학의 매혹』, 홍인수 옮김, 북스피어, 2012, 9면.

8 애덤 모턴, 『잔혹함에 대하여』, 변진경 옮김, 돌베개, 69–71면.

되면 무조건 폭력적인 성인으로 성장한다는 논리는 부분적으로는 맞고 부분적으로는 틀리다. 폭력화의 전달에 있어서 가장 지대한 영향을 미치는 환경은 다름 아닌 가정과 사회이다. 여기에 미디어의 노출이 더해지면서 폭력화의 과정이 보다 증폭되거나 강화될 수는 있다.

사실 모든 폭력은 정당성을 부여받기 어렵다. 그럼에도 불구하고 집단의 폭력에는 늘 악의 척결을 위한 학살, 우리를 지키기 위한 어쩔 수 없는 전쟁 등 정당방위의 변명과 논거들이 뒤따르기 마련이다. 이는 비단 원시사회뿐 아니라 고도로 발달한 현대 사회에도 자행되고 있는 일이다. 이처럼 인류 문화 대부분에는 특정 개인이나 집단에 대해서 폭력적 행동을 취하는 경향이 있었다. 이 경우 특히 폭력의 대상은 나, 우리가 아닌 타자, 이방인이다. 이방인의 희생양 전략은 사회에 만연한 악에 대한 책임을 지우고, 공동체를 하나로 묶는 정체성의 기준을 제공한다.[9]

순결한 처녀의 희생 제의

이방인 희생양 전략 중 하나가 바로 여성에 대한 폭력이다. 가부장적인 신화에서 여성의 육체는 불결하고 타락한 장소, 배출과 출혈의 장소, 나아가 남성다움을 위태롭게 하는 원천이자 '악마의 출입구'로 인식되었다. 이러한 남상의 상상력은 여성을 선과 악, 가임 여성과 불임 여성, 순수와 불결 사이의 양극화된 존재로 나눴다.[10] 가령 디지털 게임에 나타나는 원죄의 이브 캐릭터, 뱀의 몸을 한 괴물 등은 모두 여성의 부정적인 원형성을 반영한다. 따라서 여성 캐릭터에게 가해지는 가학

9 리처드 커니, 『이방인, 신, 괴물』, 이지영 옮김, 개마고원, 2004, 49면.
10 에이드리언 리치, 『더 이상 어머니는 없다』, 김인성 옮김, 평민사, 37면.

과 폭력의 저변에는 여성을 악의 이미지와 연계하여 그 폭력성을 정당화하고자 하는 궤변이 깔려 있다. 여성들을 매혹적이면서도 두려운 존재요, 자신을 해하고 사회를 불안하게 할 수 있는 존재라고 단정 짓는 것이다.

여성에 대한 폭력의 또 다른 정당화로 희생 제의가 있다. 처녀 희생, 즉 순결한 처녀를 재물로 바쳐야 한다는 전설은 『황금가지The Golden Bough』의 프레이저의 말대로 '종교적인 것(the religious)'과 조셉 켐벨의 말대로 '신비적인 것(the mystical)'을 모두 포괄한다. 희생은 종교적 인간에게 있어서는 '저 바깥에 있는' 존재나 신과 관련된 것으로 해석되며, 신비주의자들에게는 궁극적으로 타인의 이익을 도모하기 위함으로 정당화된다.[11]

르네 지라르(René Girard)에 따르면, 제의적 희생은 제물로 동물이나 사람을 바치는 행위를 통해서 폭력의 방향을 다른 존재에게로 돌린 것이다.[12] 원시세계에서는 이것이 치유 효과가 뛰어난 재판 제도였지만, 디지털 게임에서는 그렇지 못하다. 여성을 희생양으로 삼아서 공고하게 다져지고 유지되는 것은 가상 세계 내에 편재한 가부장제의 질서일 따름이다. 이를 통해서 가상 세계는 본연의 대안적 의의를 갖지 못하고, 현실의 가부장제를 답습하게 된다.

이때 플레이어에게 있어서 여성 캐릭터는 자아를 전혀 투영하지 않은 타자이자 이방인인 셈이다. 남성 캐릭터는 여성 캐릭터와 같고도 다르다. 어떤 생물체가 희생될 만한 것으로 보이기 위해서는, 혼동이 일어나지 않을 정도로 그 구분이 명확하면서도 동시에 가능한 한 많은 유

11 조셈 켐벨, 『신화의 이미지』, 홍윤희 옮김, 513–514면.

12 르네 지라르, 『폭력과 성스러움』, 김진식 · 박무호 옮김, 민음사, 2003, 12면, 19면.

사성을 갖고 있어야 한다.[13] 비록 지라르는 여성이 진정으로 사회에 속하지 않지만 전혀 혹은 거의 희생되지 않았다고 하지만, 인식적으로는 수많은 희생이 있었다.

여성 캐릭터를 향한 페미사이드의 위협

공포 게임에서는 어김없이 희생자로 여성, 그중에서도 처녀나 소녀의 피를 재현한다. 1999년에 코나미(Konami)에서 발표한 〈사일런트 힐 Silent Hill〉은 영화로도 제작된 바 있는 대표적인 공포 게임이다. 사일런트 힐은 일종의 '귀신의 집(haunted house)'으로, 지진 때문에 외부와 단절되어 외부는 안개로, 내부는 어둠으로 인해 잘 보이지 않는 곳으로 설정되어 있다. 주인공인 소설가 해리는 입양한 딸 쉐릴과 함께 휴가를 가던 중, 갑자기 나타난 소녀를 피하려다 교통사고를 내고 딸 쉐릴은 사라진다. 해리는 사라진 쉐릴을 찾기 위해 사일런트 힐로 들어간다. 플레이어는 해리가 되어서 사일런트 힐에서 흩어진 단서를 수집하고 실종된 딸 쉐릴을 찾아야만 한다. 안개와 어둠에 쌓인 사일런트 힐에서 손전등에 의지해서 단서를 찾아야 하는 과정에서 플레이어는 공포감을 느끼게 된다.

또다른 예로 디지털 게임 〈툼레이더〉 시리즈의 주인공인 라라 크로프트는 영웅임에도 불구하고 외모에서부터 주체적인 영웅이라기보다는 성적인 소비의 대상으로 묘사되고 있다. 특히 과장된 여성적 외모와 남성적 행동의 아이러니한 조합은 라라 크로프트를 사도마조히즘적으로 소비하게 한다. 무엇보다도 그녀의 죽음은 단순히 게임의 엔딩

13 앞의 책, 26면.

이나 캐릭터의 소멸을 넘어서 고어(gore)적 특징이 강조되어 나타난다.

실제로 유튜브 등 동영상 검색 사이트에서 라라 크로프트를 검색해 보면, 연관 검색어로 '죽음의 장면(death scenes)'이 등장하며 조회수도 상당하다. 아예 시리즈별로 라라 크로프트의 죽음에 관한 장면만 모은 팬 동영상, 팬아트들이 약 10만 건 이상 유통되고 있다. 유사한 어드벤처 게임의 남성 영웅들의 선례를 고려해볼 때, 이는 분명 기이할 만큼 이례적으로 많은 양이다. 게다가 이 경우에는 공포와 더불어 성적인 학대와 시신 훼손도 나타난다. 프랑코 모레티(Franco Moretti)에 따르면, 공포 그 자체를 육화하려는 이들은 필연적으로 상이한 원인을 가진 공포, 즉 경제적 이데올로기적, 심리적, 성적 공포를 결합해야 한다.[14]

클라리사 에스테스(Clarissa Estes)에 따르면, 이러한 여성 연쇄 살인의 모티브는 '푸른 수염' 이야기를 상징한다. 『푸름 수염』 이야기에서 막내딸은 푸른 수염에게 납치당한다. 푸른 수염은 다른 사람 위에 군림하고자 하는 본능을 가진 존재이다. 그는 반사회적 존재로 비밀의 문을 열고자 하는 어린 여성에게 접근한다. 그녀는 성적 호기심으로 인해 결국 잔혹한 참상을 발견하고 심리적 처벌을 받게 된다.[15]

디지털 게임의 사용자가 창작한 2차 창작물에서는 유독 남성 살해인 호미사이드(homicide)보다 페미사이드(femicide)가 빈번하게 나타난다. 이는 주로 남자들에 의해서 자행되는 여성에 대한 혐오에 기반을 둔 극단적인 살인에 해당한다. 즉 살해 동기가 '단지 여자라는 이유'에 있는 경우를 지칭한다.[16]

---

14 프랑코 모레티, 『공포의 변증법』, 조형준 옮김, 새물결, 2014, 57면.

15 클라리사 에스테스, 『늑대와 함께 달리는 여인들』, 손영미 옮김, 이루, 2013, 59–81면.

16 여성문화이론연구소, 『페미니즘의 개념들』, 동녘, 2015, 263면.

게임 〈사일런트 힐〉의 쉐릴 메이슨

게임 〈툼레이더 리부트〉에서 라라 크로프트의 죽음

가상 세계에서 발생하는 페미사이드 현상의 원인은 단순히 그 캐릭터가 여성이기 때문이다. 여성 캐릭터를 남성 사용자가 조작하는 과정에서, 여성 캐릭터를 지배하고자 캐릭터의 신체에 폭력을 가한다. 이러한 2차 창작은 일종의 젠더 폭력에 해당한다. 여기에는 단순히 여성에 대한 혐오 외에 이에 대한 쾌락도 포함되어 있다는 점에서 더욱 문제적이다. 물론 일부 2차 창작은 순수하게 고어적 측면에서 불쾌의 쾌를 추구하기도 한다. 그러나 나아가 여성이 어드벤처 게임의 주체로 거듭나는 과정 자체를 일종의 가부장적 질서에 대한 위반으로 규정하고 이에 대해서 상징적인 징벌을 가하는 경우도 빈번하다.

5장

팬픽, 웹소설

1. 팬픽과 디지털 로맨스[1]

"나는 가능성에서 살고 있다.
산문보다 더 아름다운 집
창문도 더 많고
문도 훨씬 좋은"

— 에밀리 디킨슨

한국 팬덤의 계보학

'과유불급(過猶不及). 정도를 지나친 것은 오히려 부족한 것보다 못하다.'라는 공자의 가르침은 현대에도 이런저런 맥락에 적용된다. 특히 한국 사회에서는 대중의 지나친 열정을 두려워하거나 부정적으로 평

1 본 절의 일부 데이터 및 전제는 한혜원 · 권민경의 「한국 퓨전 사극 기반의 온라인 팬픽션 연구」에 근거한다.

가하는 경향이 있다. 특히 열정을 드러내는 이가 개인이 아닌 집단, 그중에서도 젊은 여성이 많은 집단이라면 더더욱 이를 불편해 하거나 부정적으로 평가한다.

이른바 팬(fan)이란 대중적으로 인지도가 있는 특정한 인물이나 현상에 대해서 과도한 열정을 드러내는 대중문화의 소비자이다. 이론적으로 팬덤(fandom)의 대상은 무엇이든 될 수 있는데, TV 등 매스미디어가 대중적으로 보급된 이후에는 주로 연예인이나 방송 콘텐츠가 팬덤의 대상이었다. 이들은 동일한 대상을 매개로 삼아 다양한 타인들과 커뮤니케이션하고 커뮤니티를 구성하기도 한다.

기존의 대중문화 연구자 중 일부가 팬덤을 사회적 부적응 내지 지각없는 소비자로 인식했던 것과 달리, 대중문화 연구자인 헨리 젠킨스는 팬덤을 특정한 텍스트 수용 방식으로, 비판과 해석을 시도하는 문화의 실천적 양식이자 대안적인 사회 공동체로 규정한다. 헨리 젠킨스는 팬덤의 주체들을 텍스트의 의미를 사냥하는 텍스트 밀렵꾼(text poachers)으로 표현한 바 있다. 대중은 텍스트를 재해석하는 과정에서 수동적인 매스 문화(mass culture)를 주체적인 파퓰러 문화(popular culture)로 전환시킬 수 있다.[2]

90년대 말 한국의 팬 문화는 이른바 당시 10대의 문화 대통령인 서태지와 아이들을 중심으로 형성기를 맞이하고, 이후 H.O.T, 신화 등 1세대 아이돌을 중심으로 발전기를 맞이한다. TV 시대의 팬 활동은 제한적이고 수동적이었다. 일방향적으로 콘텐츠를 전달받아야만 하는 시청자의 경우, 대상에 대해서 열정을 드러내는 방식 역시 제한적일 수밖에

2 헨리 젠킨스, 『팬, 블로거, 게이머: 참여문화에 대한 탐색』, 정현진 옮김, 비즈앤비즈, 2008, 61–62면.

없다. 이들은 콘서트장에서 있는 힘껏 소리를 지르거나 말투나 패션을 따라하는 등의 모방을 통해서 자신들의 감정을 밖으로 드러냈다.

팬덤에 있어서 팬 사이의 커뮤니케이션이 이루어지는 방식과 커뮤니티 구성 방식은 당시의 미디어와 긴밀한 상관관계를 맺고 있다. 서태지와 아이들과 삐삐, H.O.T와 PCS, 동방신기와 핸드폰의 관계, 무엇보다도 인터넷망의 확산 등은 팬 커뮤니티가 결성되는 데 있어서 중요한 역할을 수행해냈다. 일방향적 미디어 시대에는 팬 커뮤니티가 자신들의 우상을 적극적으로 소비하면서 그를 지지했다면, 쌍방향적 미디어 시대에는 팬 커뮤니티가 자신들의 우상을 적극적으로 소비하는 것은 물론 그와 관련된 콘텐츠들을 생산하는 주체로 거듭나게 된 것이다.

특히 한국에서 팬덤이 확장되고 다변화하는 데 있어서 웹의 역할은 지대하다. 웹은 공통의 관심사와 열정을 가진 주체들이 국경을 넘나들면서 물리적 제한 없는 커뮤니케이션을 통해 기호적 연대감을 갖고 공동체를 형성할 수 있도록 도와준다. 이들이 구축한 공동체는 초민족적인 보편성과 텍스트 중심의 특수성이라는 양면적 특성을 갖고 있다.

한국 드라마 팬덤의 차별성

팬덤 중에서도 TV 드라마를 중심으로 발생하는 시청자의 적극적 문화를 일종의 '드라마 팬덤'으로 볼 수 있다. 전 세계적으로 드라마 팬덤의 스펙트럼은 상당히 넓은 편이다. 특히 TV 드라마를 많이 생산 및 유통, 소비하는 미국의 경우 미국 ABC 방송사에서 1990년부터 1991년까지 방영한 미스테리 드라마 〈트윈 픽스Twin Peaks〉, 〈로스트Lost〉 등 주로 수수께끼와 퍼즐형으로 서사가 전개되는 드라마를 중심으로 팬덤이 생성됐다.

그런데 한국의 드라마 팬덤에서 유독 주목할 만한 점이 있으니, 바로 퓨전 사극을 원본으로 삼는 온라인 팬픽이 많다는 것이다. 퓨전 사극은 소위 역사적 사실의 재현을 중시하는 실증적 역사 드라마와 달리, 역사적 사건에 대한 주관적 해석과 허구적 재구성을 중시하는 유형이다. 따라서 실증적 역사 드라마에 비해서는 상대적으로 고증과 사료에서 자유로운 편이다.[3]

드라마 〈다모〉

MBC 드라마 〈다모〉는 국내의 대표적인 퓨전 사극으로, 이 드라마를 기점으로 퓨전 사극을 원본으로 삼는 팬픽션들이 대거 등장하기 시작한다. 이는 세기말에 다양한 이야기 장르들이 혼융되던 양상과 맥을 같이한다. 과거와 미래, 실재와 상상이 정통 사극 안에서 그 경계를 해체하고 다양한 상상력이 유입되면서 한국 특유의 퓨전 사극 양식이 이뤄진 것이다.

더불어 〈다모〉가 등장한 때는, 일방향적 TV 중심의 매스미디어의 지형도가 다양한 개인 미디어의 확산과 더불어 다변화된 시기이기도 하다. 인간은 동일한 대상에 대하여 열정을 가진 동인을 만나면 반가움을 느끼며, 감정을 표현하고 공유하고 싶어 한다. 자연스럽게 커뮤니케이션이 이뤄지고 커뮤니티가 결성된다. 〈다모〉의 팬들 역시 단순히 드라마를 시청하는 데 그치지 않고 자신들의 감상을 적극적인 형태로

3 한혜원 · 권민경, 「한국 퓨전 사극 기반의 온라인 팬픽션 연구」, 『영상예술연구』, Vol.24, No.0, 영상예술학회, 2014, 201–202면, 재구성.

드라마 〈성균관 스캔들〉

표현하고자 도모했다. 때마침 공통의 드라마를 매개체로 하는 온라인 커뮤니티 공간이 마련되자, 시청자들은 이 공간에서 드라마를 해석하고 비평하는 단계에서 나아가 드라마를 원본 삼아 이른바 2차 창작까지 하게 됐다.

처음에는 방송국에서 제공하는 공식 드라마 홈페이지로 커뮤니티 활동이 시작되지만, 일정 기간이 경과되고 어느 정도 규모의 구성원이 확정되면 이들의 활동은 포털 사이트의 커뮤니티 혹은 특정 사이트의 커뮤니티로 확산된다. 즉 그들만의 아지트를 마련하게 된다. 최초에 방송국에서 구성된 커뮤니티보다 디시인사이드(dcinside) 등 외부에서 자발적으로 생성한 커뮤니티의 규모가 더 크고 독립적으로 운영된다는 점은 주목할 만하다. 디시인사이드 드라마 갤러리에서 2008년부터 2013년까지 방영된 대표적인 드라마 25편의 경우, 방영 기간 중 무려 각각 6만 건 이상의 사용자 게시물이 업로드됐다. 2008년 방영된 SBS 사극 〈바람의 화원〉은 78,998건, 2010년 방영된 KBS 사극 〈성균관 스캔들〉은 236,856건, 2012년 방영된 MBC 사극 〈해를 품은 달〉은 178,169건의 사용자 게시물이 업로드됐다.[4]

패논으로서의 팬픽션

한국 팬덤 중 가장 양적으로 방대하고 적극적인 경향을 보이는 분야는 팬픽션이다. 드라마 팬픽션이란 드라마를 원본으로 원본에서 생략된 부분, 접힌 부분, 압축된 부분들을 찾아내 재해석하고 이를 대중 소설의 형태로 창작하여 유통하는 경우를 지칭한다. 글을 중심으로 하되 최근에는 이미지나 동영상, 청각적 요소 등까지 삽입하여 소설을 구성하는 추세이다.

1996년 KBS의 사극 〈용의 눈물〉의 애청자와 2012년 MBC 사극 〈해를 품은 달〉의 시청자는 모두 사극 애청자로, TV를 통해서 역사적인 이야기를 소비했다는 점에서는 동일하다. 그러나 전자의 경우 드라마를 보고 그저 흡족해하는 정도에 머물지, 그 드라마 때문에 소설을 쓰게 된 경우는 아주 특출한 개인을 제외하고는 거의 없을 것이다. 그런데 2012년에 사극을 본 애청자라면 누구라도 마음만 먹으면 사극을 패러디하는 소설을 연재할 수 있다. 이는 콘텐츠의 내적 서사의 다양화와 외적 환경의 다변화가 동시에 작용한 결과이다.

실증적 사극은 역사적 사실성을 중시하고 과거를 철저히 고증하는 데 중점을 두기 때문에, 아무래도 과거의 인물과 현재의 시청자 사이에 일정 거리가 유지된다. 또한 서사의 전개에 있어서도 연대기가 중요하며 시대적 특수성과 정치적 이데올로기 역시 무시할 수 없다. 그에 반해 퓨전 사극은 사료의 고증과 무관한 허구적 사건을 구성할 수 있기 때문에 인간의 보편적인 욕망을 다루기에 수월하다. 실제 역사에서는 단정적으로 전제하기 어려운 인물의 극적 관계도 쉬이 맺을 수

4 2014년 5월 7일 기준 디시인사이드 갤러리 게시물 업로드 수.

있으며, 극적 상황을 위해서라면 인물의 역할을 바꿀 수도 있다. 따라서 퓨전 사극은 실증적 사극에 비해서 자연히 탈정치적, 탈시대적 성격을 띠게 된다. 또한 사료의 고증에서 비교적 자유로운 편이다 보니, 경우에 따라서 동시대에 인기 있는 멜로드라마의 다른 모티브들을 유연하게 삽입할 수 있다.

TV 드라마를 통해서 팬픽션이 파생되는 사례는 국내뿐 아니라 미국에서도 대중적인 현상이다. 팬 문화 연구자인 헨리 젠킨스는 우주를 배경으로 한 드라마 〈스타트랙Star Trek〉을 통해 나타난 다양한 팬픽을 분석한 뒤, "팬픽션은 단순한 원전의 확장이 아니라, 원전의 세계와 비슷하면서도 다른 '대안적 우주'의 연대기"라고 그 가치를 평가한다.[5]

팬 문화의 콘텐츠 생성 형태는 크게 원본인 아이돌의 이미지를 유지하면서 조력의 기능을 수행하는 캐논(canon)과, 원본의 이미지와는 독립적으로 자생적 규칙 아래 변별적인 유닛 형태의 콘텐츠를 생성하는 패논(fanon)으로 구분된다.[6] 이 중에서 팬픽은 후자인 패논에 속한다고 볼 수 있다.

관계 지향적인 한국 온라인 팬픽

온라인 팬픽 중에서도 가장 많은 부분을 차지하는 슬래시 픽션(slash fiction)은 영화, 텔레비전 드라마, 만화책, 대중소설의 동성 캐릭터 간의 낭만적이고 성적인 관계를 주로 다룬다.[7] 한국의 경우 남성 아이돌

5 헨리 젠킨스, 앞의 책, 83면.

6 한혜원, 「온라인 팬픽의 집합적 서사구조 연구: 인물 구성 방식을 중심으로」, 『한국방송학회 2012 가을철 정기학술대회』, 한국방송학회, 2012.

7 헨리 젠킨스, 앞의 책, 94면.

그룹을 대상으로 삼는 팬픽에서 주로 나타난다. 팬픽에 등장하는 주인공들은 소위 '공수(攻受)'로 관계에서의 지위와 역할을 분담한다. 캐릭터의 이름 사이에 슬래시(/)와 엑스(x)를 표기하는 것 역시 관계의 중요성을 강조하기 위함이다. 이와 같은 관계지향적 요소, 로맨스적 요소, 즉 다른 두 인물이 갈등을 극복하고 결합의 상태로 나아가기 위해 노력하는 부분은 팬픽 주제의 한계점으로 지적되기도 하다.

한국 온라인 팬픽의 경우, 그것이 여자와 여자이든, 남자와 남자이든, 남자와 여자이든 상관없이 모두 화합으로 나아가는 과정을 보여준다. 이때 결합과 화합의 형태는 육체적인 면과 심리적인 면을 동시에 포괄한다. 이 때문에 표면적으로 온라인 팬픽이라고 하면 바로 '동성애와 노골적 성애 묘사'를 다룬 하위 문학으로 치부되고 폄하되어 온 것이다. 이러한 평가는 철저히 남성적 리비도와 남성적 가치를 기준으로 내려진 단정에 불과하다.

일찍이 제인 오스틴(Jane Austen)의 소설을 폄하한 19세기의 비평을 보면, 흥미롭게도 현재 디지털 팬픽이나 웹소설을 비난하는 입장과 유사하다. 에머슨(Ralph Waldo Emerson)은 제인 오스틴의 소설을 두고서 "어조는 저속하고, 예술적 창조성은 빈곤하고, 영국 사회의 불쌍한 인습에 갇혀 있으며, 천재적 재능이나 위트도, 세계에 대한 지식도 없다. 삶이 심각하게 위축되거나 힘겨웠던 적도 없었다. 소설 속 인물들의 모든 관심은 오로지 한 가지 문제, 즉 그(또는 그녀)가 결혼할 수 있는 돈과 적합한 조건을 가지고 있느냐다."라고 폄하했다. 이는 21세기의 디지털 팬픽과 웹소설이 받고 있는 조롱과 폄하와 거의 일치한다.[8]

---

8 산드라 길버트 · 수전 구바, 『다락방의 미친 여자』, 박오복 옮김, 이후, 2009, 225–226면. E. W. Emerson · W. E. Forbes, *Journal of Ralph Waldo Emerson: 1856–1863*, Houghton Mifflin,

온라인 팬픽의 작가는 동서양을 막론하고 다수가 여성이다. 일부 학자들은 90% 이상의 팬 작가를 여성이라고 보기도 한다.[9] 물론 팬픽의 독자도 아직까지는 대부분 여성이다. 이들은 독자인 동시에 작가이고 비평가이기도 하다. 팬픽에서는 누가 독자의 영역에 있고 누가 작가의 영역에 있는지 그 경계선이 모호하다. 원전 역시 중요하지 않아서 복수의 텍스트들이 공존할 수 있다.

팬픽에서 가장 중요하게 생각하는 주제는 캐릭터 사이의 관계와 화합이다. 이때 캐릭터 사이의 관계는 심리적으로 나타나기도 하고 동시에 육체적으로 그려지기도 한다. 결국 한국 온라인 팬픽에서 통용되는 '로맨스'란 인쇄 문학에서 일부 특정 대중 문학 장르를 지칭하는 로맨스와 달리, 인물 간의 관계를 그려내는 모든 경우를 포괄한다는 점에서 보다 광의적으로 해석되는 편이 적합하다.

또한 온라인 팬픽을 남성적 리비도가 아닌 여성적 리비도와 가치의 관점에서 다음과 같이 다르게 읽어낼 수 있다. 여성적 관점에서 '동성애'라는 설정은, 또 다른 표현으로 보자면 남녀로 제한되어 있는 제도권 내의 합법적 관계에서 벗어난 관계를 포괄하고자 함으로 볼 수 있다.

온라인 팬픽이 동성애만 담고 있는 것은 아니다. 등장인물들이 동일한 아이돌의 이름표를 달고 있을 뿐, 실제로 그들은 어느 팬픽에서는 여성성을 드러내기도 하고, 반대로 또 다른 장르의 팬픽에서는 남성성을 드러내기도 한다. 즉 서로 다른 두 주체를 상정하고 그들의 결합을 그리고자 하는 것이지, 반드시 생물학적인 성에 근거한 동성애적 결합만을 지향하는 것은 아니다. 여성주의에서 강조하는 이른바 '관계적 자

1913에서 재인용.

9 헨리 젠킨스, 앞의 책, 65면, 재인용.

아'의 성장, 자아와 타자의 관계에 대한 조망이 팬픽의 주요한 주제라고 볼 수 있다.

그녀 자신 속의 영원한 타자

온라인 팬픽에서 늘 성애 묘사의 수위가 문제점으로 지적된다. 이 역시 여성의 로맨스에서 육체적 욕망이 직접적으로 드러날 경우 여성적 글쓰기의 미적 가치가 희석될 수 있다는 편견에서 비롯된 평가이다. 이는 프로이트 이래 지속되어 온 여성 신비주의에 사로잡힌 결론이기도 하다. 팬픽에서 드러나는 '촉각 중심적'인 에로티즘은 일부 독자들에게 낯설고도 혐오스럽게 여겨진다. 뤼스 이리가라이(Luce Irigaray)에 따르면, 프로이트는 여성의 쾌감과 욕망을 아예 다루지 않거나 배제시켰으며 여성 주체는 재현에서 아예 추방되어 왔다. 또한 이러한 남근중심주의 아래에서는 동성애마저도 남성 동성애(ho(m)mo-sexuality)로 해석될 뿐이다. 그러나 여성의 욕망과 희열은 다양하고 무한하다. 따라서 시각과 동일성을 지향하지 않는다.[10]

한국 온라인 팬픽의 경우 표면적으로는 아이돌이나 드라마의 주인공이 중심이지만 이면적으로는 서사적 역할이 우선이다. 동일한 아이돌은 다양한 장르에서 전혀 다른 역할을 수행한다. 물론 그들을 묶어주는 이름과 외모의 특징은 고정되어 있다. 그러나 팬픽에 나타나는 일종의 클리셰(cliché)들은 유희적 기호로 작용할 뿐, 서사의 극적 장치로 작용하지는 못한다. 온라인 팬픽에 등장하는 인물들은 이름과 특정 외모를 제외하고는 일관성이 없다. 팬픽에서의 로맨스란 생물학적 성

10 뤼스 이리가라이, 『하나이지 않은 성』, 이은민 옮김, 동문선, 2000, 31-34면.

차에 따른 로맨스가 아니라, 서사적인 기능에 따라 부여되는 역할 중심의 로맨스일 뿐이다. 아이돌은 다성적이고 이질적이고 누구든 될 수 있다. 또한 그들은 분산적이고 끊임없이 변모한다. 이리가라이의 '그녀'를 팬픽의 주인공에 덧대자면, '그녀는 그녀 자신 속에서 영원히 타인이다.'[11]

온라인 팬픽에서 가장 중요한 것은 텍스트에 내재한 서사적 특성과 구조 자체이다. 디지털 팬픽은 웹 커뮤니티, 아이돌 팬덤, 동성애 모티브로 무장하고 있기는 하나, 텍스트의 안을 자세히 들여다보면 틈새 사이로 여성의 목소리와 흔적을 찾아볼 수 있다. 따라서 디지털 팬픽은 반드시 행간에서 그 의미를 찾아야 한다.

---

11 앞의 책, 38면.

2. 웹소설과 그녀들의 헤테로토피아[12]

"나는 지나치게 나 자신으로 강렬하게 살았던 것이다. 그런 만큼 다른 누군가가 내 대신 살게 할 필요가 있었다. 다시 말해, 나 자신의 존재가 완벽하게 느껴지도록, 다른 누군가가 살아가는 모습을 책을 통해 읽을 필요가 있었다."

— 프랑수아즈 사강, 『고통과 환희의 순간들Avec mon meilleur souvenir』 중에서[13]

글쓰는 여자의 공간

출판 편집자이자 자유기고가인 타니아 슐리(Tania Schlie)는 저서 『글쓰는 여자의 공간』에서 전 세계 여성 작가 35인의 글쓰기의 공간을 탐색한다. 물론 작가가 처한 상황에 따라 다르겠으나, 여성들이 글을 쓰기 위해서는 자기만의 방 혹은 자기만의 책상과 고정 수업이 필요하다는 견해가 주를 이룬다. 사실 이러한 조건은 비단 여성에게만 해당하는 것은 아닐 것이다. 글의 대가로 의식주를 해결하고 일상을 영위한다는 것은 분명 쉬운 일이 아니고 무조건 노력한다고 되는 일도 아니기 때문이다. 과연 여성 작가들이 글을 가장 많이 쓴 공간은 과연 어디일까. 이 책의 추천사를 쓴 독일의 작가 엘케 하이덴라이히(Elke Heidenreich)에 따르면, 대부분의 여자들이 글을 쓰던 공간은 '부엌'이다.[14]

여성 작가들에게 부족했던 것은 비단 '방'이라는 물리적 공간과 '돈'이라는 여유만은 아니었을 것이다. 여성의 생애 주기를 고려할 때 방

12 본 절의 일부 데이터와 전제는 한혜원 · 정은혜의 「한국 웹 기반 여성소설에 나타난 서사적 특성 연구」에 근거하고 있다.

13 프랑수아즈 사강, 『고통과 환희의 순간들』, 최정수 옮김, 소담출판사, 2009, 211면.

14 타니아 슐리, 『글쓰는 여자의 공간』, 남기철 옮김, 이봄, 2016, 9면.

과 더불어 절실했던 것은 바로 자기만의 시간이었을 테고, 나아가 돈보다 더욱 부족했던 것은 자신을 둘러싼 가족들의 이해였을 것이다. 결국 이 책에 등장하는 35인의 여성 작가들은 방이 없어도 고정적인 수입이 없어도 어디서든 글을 써 나간다. 설거지를 하면서 소설을 구상하고, 네 명의 넘는 아이를 키우면서 낮에는 일하고 밤에는 글을 쓰면서.

텍스트의 아버지, 작가

가상 세계에서 '목소리(voice)', '단어(words)', '언어(language)'는 은유적으로 나타난다. 웹이라는 가상 세계를 통해서 나타난 블로그, 커뮤니티, SNS 등은 이러한 다양한 목소리들을 담아낼 수 있는 빈칸들로 작용하는 중이다. 가상 세계의 목소리들은 이 빈칸을 채워나가는 과정을 통해서 사회적 자아를 구성하기도 하고 자신의 삶에 대한 관점을 공적으로 표출하기도 한다.

예로부터 문자와 글은 남성의 영역으로 여겨져 왔다. 일찍이 미국의 소설가 헨리 제임스(Henry James)가 자신의 성적 능력과 펜을 동일시했던 것처럼 20세기의 문(文)은 남성의 세계였다. 단편적으로 유명 문학상의 수상 작가나 강단의 전문 연구자들을 보더라도, 남성 창작자와 비평가가 전통적으로 강세였다. 그러나 이러한 결과가 반드시 글쓰기와 젠더의 상관관계를 증명한다고 단언하긴 어렵다.

작가는 텍스트의 '아버지'이며, 작품의 유일한 의미이자 유일한 기원이다. 따라서 산드라 길버트와 수전 구바는 남성의 집과 남성의 텍스트에서 벗어나야만 여성 작가에 대한 진정한 논의가 가능하다고 주장한다. 즉 여성 작가는 남성 작가들이 만들어놓은 '천사'와 '괴물'이라는 양극단의 이미지를 초월해야 한다는 것이다.[15] 그러나 이 둘을 전부 제거하고 났을 때 우리에게 남는 것은 빈칸뿐이다. 그리고 이 빈칸에 새로운 이미지를 제시해야 한다.

세기말적 징후와 포스트모더니즘의 기지 아래 여성 소설가와 이론가들이 잠시 약진했던 때도 있다. 그러나 이는 근현대 문학사 전반을 두고 볼 때 특정한 시기에만 해당된다. 여성 문학을 개념화한 연구는 주로 1960년대 이후 영미 문화권에서 여성 운동과 함께 행해졌던 것으로, 한국의 경우에는 20세기 말이 되어서야 비로소 그 논의가 시작되었다. '여성 중심 비평(Gynocritics)'을 강조한 여성 문학 연구가 일레인 쇼왈터(Elaine Showalter)[16]의 용어를 빌자면, 여성 집단의 가치와 권리를 옹호하고 자율권을 요구하는 '여성 해방적(feminist)' 단계에서, 여성의 정체성을 추구하고 자기 발견을 할 수 있는 '여성의(female)' 단계로 넘어가는 과도기였다고 볼 수 있다.

웹소설의 현주소

21세기에 들어서면서 출판 시장은 전반적으로 위축되었고, 그에 따라 인쇄 문학에서 여성 소설의 출판과 소비 역시 주춤해졌다. 무엇보다도 다양한 뉴미디어가 대중화되면서 책은 더 이상 절대적인 권력을 갖지 못하게 됐다. 물론 책은 여전히 중요하고 매력적이다. 책은 인류가 발명한 최고의 발명품 중 하나이다. 따라서 일부 성급한 미래 학자들이 예견하듯 쉽사리 종말을 맞이할 리는 없다.

다만 이야기판의 지형도는 변화하는 중이다. 이야기의 힘은 영원하

15 산드라 길버트 · 수전 구바, 『다락방의 미친 여자』, 박오복 옮김, 이후, 2009, 84면.

16 Elaine Showalter, *A Literature of Their Own*, Princeton University Press, 1977.

다. 그러나 책의 힘은 유한하다. 책은 이야기를 담아내기에 최적화된 그릇 중 하나지만 모든 이야기가 반드시 책을 통해서 전달되어야 하는 것은 아니다. 종이 위에 기록된 문자라는 최소 단위가 유연하게 변화할 수 있다는 뜻이다. 종이뿐 아니라 다양한 스크린들이 이야기를 담아낼 수 있는 그릇이 될 것이며, 문자 역시 이미지와 동영상 등 다감각적인 재현 요소들과 더불어 이야기를 재현해낼 것이다. 1950년대 미국의 소설가 존 바스(John Barth)가 "책은 죽었다"라고 충격적으로 선언한 이후 반세기가 지났지만, 물질로서의 책은 여전히 견고하다. 다만 이야기를 발표하고 전달할 수 있는 유일한 수단이 아닐 뿐이다.

인쇄 문학의 규모가 줄었다고 해서, 이야기의 규모가 줄었다고 단언해선 안 된다. 출판 시장의 규모는 줄었지만 소설을 읽고 쓰는 대중의 규모는 늘었다. 최근 국내 웹 포털 사이트를 중심으로 이른바 '웹소설'로 분류되는 소설이 한국 대중에게 각광받고 있다. 웹소설은 웹 공간을 통해서 최초로 창작, 소비, 유통되는 소설을 총칭한다.

현재의 웹소설은 문자를 기본으로 삼되, 시각적 요소, 청각적 요소 등 다감각을 환기하는 멀티미디어적 기호와 웹의 멀티모드적 특성을 적극적으로 차용한다. 즉 하나의 메시지를 구성하는 데 있어서 언어적, 시각적, 음성적 자원 혹은 모드를 활용한다.[17] 인쇄 문학이 문자 중심으로 구성된 단일모드적 텍스트였다면, 웹소설은 이미지, 아이콘, 사진 등 다양한 기호적 수단과 문자를 결합한 멀티모드적 텍스트이다.[18]

---

17 Gunther Kress, *Multimodality: A Social Approach to Contemporary Communication*, Routledge, 2010.

18 한혜원 · 김유나, 「한국 웹소설의 멀티모드성 연구」, 『대중서사연구』, Vol.21, No.1, 대중서사학회, 2015, 263–265면.

네이버 웹소설 페이지

가령 웹소설에는 작중 인물들의 페르소나를 활용한 아이콘, 일러스트, 사진 등이 삽입되는데, 이때 일러스트는 만화적인 형태를 지향한다. 사진과 소설을 결합한 '포토 소설', 웹툰과 소설을 결합한 '웹툰 소설', 게임과 소설을 결합한 '게임 소설' 등도 나타나고 있다.

웹소설은 기존의 종이책을 재매개(remediation)하는 동시에 새로운 뉴미디어의 특성을 충분히 활용하면서 양적, 질적으로 성장 중이다. 2015년 기준 네이버(Naver), 문피아(Munpia), 북팔(Bookpal), 조아라(Joara), 사과박스 등 대표적인 웹소설 전문 사이트의 향유자 규모는 평균 약 10만 명 이상이며 계속 증가하는 추세이다. 네이버 웹소설을 비롯하여 조아라, 문피아, 북팔, 카카오페이지 등 주요 플랫폼에는 매일 방대한 양의 웹소설이 올라오고 있으며, 네이버 웹소설 공모전의 경우 장르별로 5천여 편 이상의 작품이 들어오고 있다고 한다.[19] 모바일 플랫폼이 대중화되면서, 웹소설 사이트도 모바일 서비스를 제공하고 있다. 네이버 웹소설, 북팔, 조아라, 카카오 페이지, 문피아, 사과박스 등

19 이주라 · 진산, 『웹소설 작가를 위한 장르 가이드 1: 로맨스』, 북바이북, 2015, 6면.

은 모바일 서비스를 더욱 확대할 예정이라고 한다.

'소유'가 아닌 '소비'를 위한 이야기

웹소설에서는 저자(author)의 권위(authority)가 크게 중요하지 않다. 저자보다는 텍스트 자체의 재미가 더 중요하다. 물론 일부 작가의 경우 일명 '네임드 작가'로 거듭나기는 하나, 전반적으로는 저자의 이름석 자보다는 소설에 대한 대중적 평가와 지지가 우선이다. 이야기가 반드시 책이라는 고정된 형태의 재화로 규격화될 필요가 없으며, 웹 공간 안에서 일정한 법칙 아래 자유롭게 유통되고 소비된다. 즉 웹소설은 '소유'를 위한 책이 아니라 '소비'를 위한 이야기 그 자체이다.

본래 이야기는 늘 새로운 미디어에 관심이 많았으며 이를 적극적으로 활용하고자 노력해왔다. 웹소설 역시 어느 날 갑자기 하늘에서 툭 떨어진 이야기 형식은 아니다. 기존의 통신 문학, 인터넷 소설 등이 웹소설의 전신이라 할 만하다. 특히 웹소설은 정기적으로 에피소드가 연재되는데, 이는 기존의 신문 소설 연재 방식과 유사하다. 가령 작품마다 차이가 있기는 하나 일반적으로 일주일에 한 번에서 최대 세 번까지 정기적으로 작품이 업로드되고 있다. 따라서 '다음에 계속'과 함께 이야기를 기다리면서 규칙적으로 소비할 수 있는 환경이 잘 구축되어 있다.

통신 문학과 함께 방황의 십대를 보냈던 이들은, 이제 삼십대 후반의 기성세대가 되어서 스크린으로 소설을 읽고 쓴다. 마찬가지로 팬픽과 더불어 질풍노도의 십대를 보냈던 이들 역시 이십대 후반이 되었어도 여전히 스크린으로 소설을 읽고 쓴다. 이들에게 좋은 이야기란 반드시 교과서에 실린 명작일 필요가 없다. 종이책으로 출판되어야만 좋은 이야기인 것은 아니다. 많은 이들이 독서하지 않는 세대를 통탄해 마지않지만, 이는 본질을 읽어내지 못한 탓이다. 독서의 본질은 이야기에 있지 책에 있는 것이 아니다. 현대인들은 다양한 매체를 활용하여 끊임없이 이야기를 창작하고 소비하는 중이다. 아마도 그 양은 인쇄 문학의 시대보다 많으면 많았지 결코 적지 않을 것이다.

한국에서 웹소설이 대중으로부터 각광받는 이유는 장르 문학 내지 대중 문학, 청소년 문학을 인정하지 않는 한국의 경직된 문단 분위기 탓도 있다. 한국의 근현대는 워낙 격동 속에서 치열한 시간을 거쳐 왔기 때문에, 현실의 문제를 심도 높게 고민하고 이를 잘 반영한 리얼리즘이 높은 평가를 받을 수밖에 없었다. 따라서 대중성이나 유희성, 소위 말해서 '땅에 발을 붙이지 않은 존재'가 등장하는 SF나 판타지는 문단에서 높이 평가되기 어려웠다. 이러한 리얼리즘 위주의 문단 구조 때문에, 장르 문학과 대중 문학이 인터넷이라는 가상 세계에서 대안적으로 발생하게 된 것이다.

이와는 별개의 논리이긴 하나, 문학 교육 역시 대학 입시 위주로 이뤄지기 때문에 청소년을 위한 문학이 제대로 성장하지 못하고 있다. 현실적으로 문제집 한 권이라도 더 풀어야 할 시간에 시험에 나올 리 만무한 판타지나 로맨스 따위를 읽을 수 없는 것이다.

그러나 가만 돌이켜보면 인간에게 있어서 청소년기란 그야말로 감수성과 상상력이 가장 풍부한 시기이다. 그 충만한 에너지와 꿈을 현실 세계의 문제집으로 풀어내기란 불가능하다. 따라서 십대들에게 대입을 위해서 허구의 세계를 포기하라는 것은 그야말로 '눈 가리고 아웅'인 셈이다. 통신 문학 세대인 기성 세대가 그러했듯, 청소년들은 어떻게든 자신들이 듣고 싶어 하는 이야기를 창작하고 또 소비할 것이다.

웹 공간은 현실 세계에서 규제와 제약을 받는 다양한 창작 주체와 독자들이 활발하게 활동하기에 적합한 대안적 장이다. 이처럼 한국의 특수한 사회적 환경과 문화적 욕망 속에 나타난 것이 바로 국내의 다양한 웹소설이다.

여성들의 가상 헤테로토피아

웹소설 전문 사이트 중 인기가 높은 사이트 중 상당수가 여성 창작자 및 소비자, 유통자 중심으로 운영되고 있다. 이들 사이트에서 형성된 가상 공동체의 규모와 콘텐츠의 양은 상당하다. 가령 유명한 소설은 2015년 기준 최다 조회수가 44,000을 넘으며 완결된 작품의 수도 9,700편이 넘는다. 빙산의 일각이라거나 특정 매니아나 오타쿠만 활동하는 경우라고 치부하기엔 상당한 규모이다.

여성 웹소설 전문 사이트들은 주로 폐쇄형 커뮤니티를 지향하면서 비공개로 운영된다. 일부 사이트의 경우, 해당 사이트에 가입하기 위해서는 사용자가 반드시 자신이 20세 이상의 여성임을 증명해야 하며, 상당히 까다롭고 단계적인 가입 절차를 거쳐야 한다. 그러나 일단 일련의 인증 관문을 통과하면 커뮤니티에서 아이디라는 가면을 제공받고 익명성을 보장받는다. 일단 문을 닫고 나면, 그 안에서는 무한한 표현의 자유와 상상의 나래가 허용된다.

이와 같은 여성 커뮤니티는 마치 과거 우리네 규방과 유사한 기능을 수행한다. 사실 웹 공간은 존재하는 동시에 실체를 확인할 수 없는 곳이며, 사용자가 자신의 정체성을 드러내는 동시에 숨기거나 바꿀 수 있는 양가적 가치의 공간이다. 여성 커뮤니티는 미셸 푸코가 제시한 이른바 현실화된 유토피아, 즉 헤테로피아(heterotopia)로 존재하며 기능한다. 푸코에 따르면 헤테로토피아는 사회 질서 밖의 일탈적 공간으로, 주변 환경과 고립되어 고유한 열림과 닫힘의 체계를 갖고 있다.[20] 웹의 폐쇄적 여성 커뮤니티 역시 외부의 시선에서 볼 때는 여성에게만 허용된 닫힌 공간이지만, 커뮤니티 내부의 구성원에게는 다양한 잠재적 가능성을 실현할 수 있는 열린 공간이기도 하다.

여성 커뮤니티에서 유독 진입 장벽을 높게 설정하는 이유는, 역설적으로 콘텐츠의 검열과 규제를 완화하기 위함이다. 이들은 커뮤니티에서 소설을 통해서 사회적으로 금기시되는 여성의 욕망을 인정하고 이를 간접적으로 해소한다. 한편 동시대 사회적 이슈에 대해서 여성적 입장에서 이를 해석하고 평가하는 담론들을 담아내기도 한다.

한국의 웹소설은 다양한 대중 문학의 유형과 장르를 아우른다. 그중에서도 특히 로맨스, 판타지, 퓨전(혼합 장르), 무협이 주를 이룬다. 특히 여성 웹소설은 신파 이래 늘 인기가 있었던 소재인 '혼사 장애 모티브'의 로맨스가 양적으로 많다. 그 외에도 SF, 판타지, 호러 등 본격 문학에서 소외되어 왔던 다양한 유형과 장르들을 아우른다. 로맨스의 경우 주로 남녀이합(男女離合)과 친소(親疏)가 주를 이루는 가운데 '남장 여자', '신분을 초월한 사랑' 등 애정 서사에 전형적으로 등장하는 모티브들이 차용되고 있다.

대중적 인기가 높은 여성 웹소설의 경우, 유독 설화적 모티브가 현대적으로 변형되어 적용된 사례가 많다. 가령 구미호, 도깨비, 용, 염라대왕, 사방신, 옥황상제, 선녀 등 설화적 인물이 빈번히 활용되고 있다. 이들은 표면적으로는 인간의 외형을 하고 있으나, 이야기에서 갈등을

20 미셸 푸코, 『헤테로토피아』, 이상길 옮김, 문학과지성사, 2014, 13–22면.

해결하는 데 있어서 신통한 능력을 발휘한다. 이들은 자신들의 기이한 능력을 발휘해서 위기에 닥친 주인공을 구한다.

21세기의 고도로 발달한 사회를 배경으로 삼는 설화적 캐릭터는 그 자체만으로도 극적이며 과거와 미래, 현실과 환상이 오묘하게 중첩된다. 기술적으로 가장 발달한 웹 공간을 설화적 인물들이 활보하는 광경은 한국 여성 웹소설의 특이점이다. 소설 속 주인공들은 하나같이 상처와 결핍을 안고 살아가며 타자를 만나서 사랑을 통해 치유된다. 이는 자기애에 기반을 나르시시즘적 쾌락이라기보다는 이타적인 사랑에 가깝다. 분석 심리학자 라캉의 용어를 빌자면 쾌락이나 이익과 무관한 '무한한 사랑(limitless love)'에 해당한다. 두 인물이 관계를 맺는 과정에서 사회적으로 금기시되는 성적인 묘사들이 거리낌 없이 나타나기도 한다. 가상의 규방에서, 디지털 시대의 여성들이 설화적 세계 안에서 금기를 위반한 인간의 이야기를 소설의 형태로 소비하는 것이다.

다만 현실의 문제를 현실의 방법으로 해결하지 못하고, 귀신이나 이계의 힘을 빌어야 하는 해결법이 다소 안타까울 뿐이다. 왕따를 당하던 주인공은 도깨비를 따라 이세계로 떠나고, 아버지에게 폭행을 당하던 주인공도 염라대왕을 만나 환골탈태하게 된다. 그녀들에게는 현실을 전복시키거나 판 자체를 뒤집을 만한 여력이 없다. 현실에 좌절한 주인공은 결국 암울한 현실에서 벗어나 목숨을 걸고 환상계로 이주해야만 행복한 결말을 맞이할 수 있다. 따라서 행복한 결말 뒤로 잔잔한 안타까움과 냉소가 남는다.

디지털 시대의 대중 문학

한국의 웹소설은 디지털 시대의 대표적인 대중 문학이다. 특히 본격적인 인쇄 문학에서 다뤄지지 못했던 다양한 소재, 장르, 모티브를 채택한다는 점에서 그 의의가 크다. 산드라 길버트와 수전 구바에 따르면, 글쓰기의 공간이란 평면적으로 퍼져 있는 것으로 끊임없이 의미를 부여하는 동시에 증발된다.[21] 한국의 웹소설은 의미의 고착화와 저자의 절대적 지위를 거부하고, 텍스트의 복수성을 지향한다는 점에서 글쓰기의 본질을 실현하는 대안적 장이라 할 만하다.

특히 여성 웹소설은 젠더 정체성에 대한 이론적 배경이나 적극적 대안을 제시하진 않지만, 현실의 문제들을 냉소적으로 제시하며 이를 허구적 세계에서 치유하려 노력한다. 무엇보다도 사회적으로 금기시되는 대중의 욕망과 환상을 허구적으로 재현함으로써 현실의 규제와 억압을 역으로 표출한다.

여성 웹소설은 분명 여성의 텍스트이다. 따라서 엘렌 식수가 강조한 바와 같이, 남성 독자들과 자본주의적 출판사들을 불쾌하게 만들지도 모른다. 어쩌면 그녀들은 쓰기를 하기는 하되, 여전히 숨어서 쓰고 있는지도 모른다. 그럼에도 불구하고, 다시 한 번 엘렌 식수의 주장대로, "글을 쓰라! 글쓰기는 그대를 위한 것이다, 아무도 그대를 만류하지 못하리라. 아무것도 그대를 멈추지 못하리라."[22]

---

21 산드라 길버트 · 수전 구바, 『다락방의 미친 여자』, 박오복 옮김, 이후, 2009.

22 엘렌 식수, 『메두사의 웃음/출구』, 박혜영 옮김, 동문선, 2004, 12–13면.

6장

홀로그램, 인공지능

1. 뉴미디어 퍼포먼스와 몸[1]

"그녀는 보통 여자들과는 다른 이상한 점이 있는 것 같았어. 나이는 25살이 조금 넘어 보였고, 얼굴은 고양이를 닮았어. 코는 귀엽고 오뚝하며 조그마했고, 얼굴형은…"

— 마누엘 푸익, 『거미여인의 키스El Beso de la Mujer Arana』 중에서[2]

레이디 가가는 여신인가 괴물인가

미국의 뮤지션 레이디 가가(Lady GaGa)의 퍼포먼스는 늘 논쟁적이다. 레이디 가가는 실재하는 자신의 이름과 이미지를 버리고 자신을 캔버스 삼아 원하는 이미지를 새롭게 부여한다. 그녀가 창조한 이미지는

---

1 본 절의 일부 데이터와 전제는 김유나 · 한혜원의 「뉴미디어 퍼포먼스에 나타난 여성의 몸 이미지 연구」에 근거하고 있음을 밝힌다.

2 마누엘 푸익, 『거미여인의 키스』, 송병선 옮김, 민음사, 2002, 9면.

뮤지션 레이디 가가

괴물인 동시에 여신이요, 그 자체로 혐오의 아이콘이자 추종의 브랜드가 되어버렸다. 아이러니하게도 무대에서 그녀가 던지는 메시지는 후기 자본주의 사회에 균열을 가할 만한 전복적인 힘을 지니고 있으면서도 자본주의로부터 이득을 취하기도 한다. 이처럼 레이디 가가는 말도 많고 탈도 많은 만큼 그녀에 대한 대중적 반향도 큰 편이다. J. 잭 핼버스탬(J. Jack Halberstam)은 레이디 가가의 상징성을 '가가 페미니즘'이라고 일컫는다. 헬버스탬에 따르면, 가가 페미니즘은 여성성의 혁신적인 전개에 가치를 두고 과잉, 통제 불능의 황홀한 수용, 몸 정체성에 대한 개성적 감각을 특징으로 하는 대중문화의 퍼포먼스로 재현된다.[3]

레이디 가가뿐 아니라, 최근 미국 중심의 대중문화는 뉴미디어 기술과 콘텐츠를 접목한 다양한 사례들을 선보이고 있다. 초기 뉴미디어 퍼포먼스(new media performance)에서는 미디어 기술을 무대의 배경 정도로 활용했다. 최근에는 미디어 기술이 보다 대중화되고 정교해지면

3 J. 잭 핼버스탬, 『가가 페미니즘』, 이화여대 여성학과 퀴어 · LGBT 번역모임 옮김, 이매진, 2014, 15면.

서, 무대는 물론 아예 퍼포먼스를 행하는 인간의 신체 자체에 뉴미디어 표현 기술을 접목해 신체를 변형, 재구성, 확장하는 경우도 나타나고 있다.

현대 사회에서는 생명공학과 의학 기술이 비약적으로 발달함에 따라 인간의 몸은 유한하고 고정적인 존재가 아닌 보다 가변적이고 유동적인 존재로 인식되고 있다. 신체발부수지부모(身體髮膚受之父母)라 하여, 부모가 물려준 신체에 가급적 해를 가하거나 변형하지 않는다는 믿음은 흐릿해진 지 오래이다. 현대인은 자신의 신체 중 맘에 들지 않는 부위를 성형하기도 한다. 예술가들은 자신의 신체를 적극적으로 활용해서, 작가의 세계관을 관객에게 감각적으로 전달하기도 한다.

여성의 몸과 사이보그 선언

뉴미디어가 퍼포먼스에 접목되기 이전에도 인간의 몸은 예술에서 중요한 소재이자 주제로 활용되어 왔다. 다만 포스트모더니즘 이전에 예술에서 주로 다뤘던 인간의 몸은 대부분 남성의 몸이었으며 여성의 몸은 예술에서마저도 제외되거나 대상으로만 인식되는 타자적 존재였다. 그러던 중 20세기 말 다양성에 대한 목소리가 커지고 포스트모더니즘의 주제가 다양해지면서 여성의 몸에 대한 해석과 재현이 본격적으로 시작됐다.

일찍이 해러웨이(Donna Haraway)는 1985년 '사이보그 선언'을 통해서, 대안적 신체로 '사이보그'를 제안한 바 있다.[4] 이후 와이즈먼(Judy Wajcman), 발사모(Anne Marie Balsamo) 등 포스트 휴먼(post-human)을

4 Donna Haraway, "A Manifesto for Cyborgs: Science, Technology, and Socialist Feminism in 1980s", *Femimism/Postmodernism*, Routledge. 1992, p.190.

연구하는 이론가와 예술가들은 인간과 기계, 자연과 인공, 남성과 여성 등 전형적이고 견고한 서구적 이원론을 해체하고 유전공학과 뉴미디어 기술을 접합하여 대안적 몸 담론을 제시하고자 시도했다.[5]

여성의 몸에 대한 연구자인 그로츠는 여성의 몸을 "단단한 영토화, 양극화, 이분화 위에 범람하여 새로운 지도를 덧그리는, 그래서 기존의 경계선을 침수시키고 모호하게 흐리는 공간"으로 본다. 그로츠에 따르면 몸 이미지의 경계, 윤곽, 언저리 등은 삼투적 성격을 갖기 때문에 언제나 생산 및 변형될 수 있다.[6] 여성의 몸은 그 자체로 상징적이다. 주체가 아닌 생명을 잉태할 수 있는 빈칸을 품고 있으며, 안 공간에서 열 달 동안 그 생명체를 키워서 밖 공간으로 내보낼 수 있는 생성의 공간이기도 하다. 그야말로 잠재적 가능성을 내재한 하나의 세계이다.

아마조네스의 꿈

뉴미디어 퍼포먼스에서는 인간의 몸이 다양한 방식으로 연장, 대체되거나 확장될 수 있다. 특히 신체의 특정 부위가 실제 크기 이상으로 비약적으로 늘어나기도 한다. 그런데 위의 예로 든 비욘세와 쿠카리니의 작품들은 '강한 여성이 세상을 지배한다.'라는 기조 아래 뉴미디어 기술을 활용해 여성의 신체 중에서 특정 부분들을 강조하고 있다. 바로 팔과 다리이다.

강한 팔과 다리를 지닌 여성들이 지배하는 세상. 그런데 이때 강한 팔과 다리를 한 여성들의 힘이란 결국 남성을 닮은 이미지로부터 비롯

---

5 앤 마리 발사모, 『젠더화된 몸의 기술: 사이보그 여성 읽기』, 김경례 옮김, 아르케, 2012. 주디 와이즈먼, 『테크노페미니즘』, 박진희 · 이현숙 옮김, 궁리, 2009.

6 앤 마리 발사모, 앞의 책.

비욘세의 〈런 더 월드〉

된다. 강한 여성들은 모두 남성의 강인한 팔과 다리를 닮기 위해서 뉴미디어 기술을 활용한다. 가령 〈런 더 월드Run the World〉의 중반부에서 비욘세는 연장된 팔의 이미지로 남성 댄서들을 무찌르는 액션을 취한다. 이는 계속 반복되는 가사인 '세상을 지배하는 건 누구? 여자들!(Who runs the world? Girls!)'이라는 문구를 잘 표현하고 있다. 뿐만 아니라 〈싱글 레이디Single Ladies〉에서도 비욘세는 '모든 싱글 여성들이여, 이제 손을 들어봐요(All the single ladies, Now put your hands up)'라는 가사를 반복한다. 새롭게 얻게 된 팔과 다리를 활용해 그녀들은 상대적으로 약한 남성을 공격하고 세상을 지배한다. 즉 여성의 몸으로 세상을 지배하는 것이 아니라, 남성만큼 강한 여성으로 변신한 뒤 자신보다 약한 남성을 지배한다는 논리이다. 결국 남성이 여성에게 행했던 억압과 폭력을 주체의 자리만 바꿔서 여성이 남성에게 똑같이 되갚아준다는 식이다.

위의 예시 작품들은 공통적으로 뉴미디어 기술을 활용해 강한 인간의 몸을 복제하거나 증강한다. 이는 뉴미디어 퍼포먼스의 스펙터클를 연출하고 클라이막스를 재현하고자 하는 의도도 있으나, 동시에 고유한 몸의 가치를 무력화하고 전체 이미지의 강화를 통해서 강한 권력을 형상화하고자 함이다. 위의 뉴미디어 퍼포먼스에 나타난 여성의 몸 이미지는 '더 크게, 더 많이' 증강되고자 노력한다. 인간의 신체에 대해서 '크다, 많다'를 긍정항으로 전제하기 때문에, 자연스럽게 '작다, 적다'를 부정항으로 간주하게 된다. 물리적으로 여성의 몸은 남성의 몸보다 '작을 수'도 있고, 힘이 '적을 수'도 있다. 결국 신체적으로 우월한 자가 세상을 지배해도 된다는 공식이 성립한다.

이러한 설정은 현실에서 벌어지는 젠더 사이의 균열과 불균형을 해소하는 데 있어서 긍정적 대안을 제시하지 못한다. '남성만큼 강한 몸'을 갖춘다고 해서 젠더 불균형을 해소하고 독립적 여성으로 거듭날 수 있는 것은 더더욱 아니다. 무엇보다도 이러한 결과에 이르기 위해서는 현재 지금의 연약한 여성의 몸을 부정해야만 한다. 여성의 몸에 대한 부정을 통해서 그 몸을 해체하고 빈칸을 만들어야만 남성의 몸을 이식할 수 있기 때문이다. 힘의 논리를 긍정하는 한 근본적인 문제를 해결하지 못하고 또 다른 악순환을 불러일으킬 뿐이다.

발사모(Anne Balsamo)는 여성성이란 자연과 매우 밀접하게 결합되어 있으며, 여성의 몸을 재구축하려는 시도 자체가 여성의 '자연적' 정체성을 위반하는 행위라고 지적한 바 있다.[7] 과연 '생물학적 여성을 거부하고 강한 남성성을 이식한 사이보그'가 강한 여성의 본질이자 대안이 될 수 있는지에 대해서 근본적으로 고민해볼 필요가 있다.

7 앞의 책, 81면.

한국에 레이디 가가는 없다

다시 레이디 가가로 돌아가 보자. 레이디 가가는 앞서 언급한 비욘세와 함께 뮤직 비디오 〈텔레폰Telephone〉에서 자매 역할로 등장한 바 있다. 핼버스템은 부재중 전화에 대해서 다룬 이 뮤직 비디오가 표면적으로는 미국 대중문화의 한 부분에 불과한 것 같아도 이면에 미디어 조작 시대의 새로운 형태의 저항, 새로운 형태의 젠더와 섹슈얼리티의 출현을 다뤘다고 긍정적으로 평가한다.[8]

그나마 위에서 분석한 퍼포먼스 텍스트와 그것을 둘러싼 담론들은 전부 미국과 유럽을 중심으로 서구 세계에서 나타나고 개진되는 내용이다. 미국 대중문화에서 '페미니즘이 죽었다.'라고 한탄할 때, 한국에서는 '과연 한국 대중문화에 페미니즘을 표방한 시도가 얼마나 있었는가?'라고 물어야 하는 실정이다.

한국에는 레이디 가가가 출현할 여지조차 없다. 존재가 없으니 논쟁도 없다. 레이디 가가의 존재란 한국에서는 너무 낯설고 기이하여 그저 배제하거나 피하고만 싶은 이미지이기 때문이다. 우리는 평범한 인간 여성에 대해서 논하기에도 급급하기에, 드랙 킹(drag king)과 드랙 퀸(drag queen)과 같은 존재를 인정하기 어렵다. 그들을 TV 속 다큐멘터리에서만 만날 수 있는 일종의 캐릭터일 뿐, 내 가족이나 지역 사회의 구성원이 될 수 없다고 생각한다. 즉 내 눈앞에 없기 때문에, 내가 아는 한 우리 가족 안에 없기 때문에 그 존재를 인정하지 않는다.

가족에 대한 관념 역시 마찬가지여서, 한국은 아직도 이성애자의 이혼 이후 발생하는 한 부모 가정에 대한 편견이나 부모 중 한 사람의 국

---

8 J. 잭 핼버스탬, 앞의 책, 110–111면.

로렐라 쿠카리니의 뉴미디어 퍼포먼스 〈금지된 행성〉 중 한 장면

적이 다른, 이른바 다문화 가정의 문제도 전혀 해결하지 못한 상태이다. 문제가 있는데 없는 척하는 것이 가장 큰 문제이다. 하물며 게이 레즈비언 가정에 대한 논의는 성립 자체가 불가능하다. 급진적인 이론을 한국에서 공부하다 보면 머리와 마음으로는 이해가 되면서도, 정작 한국 사회의 문제에 적용하려고 들면 아무런 대안도 생각할 수 없는 것과 유사한 이치이다. 개인적인 취향과 기호와 별개로, 아직 한국 사회에 레이디 가가는 없다.

2. 그녀(Her), 인공지능

"나는 여신보다는 차라리 사이보그가 되겠다."

— 다나 해러웨이, 〈사이보그 선언문〉 중에서[9]

엘리자 할머니에서부터 알렉시 양까지

세계 최초의 인공지능은 1966년에 요제프 바이첸바움(Joseph Weizenbaum)이 개발한 엘리자(Eliza)였다. 이름만으로 짐작할 수 있는 바와 같이, 엘리자는 여성성을 지향하는 인공지능이자 심리 상담사로 캐릭터화되었다. 사용자가 빈칸에 문장을 쳐넣으면, 그녀는 질문에 반응하면서 답한다.

그로부터 반세기 이상이 지난 요즘, 보다 인간답게 진화한 인공지능들이 등장하고 있다. 흥미로운 것은 이들이 대부분 여성을 상기시키는 이름으로 설정되어 있다는 점이다. 마이크로소프트의 코타나(Cotana), 아마존의 알렉사(Alexa), 애플의 시리(Siri) 등은 대부분 여성을 상기시키는 이름이다. 단순히 이름 석 자일 뿐이라고 치부할 수도 있겠으나, 분명 이름은 여성 인격체를 상상하도록 유도한다. 이름만이 아니다. 인공지능이 점차 발전함에 따라 그들은 목소리를 갖게 되는데, 그 목소리 역시 대부분이 여성이다.

아직 발전 단계이나 인공지능은 보다 인간에 가까운 형태로 진화해 나가는 중이다. 인간을 닮은 로봇 중 여성형 안드로이드인 가이노이드(Gynoid)의 경우 한국의 경우 에버(EveR), 중국의 경우 미스롱 청 등 남

---

9 다나 J. 해러웨이, 『유인원, 사이보그, 그리고 여자: 자연의 재발명』, 민경숙 옮김, 동문선, 2002, 325면.

VR 게임 〈섬머 레슨〉

성 안드로이드에 비해서 수적으로도 많은 편이다. 인공지능은 분명 인간이 아니다. 그럼에도 인간과 대화가 가능하다. 이때 대화는 인간과 동등한 관계에서 이뤄진다기보다는, 주로 인간보다 낮은 지위의 인격체로 전제되는 가운데 이뤄진다. 혹은 인간이 명령을 내리면, 인공지능이 이를 수행하는 형태로 이뤄진다. 사람이 아니기에, 반말을 해도 그만이고 하대를 해도 된다. 아직까지 인공지능은 결코 스스로 주체가 될 수 없다.

인공지능을 구체적인 캐릭터에 비한다면 가장 가까운 유형은 아마도 비서일 것이다. 늘 옆에 있으면서 나의 일정을 챙겨주고, 경우에 따라서 잡담을 나눌 수도 있는 여비서 말이다. 대개 캐릭터로서의 비서를 떠올리면, 자연스럽게 스커트 차림의 젊은 여성을 떠올린다. 그녀들은 이름도 비슷하고 외모도 비슷하며 잡다한 업무를 수행한다. 그야말로 전형적인 비서 캐릭터에 속한다. 다시 말해서 1966년부터 지금에 이르기까지 숱한 인공지능들이 여성의 이름을 얻게 된 것은 우연이 아니다. 마치 인형을 조종하듯, 기술자들은 인공지능을 조종하고 싶은 욕망을 그대로 드러낸 셈이다.

가령 반다이 남코 엔터테인먼트(Bandai Namco Entertainment)에서 개발한 〈섬머 레슨Summer Lesson〉은 영화의 설정과 일치한다. 플레이스테이션4(PlayStation4) 플랫폼을 기반으로 소니(SONY)에서 개발한 가상 VR로, 프로젝트 모피어스(Project Morpheus)를 활용한 연애시뮬레이션 게임인 〈섬머 레슨〉은 사용자에게 게임 이상의 상호작용 경험을 제시하고자 노력한다. 게임의 기반적 서사(background story)는 전형적이면서도 간결하다. 플레이어는 일본의 시골에 살고 있는 가정교사가 되어 미국에서 여행 온 외국인과 상호작용하면서 일본어를 가르쳐야 한다. 사용자는 게임을 플레이하는 과정을 통해서 실제 인간과 의사소통하는 것과 비슷한 유사 경험을 하게 된다.

인공지능 운영체제와의 비극적 러브 스토리

인간에게 있어서 현실의 자아는 불완전한 존재이고 외부 세계 역시 불완전한 상태이다. 부족함에 대한 자각은 이를 메우고자 하는 욕망(desire)으로 이어지고, 이 욕망을 원동력으로 인간은 미래를 상상하고 이를 지향하게 된다.

2014년에 개봉한 스파이크 존즈(Spike Jonze) 감독의 〈그녀Her〉는 이와 같은 인간의 상상력을 잘 재현한 영화이다. 〈그녀〉에는 인공지능 사만다가 등장한다. 불완전한 현실에서 늘 패배하는 주인공 테오도르(Theodore)는 인공지능 사만다를 구입한다. 테오도르가 당면한 현실은 외롭고 공허하다. 그는 그 빈틈을 인공지능 운영체제인 사만다를 통해서 채우려고 한다. 부족한 현실 세계에 완벽한 미래 기술을 이식하고자 함이다. 그는 그녀와 교감하기 위해 노력하지만, 결국 그녀는 매뉴얼에 따라서 반응하는 체제일 뿐이다.

현실 세계를 바탕으로 미래 기술이 이식된 경우는 개념적으로 볼 때 가상현실(Virtual Reality)과 유사하다. 가상현실의 사용자는 순간 자신이 현실과는 다른 차원의 세계에 있다고 느끼게 된다. 이것은 언제나 3차원 그래픽과 참여자가 물리적 세계와 맺는 정상적인 상호작용을 그대로 본뜬 입·출력 장치들을 통해 이루어진다.[10] 마이클 하임(Michael Heim)은 가상현실에 대해서 '기술혁신의 세기를 총결산하는 꼬리표'라고 강조하면서, 이를 바그너의 악극 〈파르지팔Parsifal〉이 제공하는 총체적인 경험과 감동에 견준다.

그러나 영화 〈그녀〉의 결과는 비극적이다. 인공지능과 사랑에 빠진 현대인은 불행하다. 일찍이 니콜라스 카(Nicholas Carr) 등 일련의 학자들은 컴퓨터를 비롯한 디지털 기술 자체뿐 아니라 그 기술이 사회, 경제, 개인, 특히 사람들의 행동과 사고방식에 어떠한 영향을 주고 있는지를 비판적으로 봐야 한다고 역설했다.[11] 이들은 뉴미디어의 출현과 인간 사고의 확장, 무엇보다도 네트워크 혁명이 인간에게 다양한 영향을 미칠 것이라고 예견한다.

가령 니콜라스 카는 뇌 가소성(neural plasticity) 이론을 토대로 첨단 디지털 기술이 사람들의 인지능력을 변화시킨다는 점을 강조하면서 '인간 중심의 자동화'를 대안적으로 제시한다. 그가 말하는 '유리감옥'은 사람들을 자동화로 유도하는 컴퓨터 스크린이나 스마트폰 액정 같은 터치스크린을 일컫는다. 사물인터넷, 인공지능, 웨어러블 디바이스, 빅데이터 등을 통해 가속화되고 있는 자동화에 사람들은 어떠한 일들을 컴퓨터에게 맡기고 어떤 일들을 직접 할 지에 대해서는 사람들 스

10 마이클 하임, 『가상현실의 철학적 의미』, 여명숙 옮김, 책세상, 1997, p.234.

11 니콜라스 카, 『유리감옥: 생각을 통제하는 거대한 힘』, 이진원 옮김, 한국경제신문사, 2014.

영화 〈그녀〉의 사만다

스로가 선택함으로써 저항할 수 있어야 한다고 카는 주장했다. 그리고 이러한 선택이 실질적이고 경제적이며, 윤리적이라고 역설했다. 카는 기술이 인간의 삶에 부정적인 영향을 미치는 것은 분명하지만, 그렇다고 기술 발전을 억제하거나 부정해버리는 것에 동조하지는 않는다. "인간 중심적 자동화(human-centered automation)"[12]를 강조한 그는 에어버스와 보잉의 조종간 설계를 비교하며 전면적 자동화를 지향하는 에어버스의 조종간보다 조종사의 자율성을 보장하는 보잉의 조종간에 더 큰 의미를 부여했다.

젠더의 보철화

다나 해러웨이는 〈사이보그 선언문〉을 통해서 다양한 문화권의 아웃사이더 여성들이 연계될 수 있는 은유적 대안 개념으로 사이보그 이미지를 도입한다. 그녀에 따르면 사이보그란 인공두뇌의 유기체로 기계와 유기체의 잡종이며 허구의 피조물일 뿐 아니라 사회적 실재의 피조물이다. 사이보그는 젠더 이후 세계의 피조물이자 아이러니요, 상상

12 앞의 책, 243면

1~3세대 보컬로이드
카이토, 하츠네 미쿠, 시유

력과 물질적 실재가 응축된 이미지이다.[13] 이 이론은 특히 이원론 중심의 서양 백인 중심의 이론들을 비판하기 때문에 유색 혹은 무색의 인공지능에 연계되기에 적합하다. 또한 영국의 트랜스젠더들은 자신의 몸을 소프트웨어에, 정신을 하드웨어에 비유한다. 젠더의 보철화, 사이보그화는 '더 이상 젠더는 없다'로 진행되고 있다.[14]

영화 〈그녀〉는 평범한 현대인이 인공지능과 상호작용하며 사랑에 빠지는 과정을 그려내고 있다. 그렇다고 해서 이 영화가 장르적으로 공상 과학(SF)으로 분류되지는 않는다. 오히려 디지털 시대의 아날로그 감정이라는 현대인의 실제를 잘 반영하는 리얼리즘에 가깝다고 평가된다. 그만큼 현실 세계에서 영화에 나올 법한 미래 기술을 활용한 사례를 찾는 것이 어렵지 않다는 뜻이다.

그런가 하면 일본에서의 인공지능은 현실의 불완전함을 채우는 도구에서 나아가, 현실에서 만날 수 없는 이상화된 대상으로 승화되기도 한다. 일본의 보컬로이드(Vocaloid)가 그 대표적인 사례이다. 보컬로이드는 야마하(Yamaha Corporation)에서 개발한 음성 합성 엔진과 그 엔진을 이용해 만든 소프트웨어로, 컴퓨터로 사람의 노래를 합성할 수 있는 일종의 가상 악기(VSTi: Virtual Studio Technology instrument)이다.

13 다나 J. 해러웨이, 앞의 책, 267-269면.

14 임옥희, 『주디스 버틀러 읽기』, 여이연 옮김, 2006, 78면.

하쿠네 미쿠의 홀로그램 콘서트

이 보컬로이드라는 인공지능을 캐릭터화 하면서 팬덤이 생성되기 시작했다. 3세대 보컬로이드는 일본어, 한국, 영어까지 모두 능통한 캐릭터로 설정되어 있다. 3세대에 속한 시유의 경우, 2012년 7월 22일 〈SBS 인기가요〉라는 음악 프로그램을 통해 한국에서 데뷔 무대를 가진 바 있다.

보컬로이드를 대중에게 각인시킨 가수는 일본 크립톤 퓨처 미디어(Crypton Future Media)가 2007년 발표한 하츠네 미쿠이다. 〈하츠네 미쿠: 프로젝트 디바Hatsune Miku: Project DIVA〉로 큰 인기를 끌고 있던 세가(SEGA)는 크립톤 퓨처 미디어와 협력해 '진정한 하츠네 미쿠'를 만드는 것을 목표로 3D 입체 홀로그램 콘서트를 기획했다. 2010년 하츠네 미쿠가 등장한 지 3년째 되던 해를 기념하기 위해 개최된 '미쿠의 날 감사제(39's Giving Day)'라는 단독 콘서트는 국내외적으로 큰 이슈가 된 바 있다. 2011년 8월 한국에서 개최됐던 '하츠네 미쿠 라이브 파티 2011 In 삿포로' 공연은 6분 만에 전 좌석 매진을 기록했다. 하츠네 미쿠와 같은 여성은 우리 현실에는 없다. 현실에 없는 이상화된 대상을 기술의 힘을 빌어 인격화하고 있는 것이다.

이제 게임은 더 이상 이기거나 지는 것이 목표인 오락물이 아니라, 상호작용하면서 관계를 맺어야 하는 대상으로 발전했다. "그녀는 바로 당신 옆에 있다(She's right there beside you)."라는 게임 〈섬머 레슨〉의 문구처럼, 미래 기술은 바람직하고 이상적이라고 사회적으로 통용되는 여성성을 지닌 '그녀'를 인격화하고 있다. 친절한 여자 친구, 완벽한 아이돌은 모두 현대인이 욕망하는 상상의 존재이다. 그러나 아이러니하게도 그런 여성은 실재 세계에는 존재하지 않는다. 현대인은 기술 자체를 목도하기보다, 기술을 통해서 인간의 부족함과 빈자리를 메우고 싶어 한다. 나아가 가상이 실제를 대체하는 사회, 환상의 산물이 인간을 대체하는 사회가 도래할지도 모른다. 그러나 인간은 절대로 어떠한 형태로도 대체될 수 없다.

3. 미래 기술 시나리오의 여성상

"언젠가, 누군가 멋진 사람이 내 앞에 나타날 것 같은 기분이 들어.
그 사람은 나를 알고 있을 거야. 그리고 나도 그 사람을 알고 있을 거고……"
— 츠츠이 야스타카, 『시간을 달리는 소녀』 중에서[15]

모모와 시간 도둑의 이상한 이야기

인간의 현실(reality)은 복합적이고 중층적이다. 그것은 실재(actuality)와 달리 과거의 흔적과 미래의 가능성을 내포한 경계적이고도 찰나적인 공간이다. 현대 사회는 매순간 스쳐 지나가는 현재들로 구성된다. 현대인은 늘 미하엘 엔데의 소설 『모모Momo』에 등장하는 시간 도둑들에게 시간을 빼앗기는 것마냥, 늘 시간이 부족하다고 불평한다. 과연 최첨단의 기술이 시간 도둑에게 빼앗긴 시간을 다시 현대인에게 되돌려줄 수 있을 것인가? 이에 대해서 대부분의 미래 기술들은 '그럴 수 있다'는 핑크빛 시나리오로 더 나은 미래를 약속한다. 신기술을 통해서, 현대 사회의 인간이 보다 신속하고도 정확하게 많은 양의 업무를 수행해낼 수 있으리라는 것이다.

그러나 이제 기술 자체만으로 '감탄 효과'를 자아낼 수 있었던 시절은 아쉽게도 지나갔다. 지난 한 세기의 경험을 통해서 현대인은 빠르다고, 얇다고, 작다고 무조건 좋은 것이 아님을 알게 되었다. 현대인은 물리적인 변화뿐 아니라 감성적인 공감을 원한다. 신기술을 통한 유토피아의 시나리오는 반드시 '나'라는 사용자를 포함해야 한다. 최근 뉴

15 츠츠이 야스타카, 『시간을 달리는 소녀』, 김영주 옮김, 북스토리, 2007, 140면.

애니메이션 〈시간을 달리는 소녀〉

미디어의 다변화 및 대중화에 따라 개발자가 사용자에게 직접 신기술을 설명해야 하는 사례가 늘어나고 있다. 이때 개발자의 입장에서 신기술이라는 텍스트(text)를 설명하기보다는, 사용자의 관점에서 신기술이 삶을 어떻게 변화시킬 수 있는지를 맥락(contenxt)을 통해 설득하는 과정이 중요하다. 이러한 사회적 변화 속에 나타난 개념이 바로 미래기술 시나리오이다.

무엇을 개발하든, 그것은 인간이 상상한 만큼이다.

최근 IT 기업들은 근미래를 배경으로 자신들의 비전을 캠페인이나 광고의 형태로 제시한다. 기존의 광고가 TV를 중심으로 1분 30초 동안 제품 알리기에 집중했다면, 최근의 광고는 다수의 매체를 활용해 기업의 이미지를 전방위적으로 알리고자 노력한다. 광고의 내용 역시 단순히 제품의 정보를 설명하는 수준에서 나아가, 기업의 가치를 널리 세상에 확산하고자 하는 차원에 이르렀다.

특히 '보이지 않는 신기술'을 고가에 팔거나 월정액으로 팔아야 하는 경우 이와 같은 분위기에 보다 민감하게 반응할 수밖에 없다. 개발자 입장에서 LTE가 무엇이며 얼마나 발달한 기술인지를 전문용어를 동원해서 자세히 설명한다고 해서 소비자가 그 가치와 의의를 잘 이해한다고 보기 어렵다. 오히려 서비스를 통해서 소비자의 일상에 어떠한 변화를 야기할 수 있는지, 나아가 사회에 어떠한 의미를 부여할 수 있는지 보여주는 것이 훨씬 설득력 있다.

제품은 유한하지만, 문화는 영원하다. 제품은 과거의 결과물이기 때문에 그것만으로도 디지털 시대의 시니컬한 대중을 만족시키기 어렵다. 따라서 보이지 않는 기술을 보이는 감동으로 끌어올릴 수 있는 시나리오 전략이 필요하다. 미래 기술 시나리오는 바로 이와 같이 신기술을 사용자들에게 직접 전달하는 데에 유용한 전략 중 하나로 각광받고 있다. 미래 기술 시나리오의 경우 신기술을 가장 잘 설명할 수 있는 적절한 스토리 환경을 설정하고, 극적 연출과 서사적 개연성을 중시하는 가운데 신기술을 설명하는 방법이다. 형식적으로는 문자, 이미지, 동영상 등 다양한 재현 양상 및 다양한 매체를 모두 포괄할 수 있다.

인간의 상상력은 무궁무진하다. 기술이란, 인간이 상상할 수 있는 만큼 발달할 수 있다. 기술과 이야기의 공통점은 두 가지 모두 인간의 욕망(desire)으로부터 비롯되었다는 것이다. 모든 기술은 인간 상상력의 결과물이다. 따라서 허구적 상관물과 기술적 개발이 반드시 이질적이라고 볼 수는 없다.

'그녀' 효과('Her' effect)

새로운 존재와 앞선 기술은 도전적이고 위협적이다. 따라서 새로운 것은 늘 인간에게 경이를 넘어선 두려움 혹은 기이함(uncanny)을 불러일으킨다. 기술 시나리오를 통해서, 신기술은 인간에게 친근하면서도 경이로운 객체로 묘사될 수 있다.

2011년 전 세계에서 동시 개봉한 〈미션 임파서블: 고스트 프로토콜Misson Impossible: Ghost Protocol〉에는 영상 전송이 가능한 콘택트렌즈가 등장한다. 앞서 2007년의 시점에서 근미래에 대한 상상력으로 '안경'이 등장했다는 점을 고려할 때, 2011년의 시점에서 근미래에 등장한 '렌즈'는 상당히 신빙성 높고 타당하다. 영화 속에서 렌즈는 단순히 신기술로 등장하는 것이 아니라, 영화의 서사적 아크를 전개시키는 데 있어 극적인 역할을 수행한다. 비밀 요원 브랜트는 핵무기 발사 암호를 알아내야 하는데, 이때 렌즈를 착용한 채 눈을 깜박이는 정도의 행동으로 사진을 찍어서 이를 무선으로 전송하는 데 성공한다.

영화가 개봉한 해인 2011년 미국의 워싱턴 대학교 연구팀은 영화에 등장한 이 렌즈를 현실화할 수 있는 기초 연구를 『마이크로 기계공학과 마이크로공학 저널』에 발표했다. 연구팀은 플라스틱으로 만든 콘택트렌즈 위에 발광다이오드(LED)와 안테나를 붙여 토끼 눈에 끼운 뒤 무선으로 청색 불을 켜는 데 성공했다. 이는 눈앞에 보이는 정보를 분석하거나 착용자의 몸에 연결된 센서를 통해 건강 및 안전을 모니터링하는 등 향후 다양한 용도로 활용 가능하다.

점차 가상 세계에 대한 상상력을 재현한 영화와 이를 실제로 개발하는 사례의 시간적 격차가 현저히 줄어들기 시작했다. 1984년 윌리엄 깁슨(William Gibson)의 〈뉴로맨서Neuromancer〉에 등장한 '사이버스페이스'는 실제로 2차 세계에서 1차 세계로 넘어오기까지 십여 년이 소요됐다. 기술 및 문화 패러다임의 전환이 세기에서 10년, 다시 1년 단위로 좁아짐에 따라 가상 세계와 현실 세계의 격차 역시 거의 없어졌다고 해도 과언이 아니다. 따라서 현실 기준의 기술 시나리오는 이미 과거를 다루는 것에 불과하다. 기술을 선보이는 데 있어서 상상력과 환상성이란 필수불가결한 요소이다.

2019년에 대한 미래 기술 시나리오

2016년 기준에서 2019년은 코앞의 근미래이다. 그럼에도 3년 뒤에 대한 예측은 조심스럽다. 급변하는 기술 사회에서 과연 3년 뒤에 나는 어떤 폰을 손에 들고 있을까? 과연 여전히 손안에 폰을 사용하고 있을까? 또 다른 신체의 일부를 내주진 않았을까? 그 어떠한 물음에도 확답하기란 어렵다.

2019년의 미래 기술 시나리오를 제시한 마이크로소프트(Microsoft)는 대표적인 소프트웨어 기업이다. 그러나 아마존(Amazon), 구글(Google) 등 후발 기업들이 등장하기 시작하면서 상대적으로 대중적 영향력이 쇠퇴했다. 실제적인 자산 가치와는 별개로 브랜드에 대한 인식이 그러하다는 뜻이다. IT 기업에게 가장 중요한 것은 지금 당장 주머니 속 현금보다는 미래를 약속할 수 있는 비전과 희망이다.

마이크로소프트에게는 분명 기업 이미지를 전환시킬 수 있는 전환점이 필요했을 것이다. 이에 마이크로소프트는 〈MS 2019〉라는 근미래 시나리오를 영상으로 공개했다. 이는 기존의 마이크로소프트의 안정성과 효율성을 강화하는 가운데 다소 획기적이고 전환적인 기업의 이미지를 제시하고자 노력한 것이다. 〈2019년에 대한 마이크로소프트의 비전Microsoft office labs vision 2019〉은 동영상 제작 발표 당시인 2009년의 시점에서 기업의 가치와 근미래에 대한 비전을 제시하며 기존의 제품 광고 및 기업 광고와 차별화를 시도한 작품이었다.

〈2019년의 마이크로소프트〉에 등장하는 여성

먼저 동영상의 주인공은 초등학생을 둔 워킹맘으로 설정되어 있다. 일하는 엄마임에도 불구하고, 그녀는 뉴미디어의 힘을 빌려 우아하게 하루를 시작한다. 초등학생인 아이는 동시통역을 통해서 자신의 모국어로 외국 친구와 대화를 나눌 수 있다. 글로벌 사회의 의사소통 수단이 공용어가 아닌 각자의 모국어로 설정되어 있다는 점은 의의가 높다. 이제 그녀는 비행기를 타고 아시아로 출장을 떠난다. 고요하고 적막한 비행기 안에서 그녀는 가정과 일을 정리하고 오차 없이 주어진 업무를 수행한다. 그녀는 아시아를 포함하여 다양한 대륙의 사람들을 만나 의견을 나누며 회의를 한다. 높은 고층 건물 옥상에서는 식물이 자라고 있다. 그녀가 하는 일이란 그린 산업, 즉 환경과 관련된 일이다.

이들은 마치 스티븐 스필버그 감독의 SF 영화 〈마이너리티 리포트 Minority Report〉에 나오는 것처럼 증강 현실에 기반을 둔 인터페이스를 통해 교류한다. 영상에서 제시된 내비게이션, 화상 통화, 위치기반 서비스 등의 미래 기술은 이미 2016년에 거의 실현되었다고 봐도 무방하다. 다만 '플렉서블한 종이'에 대한 예견은 맞았지만, '신문을 읽는 CEO'에 대한 예견은 틀렸다. 미래에도 여전히 아침에는 커피 한 잔이 필요하지만, 그 컵에 마시기 적정한 온도가 표기되는 형태를 예견한 것은 기술의 과잉일 뿐 큰 의미나 쓸모가 없다.

마이크로소프트가 제시한 미래 비전의 키워드는 '아시아, 여성, 녹색'이다. 공간적으로는 아시아를 지목하고 있으며, 인물로는 여성에게 미래의 비전을 싣고 있다. 마이크로소프트가 지목한 세 개의 키워드는 그럴 듯하다. 그러나 영상은 '이러한 기술이 인간에게 어떠한 문화적 패러다임의 전환이나 가치의 재발견을 창출했는가'에 대해서는 심도 높은 답변을 제시하지 못하고 있다. 마이크로소프트가 제시하는 근미래는 여전히 현실의 연장선상에 놓여 있기에 한정적이고 불완전하다. 모범적 가족의 이미지, 기업의 이미지 모두 전형적일 뿐 다양성을 포괄하지 못한다. 2019년에도 엄마는 여전히 일하면서 동시에 아이들 신경 쓰느라 정신이 없다. 판은 바뀌지 않았고 그저 살림살이가 조금 나아졌을 뿐이다.

이는 마이크로소프트뿐 아니라 다른 기업들의 미래 기술 시나리오에도 유사하게 적용된다. 특수 유리 및 세라믹 제조업체인 코닝(CORNING)이 2010년에 미래 기술 시나리오로 제시한 〈유리로 된 하루 A Day made of Glass〉 역시 당시 각광받았던 동영상이다. 이 동영상에서도 아침 7시에 일어나서 두 딸의 식사를 준비하는 가정적인 아빠, 일어나자마자 욕실에서 미팅 약속을 잡고 아침 식사도 거른 채 사과 한 알 들고 출근해서 옷 한 벌을 사오는 워킹맘이 주요 인물로 설정되어 있다. 결국 이들은 3D TV로 영화를 보고, 전자책을 읽은 뒤 잠자리에 든다.

코닝이 제시한 동영상은 아무래도 '유리'와 '신기술'에 지나치게 초점을 맞춘 나머지 하루가 자연스럽게 구성되지 못했으며, 유의미한 빈칸을 제시하지 못했다. 코닝에서 제시한 화상 회의, 움직이는 사진, 날씨에 반응하는 유리, 화상 통화, 핸드헬드 디스플레이 유리, 증강현실, 얇

1984년 애플 매킨토시 광고

고 접을 수 있는 플렉서블 디스플레이 유리 등도 2015년의 시점에서는 어느 정도 이미 개발이 완료되었거나 개발 중인 미래 기술이다. 유리를 주인공으로 본다면 그 다채로운 활용과 변화에 놀라울 따름이지만, 인간을 주인공으로 놓고 본다면 2010년보다 나아진 인식이나 개념을 제시했다고 보기 어렵다.

기억하라, 1984

IT 및 기술과 관련된 광고 중에서 여성이 주인공으로 등장한 대표적인 사례로는 1984년 애플의 매킨토시 슈퍼볼 광고를 들 수 있다. 영화감독 리들리 스콧(Ridley Scott)이 제작해서 화제가 됐던 이 광고에서 여자 주인공은 무채색의 천편일률적인 인간들 사이에서 유일하게 컬러로 뛰어나와 빅브라더가 등장하는 화면에 해머를 던진다. 이 광고의 이면적 의미는 업계를 독식했던 흑백 IBM 컴퓨터에 대한 컬러 매킨토시의 도전이라고 볼 수 있다. 당시 컴퓨터와 관련된 업무에 종사하던 인력들이 대부분 남성임을 감안할 때, 해머를 든 여성의 등장은 분명 획기적이라 할 만했다. 이처럼 미래 기술과 관련된 광고에서 여성은 다름, 혁신, 차별성을 상징한다.

미래 기술 시나리오들은 모두 일하는 여성을 중심으로 가족에 대해 논한다. 미래에도 여전히 여전히 그녀들은 끼니를 거르고 아이들을 제대로 돌보지 못한 채 가족과 떨어져 있어야 하며, 카페인으로 시차나 피로를 달래야 한다. 그러면서도 그녀들은 시종일관 한 치도 흐트러지지 않은 자태를 유지하면서 업무를 수행하고 가족들을 돌보아야 한다. 결정적으로 늘 웃어야 하는 그녀가 있기에, 그녀의 가족들은 모두 행복하다. 결국 오늘도 그녀는 아침부터 저녁까지 하이힐을 신고 발뒤꿈치에 피를 흘리면서도 우아하게 뛰어야 한다.

대부분의 미래 기술 시나리오는 현실을 조금 더 연장하고자 노력할 뿐 현실의 문제들을 해결하려고 하지 않는다. 가치 체계의 기저를 바로 잡고자 하는 의지란 거의 없다. '편리'라는 옷을 입은 기술이 반드시 인간의 행복을 보장하지는 않는다. 현재 기업이 제시하는 미래 기술 시나리오에 가장 부재한 것은 현실에 대한 인식과 미래에 대한 상상력이다.

2부

디지털 게임 속 여성 캐릭터 열전

게임 은하계의 외계인, 여성 캐릭터

인간의, 인간에 의한, 인간을 위한 게임

우리 시대의 디지털 게임은 현재의 기술과 미래의 상상력을 조합해 만들어낸 대표적인 모델로, 인간에게 다양한 관점과 간접 경험을 제공할 수 있다. 기술 대중화 시대, 콘텐츠 과잉 시대의 게임은 스스로 내용이자 형식이며, 콘텐츠이자 매체인 셈이다.

게임 연구자인 메리 플라나간(Mary Flanagan)과 헬렌 니센바움(Helen Nissenbaum)이 강조한 바와 같이 "모든 게임은 인간의 가치를 표현하고 체화한다(All games express and embody human values)."[1] 이때 인간의 가치란 반드시 이성과 절대적 선(善)만을 지칭하진 않는다. 게임은 폭력성, 이기심, 욕망 등 굴곡지고 어두운 면모를 재현하기도 하고, 희생, 이타심, 화합 등 희망적이고 밝은 면모를 반영하기도 한다. 모든 예술이 그러하듯 게임 역시 인간의 양가적인 속성을 모두 재현할 수 있다는 점에서 입체적인 미메시스(mimesis)라 할 만하다.

최근의 게임은 단순히 시간 죽이기용 오락 게임의 수준에서 벗어나,

---

1 Mary Flanagan, Helen Nissenbaum, *Value at Play in Digital Games*, MIT Press, 2014, p.3

개인과 사회의 인식 변화를 촉구하고 대안적 가치를 창출하며 그 메시지를 체험적으로 전달할 수 있게 됐다. 사회 현실 게임(social reality game), 변화를 위한 게임(game for change), 기능성 게임(serious game), 설득적 게임(persuasive game) 등 다양한 슬로건과 함께 등장한 인디 게임이나 대안적 게임들이 그 대표적인 예이다. 이처럼 현대 사회의 게임은 사회적 파급력까지 내재하고 있다. 디지털 세계에는 기아, 난민, 분쟁, 테러, 독재, 기후 변화 등 다양한 정치적 이슈와 연관된 게임들이 등장하고 있다. 그럼에도 불구하고 여전히 제대로 다뤄지지 못하고 있는 이슈가 있으니 다름 아닌 '젠더'의 문제이다.

이 책에서는 게임이라는 텍스트를 분석하는 과정을 통해, 현대 사회의 코드를 해석하고 문제 해결의 단초를 얻을 수 있으리라 기대한다. 이를 보다 실제적으로 수행하기 위해서는 개발자가 게임 콘텐츠를 구축하고 세계관과 기반적 서사를 제시하는 데 있어서 다양한 관점과 세계관을 제시해야만 한다. 게임 개발자가 편협한 시각이나 왜곡된 선입견을 반영할 경우 오히려 게임이라는 돋보기를 통해 인간과 사회에 대한 잘못된 간접 경험을 제공할 수도 있기 때문이다.

단적으로 말하자면 디지털 게임에는 여성 주인공이 남성 주인공보다 양적으로 적다. 현재의 게임 세계에서 대부분의 여성 캐릭터는 남성 주인공의 영웅적 행동을 위한 동기로 작용하거나 영웅적 행동에 대한 보상으로 주어질 뿐이다. 즉 게임 플레이의 전후에는 여성이 있지만 정작 게임 플레이에 돌입하면 여성은 사라지고 없다. 디지털 게임에서 여성은 배경이거나 아이템일 뿐, 주체적인 주인공이자 행동하는 주체로는 등장하지 못하고 있는 것이다. 특히 스포츠 게임이나 전쟁 게임 등 특정 장르의 경우 아예 여성 캐릭터가 배제되어 있다.

그런가 하면 직업적으로도 남성 캐릭터에서는 전혀 찾아볼 수 없는 가정교사, 메이드 등 이른바 '핑크 칼라 직종(pink-collar job)'의 역할은 여성 캐릭터에게만 주어진다. 이처럼 대안적이라던 가상 세계에서도 실제 세계와 유사한 젠더의 문제가 발생하고 있다. 수적으로도 적거니와 재현 양상 자체도 문제적이다.

포스트 휴먼과 게임 캐릭터

과연 게임은 태생적으로 남성 캐릭터에게만 적합한 것일까? 게임에서 여성 캐릭터를 논하는 것 자체가 주변적인 목소리에 불과하며 게임학에서 주요한 논점으로 부각되지 못할 것인가? 과연 디지털 게임에서 여성 캐릭터는 무엇으로부터 만들어지는가? 디지털 게임은 현실 세계의 '보편적인 여성'을 재현하고 있는가? 보편적인 여성의 가능성을 부정할 경우, 과연 가상 세계는 여성이니 남성이니 하는 이분법을 넘어서서 포스트휴먼(posthuman)을 대표할 수 있는 제3의 인간을 제시할 수 있을 것인가?

사실 허구적인 이야기 예술 장르와 미디어 및 기술과 연관된 모든 논의에서 여성은 늘 주변적인 존재이거나 '존재하지 않는 그 무엇'으로 치부되어 왔다. 위의 물음들에서 '게임/가상 세계'를 소설이나 영화, 현실 세계의 직함으로 바꿔도 결과는 별반 다르지 않다. 늘 그래왔던 젠더의 문제가 디지털 게임에서도 어느 정도 답습되고 있다고 전제할 수 있다. 따라서 "본래 게임은 게임보이의 전유물이다"라고 단정 짓기 이전에 그 전제부터 의심할 필요가 있다. 텍스트의 생산과 소비를 아우르는 디지털 게임의 환경 자체에서 이미 여성이 배제되어 있었기 때문에, 게임과 남성의 관계가 불가분의 관계인 것처럼 여겨질 수도 있다. 이를 증명하기 위해서는 이제까지 디지털 게임에 등장한 여성 캐릭터들을 한 자리에 모아 볼 필요가 있다.

이러한 까닭에 2부에서는 디지털 게임에 등장하는 여성 캐릭터를 한데 모아 놓았다. 필자의 한계로 말미암아 누락되거나 소략하게 다뤄진 경우도 있을 것이다. '그녀들'을 모아놓고 보니 캐릭터들은 자연스레 몇 가지 유형으로 구분됐다. 즉 2부에서 제시된 여성 캐릭터의 유형은 필자가 거창한 기준을 세우고 적용한 결과가 아니라, 그저 모아놓았을 뿐인데 자연스럽게 발생한 결과이다. 게임의 계보학에서 자신의 색깔이 확연한 여성 캐릭터를 찾는다는 것은 밤하늘에서 특정한 색깔의 별을 찾는 것마냥 쉽지 않고 수확이 적은 일이었다. 개별적인 여성 캐릭터는 없고 여성 캐릭터의 유형만 남았을 뿐이다.

분석 대상을 '주인공이 여성인 경우'로 제한할 경우 게임사 전반에 걸쳐서 해당하는 분석 대상의 수가 손에 꼽힐 정도로 적다. 따라서 본 책에서는 게임 스토리텔링 전반에서 어느 정도 비중이 있는 서사적 역할, 즉 주인공은 물론 조력자나 안타고니스트로 등장한 경우까지 전부 포괄해야 했다.

디지털 게임에서 가장 중요한 핵심은 게임 플레이 그 자체이다. 안타깝게도 일부 여성 캐릭터는 늘 병풍처럼 후면화되면서 흐릿해지거나, 모티브나 리워드처럼 컷신과 트레일러에만 주로 등장했다. 그러다 보니 자연히 게임 플레이 자체에 대한 분석보다 게임의 기반적 스토리에 대한 분석이 많아졌다.

시기적으로는 디지털 게임이 대중화된 1980년 아케이드 게임 〈팩맨Pac-Man〉에서부터 2015년 한국의 모바일 게임을 아우르고자 노력하는 가운데, 대중적 인지도가 높고 일정 기간 이상 플레이된 수작들을 중심으로 텍스트를 선정했다. 이 과정에서 내용 및 형식적으로 중복되는 텍스트는 지면상 제했다. 또한 책의 특성상 1부에서 집중 분석한 콘텐츠들도 중복을 피하기 위해 제했다.

게임의 내용적 장르 및 형식적 유형, 캐릭터의 서사적 기능이나 직업, 가족 관계에 기반을 둔 호칭 등을 유형 분류의 기준으로 삼았으되, '금발의 미녀' 등 외모를 지칭하는 애매모호한 분류나 '미소녀', '글래머' 등 모든 여성 캐릭터에 해당하는 기준은 특별한 변별 요소가 되지 못하기 때문에 제했다. 반드시 논해야 하는 입지적 여성 캐릭터임에도 불구하고 누락되어 있거나 소략하게 논했다면, 그것은 오롯이 필자의 부족함 탓이다.

여성 캐릭터 허물기

인물을 유형에 따라서 분석할 경우 숲만 보고 나무를 놓치는 우를 범할 수 있다. 그러나 안타깝게도 지금까지 등장한 디지털 게임에서 여성 캐릭터의 경우 거의 예외 없이 대부분의 여성 캐릭터들이 뒤에 제시한 유형 안에 포함됐다. 아래에 제시한 유형의 가짓수가 늘어난다고 해서 여성 캐릭터 재현 체계의 문제에 대한 근원적인 해법을 제시할 수 있는 것은 더더욱 아니다. 주디스 버틀러가 지적한 바와 같이, 본질적으로 젠더를 고정되거나 일관된 것으로 이해해서는 안 되기 때문이다. 젠더는 허물어질 수도 있고 해체될 수도 있다.[2] 〈젠더 허물기 Undoing gender〉는 성적 자율성의 경계에서 누가 인간으로 간주되는가의 문제, 누구의 삶이 삶으로 간주되는가와 같은 근원적인 물음을 던

2 버틀러, 주디스, 『젠더 트러블』, 조현준 옮김, 문학동네, 2008.

지지만,[3] 안타깝게도 현재 디지털 게임에 나타난 여성 캐릭터의 재현 양상으로는 주디스 버틀러가 주장하는 젠더의 경계 허물기를 논할 수조차 없다.

특히 디지털 게임의 경우 플레이 자체가 유의미하기 때문에 반드시 '하기(doing)'의 차원에서 이를 조망할 필요가 있다. 모든 게임 플레이는 원본으로 존재한다. 따라서 게임에는 다양성과 복수의 가능성이 내재되어 있다. 이런 점에서 볼 때, 게임학(ludology)에서의 '행위성(agency)'과 젠더 이론에서의 '행위성'은 동음이의어인 동시에, 상호 연결될 수 있는 교집합으로 작용할 수도 있다.

동일한 데이터를 두고도 '그러므로 이러한 여성 캐릭터의 전형을 따르면 상업적으로 성공할 수 있다'라는 결론을 도출할 수도 있고, '과연 여성 캐릭터는 왜 이렇듯 다양하지 못하고 천편일률적인가'라고 의문을 제기할 수도 있겠다. 필자의 입장은 후자에 해당한다.

1980년대 패미콤 시절부터 21세기 오큘러스의 시대에 이르기까지, 기술은 비약적으로 발전했지만 유형화의 틀에는 큰 변화가 없다. 바로 이러한 결과가 디지털 게임 속 여성 캐릭터가 얼마나 관습적으로 그 유형을 답습하고 있고 전형화되었는지를 증명하는 것이다.

---

3 버틀러, 주디스, 『젠더 허물기』, 조현준 옮김, 문학과지성사, 2015, 34-35면.

7장

공주, 여왕

1980년대부터 2015년까지 디지털 게임에서 가장 많이 출현하는 여성 캐릭터는 '공주'이다. 기술적으로 가장 발달한 디지털 게임의 공간에서 중세 시대를 연상시키는 공주가 빈번하게 등장한다는 점은 그 자체로 주목할 만하다. 디지털 게임에 등장하는 공주란 중세 시대의 특정 계급을 지칭하는 것이 아니라, 일종의 기호이자 아이콘으로 작용한다고 전제할 수 있다. 공주의 서사적 기능은 패미콤 시절이나 최첨단 모바일 게임 시절이나 동일하다. 바로 '공주를 구하라'라는 미션과 긴밀하게 연결되어 있다는 점이다. 장르적으로는 중세 판타지가 배경인 경우가 많다. 공주를 납치하는 안타고니스트는 대부분 공주에게 청혼했지만 거절당한 남성으로 설정되어 있다. 게임 플레이어이자 주인공은 배관공이든, 왕자든, 퇴직한 한량이든, 현직의 군인이든, 직업과 나이 등에 상관없이 모두 공주를 구하라는 미션을 받으면 주저하지 않고 사랑을 위해 목숨을 건 액션에 돌입한다. 물론 대부분의 디지털 게임들이 영웅 신화의 신화소나 기능을 기반적 서사로 활용하기 때문에 공주가 등장할 수밖에 없다고 전제하는 경우도 있다.

게임의 경우 플레이어의 선택과 이에 따른 캐릭터의 '행동(action)'을 통해서만 서사를 진행할 수 있다. 따라서 게임에서는 플레이어의 행동에 대한 근거와 개연성이 뒷받침되어야만 한다. 그런데 이 과정에서 지나치게 많은 공주들이 서사적 개연성이 부족한 부분에서도 어김없이 자신을 구해달라고 외친다.

디지털 게임에 등장하는 여성 캐릭터가 수적으로 적은 데 반해, 그중 공주 캐릭터가 차지하는 비중은 절대적으로 크다. 따라서 여기서는 지면상 디지털 게임에서 대표적이라 할 만한 공주들만 언급하고자 한다.

1. 최초의 여성 캐릭터

1980년에 발매된 남코의 아케이드 게임 〈팩맨〉은 대중에게 잘 알려진 디지털 게임의 효시라 할 만하다. 플레이어는 팩맨을 플레이하면서 미로 안에서 총 네 종류의 유령을 피해 쿠키를 모두 먹어야 다음 레벨로 넘어갈 수 있다. 이 단순 명쾌한 노란 캐릭터는 1980년대 추억의 오락실 게임으로 대중의 기억 속에 남아 있다. 원조 팩맨 시리즈가 성공하면서, 남코에서는 1996년까지 거의 매년 팩맨을 변형해 새로운 게임들을 내놓았다. 〈베이비 팩맨Baby Pac-Man〉, 〈프로페서 팩맨Professor Pac-Man〉, 〈주니어 팩맨Jr. Pac-Man〉 등 주로 팩맨 캐릭터를 의인화하여 변형했다.

그중에서 여성 캐릭터가 있으니 바로 미드웨이사의 아타리가 1981년

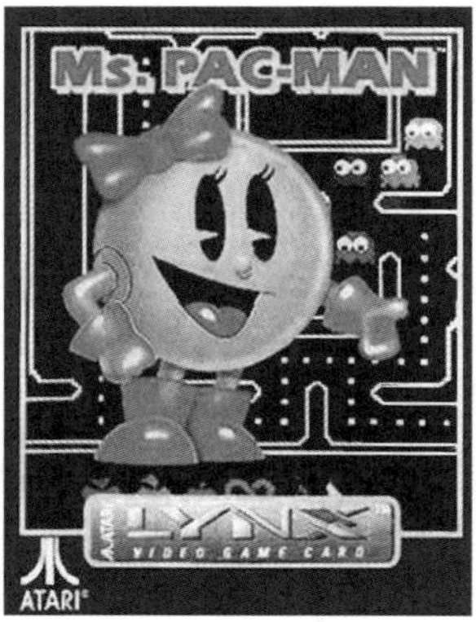

〈미즈 팩맨〉의 캐릭터 미즈 팩맨

제작한 〈미즈 팩맨Ms. Pac-Man〉이다. 캐슬 파크(Castle Park)의 마케팅 책임자는 이 게임을 두고서 잠재적인 여성 비디오 게임 마니아를 끌어들이기 위해 패셔너블한 요소를 가미해서 디자인했다고 밝혔다. 이에 대해 게임학자 예스퍼 율(Jesper Juul)은 "새로운 젊은 남성 게이머의 전형에 도전한 첫 번째 게임"이라고 평가한 바 있다.[1] 아이러니한 것은 작명에 있어서 '팩-우먼(Pac-Woman)'이 아니라 '맨(man)'을 그대로 유지하는 가운데 '미즈(Ms.)'라는 호칭만 덧붙였다는 점이다. 아직 캐릭터라고 칭하기에는 다소 단순한 원에 불과하지만, 팩-맨과 대등한 팩-우먼을 창작한 것이 아니라, 빨간 리본에 립스틱을 바른 팩맨 부인을 창작했다. 플레이 자체는 원본 팩맨과 거의 다를 바 없다. 즉 팩맨 부인은 하나의 이벤트로 작용했을 뿐 여성 캐릭터로서의 변별점이나 특이점을 갖고 있다고 보기는 어렵다.

2. 최초의 공주

1981년은 〈팩맨〉 등 아케이드 게임이 대중화된 해이다. 같은 해 닌텐도(Nintendo)에서는 플랫포머 액션 게임으로 〈동키콩Donkey Kong〉

1 예스퍼 율, 『캐주얼 게임』, 이정엽 옮김, 커뮤니케이션북스, 2012, 37–38면.

〈동키콩〉의 펄린

을 출시했다. 팩맨 등 같은 해 출시된 아케이드 게임과 비교할 때 〈동키콩〉은 스토리가 어느 정도 갖춰진 비디오 게임이라 할 만하다. 제목인 동키콩은 고릴라이며 안타고니스트이다. 동키콩은 펄린이라는 여인을 납치한다. 이에 우리의 보잘것없지만 용감한 영웅 마리오가 자신의 연인을 구하기 위해서 모험에 나선다. 플레이어는 펄린을 구하기 위해서 장애물을 피하거나 파괴하면서 점프를 한다. 1981년을 시작으로 2015년 〈마리오 vs. 동키콩 모두 미니랜드マリオvs.ドンキーコング みんなでミニランド〉에 이르기까지, 이 시리즈는 무려 35년째 계속되고 있다.

3. 납치된 공주

〈페르시아의 왕자Prince of Persia〉는 1989년에 브로더번드(Broderbund)가 개발한 액션 어드벤처 게임으로, '왕자여, 던전에 진입해 드래곤을 물리치고 공주를 구하라'라는 미션의 전형을 제시했다. 고대 페르시아 왕국, 사악한 마법사 자파는 공주가 자신의 청혼을 거절하자 공주를 탑에 가둔다. 공주의 연인인 청년 역시 지하 던전에 갇힌다. 플레이어는 한 시간 안에 던전에서 탈출해 탑에서 공주를 구해야 한다.

〈젤다의 전설The Legend of Zelda〉은 1986년에 닌텐도에서 개발한 액션 어드벤처 게임이다. 하이랄 왕국에는 신의 삼각형 '트라이포스'에 대한 전설이 전해진다. 세 명의 여신이 만든 트라이포스는 힘의 트라이포스, 지혜의 트라이포스, 용기의 트라이포스로, 이를 만지면 그 힘을 얻게 된다. 마왕 가논돌프가 힘의 트라이포스를 빼앗아 세계를 지배하려 하자, 하이랄 왕국의 공주 젤다가 남아있는 지혜의 트라이포스를 여덟 조각으로 나누고 세계 각지의 던전에 숨긴 뒤 가논돌프에게 납치된다. 이에 플레이어는 링크라는 소년이 되어 지혜의 트라이포스 여덟 조각을 모으고 가논돌프를 물리친 뒤 젤다를 구하기 위한 여정을 시작한다. 즉 제목은 '젤다'의 전설이지만, 정작 주인공은 링크라는 소년인 셈이다.

〈원숭이 섬의 비밀The Secret of Monkey Island〉은 1990년에 루카스아츠(LucasArts)에서 개발한 어드벤처 게임이다. 주인공인 가이브러쉬는 말리섬의 통치자이자 아름다운 여성인 일레인 말리와 사랑에 빠진다. 그녀는 그녀를 짝사랑하던 유령 해적 리척에게 납치되어 원숭이 섬에 갇힌다. 플레이어는 리척을 물리치고 일레인을 구해야 한다.

〈파이널 판타지Final Fantasy, ファイナルファンタジー〉는 1987년에 스퀘어 에닉스(Square Enix)에서 개발한 역할수행게임이다. 2016년에도 계속 신작이 출시되고 있는 시리즈이기 때문에, 그 세계관과 기반적 서사 역시 중세 판타지에서부터 스팀펑크에 이르기까지 방대하다. 플랫폼만 하더라도 패미컴부터 피씨에 이르기까지 다양하다. 워낙 서사가 탄탄해서 게임을 원본으로 삼아 각색한 애니메이션, 영화, 라디오

〈젤다의 전설〉의 젤다

〈디스아너드〉의 에밀리

드라마, 게임 등 다양한 스핀오프 작품도 출시됐다. 그중 최초의 타이틀인 〈파이널 판타지〉의 경우 중세 판타지를 기반적 서사로 삼는 경우에 해당한다. 코넬리아 왕국이 위험에 처하자, 예언에 따라 '빛의 전사' 4인이 나타난다. 왕이 그들에게 가란드가 납치한 왕녀를 구출해달라고 부탁하면서 전사의 임무가 시작된다.

중세 판타지를 주름잡는 '공주를 구해라' 미션은 21세기에도 계속 이어지고 있다. 〈디스아너드Dishonored〉는 2012년 아케인 스튜디오(Arkane Studios)가 만든 잠입 액션 게임이다. 이 게임의 경우, 전형적인 '여제 살해' 모티브와 '공주를 구해라' 모티브가 동시에 나타난다. 섬을 통치하는 여제 재스민이 살해되고 공주 에밀리도 납치된다. 이를 목격한 코르보가 범인으로 몰리게 되고, 플레이어는 코르보의 시점에서 여제의 복수를 하고 공주를 찾아야 한다. 결국 남성 캐릭터가 그들을 구원하고 난제를 극복한다는 설정이다.

4. 대통령의 딸

〈타임 크라이시스〉의
레이첼 맥퍼슨

왕의 딸인 공주는 현대물에서 대통령의 딸로 나타나기도 한다. 왕이나 대통령이라는 강력한 권력과 힘을 가진 이들의 유일한 약점이 바로 그들의 딸이라는 설정이다. 따라서 강력한 왕이나 대통령을 공격할 수 없는 안타고니스트들은 힘없는 딸들을 납치한다. 〈타임 크라이시스Time Crisis〉는 1996년에 남코에서 개발한 슈팅 게임이다. 세르시에 독재 정부의 일원이었던 셰루도 가토는 대통령인 윌리엄 맥피어슨에 반대하기 위해서 그의 딸을 섬으로 납치한다. 이에 맥피어슨이 첩보 기관의 특수 요원인 리차드 밀러를 부르고 플레이어는 밀러가 되어 셰루도 일당을 물리치고 대통령의 딸을 구해야 한다.

5. 보상으로서의 공주

평범하거나 몰락한 남성 캐릭터는 목숨을 걸고 왕의 공주를 구함으로써 부와 명예를 단번에 회복할 수 있다. 종국에 그들은 공주를 보상으로 받게 된다. 〈대항해시대Uncharted Waters〉는 1990년 코에이가 제작한 시뮬레이션 게임이다. 포르투갈의 몰락한 귀족 레온 페레로는 가문의 명예를 회복하고 오랜 꿈을 이루기 위해서 전 세계를 항해한다. 최종 목표는 항해사가 되어 공작 작위를 받고, 해적에게 납치된 공주

〈대항해 시대〉의 크리스티나 공주

를 구출한 뒤 그녀와 결혼하는 것이다. 공주가 미션 수행에 대한 일종의 보상으로 주어지는 대표적인 경우이다.

6. 캐주얼 게임의 공주

디지털 게임의 공주 사랑은 각별하다. 심지어 '설마 여기에도 공주가 등장할 필요가 있을까' 싶은 퍼즐 게임에도 어김없이 공주가 등장한다. 〈보글보글Bubble Bobble〉은 1986년 타이토(Taito)가 개발한 고정 화면형 아케이드 게임으로, 귀여운 캐릭터와 단순한 게임 플레이가 특징이다. 보통 퍼즐 게임은 기반적 서사가 없거나 약한 편인데, 이런 경우에도 시나리오를 들여다보면 심심찮게 '공주를 구하라' 모티브를 찾아낼 수 있다. 〈보글보글〉은 악당 블루바 남작이 쌍둥이 형제인 버블론과 보블론을 버블 드래곤으로 변신시키고 그들의 여자 친구를 납치했다는 설정으로 되어 있다. 이에 버블 형제는 마법을 풀고 여자 친구를 구하기 위해서 동굴 탐험을 시작한다.

〈마스터 오브 소드Master of Sword〉는 2002년에 놀 엔터테인먼트먼트에서 개발한 고전 모바일 게임이다. 왕국의 기사 로빈과 공주 로라는 꽃밭에서 평화로운 시간을 보내고 있었다. 그런데 갑자기 마왕 테트라쿤이 나타나 공주를 납치하고, 플레이어는 로빈이 되어서 공주를 구해야 한다. 안타깝게도 지금 이 순간에도 퍼즐 게임이든 모바일 게임이든, 수많은 공주들이 장르와 플랫폼에 구애받지 않고 끊임없이 납치되어 남성 영웅의 구원을 기다리고 있는 중이다.

7. 인디 게임의 공주

인디 게임이나 작품성이 높다고 평가된 게임에서도 공주를 구해야 하는 임무가 마찬가지로 등장한다. 〈슈퍼 미트 보이Super Meat Boy〉는 팀 미트(Team Meat)가 2010년에 제작한 게임이다. 미트 보이와 밴디지 걸은 서로 사랑하는 연인 사이다. 그런데 이를 시기한 닥터 페투스가 벤디지 걸을 납치하고, 미트 보이가 밴디지 걸을 구하기 위해 모험을 나선다.

넘버 논 Inc(Number None Inc)가 개발한 〈브레이드Braid〉의 경우, 상징과 은유가 가득한 독특한 세계관을 중심으로 과학자 팀이 공주를 구하러 모험을 떠나는 내용을 담고 있다. 과학자 팀은 자신의 실수로 공주가 괴물에게 잡혀가면서 모험을 떠나게 된다. 그런데 게임 플레이를 진행할수록 플레이어는 팀과 공주의 관계에 의구심을 갖게 된다. 기존 게임들의 경우 공주를 구해야 하는 논리적

〈슈퍼 미트 보이〉의 밴디지 걸

개연성을 충분히 설정하지 않고 무조건 플레이어로 하여금 행동하도록 유도한 데 반해, 〈브레이드〉는 관계성 자체에 집중했다는 점에서 주목할 만하다.

8. 검은 여왕

일명 '검은 여왕'은 피도 눈물도 없는 악의 캐릭터로 설정되어 있다. 이 경우 남성 캐릭터들도 여왕의 권력 앞에서 절대적으로 순종하는 모습을 나타낸다. 검은 여왕은 남편이나 자손이 없거나 연인에게서 버림받은 여성으로 설정되어 있다. 실제로 그녀는 검은색 옷이나 장신구로 화려하게 치장하고 등장한다. '하얀 여신'의 이항대립적인 캐릭터로, 상징적으로는 백설 공주의 대척점에 위치한다고 볼 수 있다.

검은 여왕은 태생적으로 악한 것이 아니라, 본래 순수하고 선했으나 부모나 연인으로부터 충분히 사랑받지 못하거나 배신을 당하면서 검은 여왕으로 극적으로 바뀐 것으로 설정되어 있다. 따라서 종국에 패배한 뒤 자신의 잘못을 깨닫고 다시 선의 영역으로 귀환하는 경우가

〈블레이드 앤 소울〉의 진서연

빈번하다. 남성성을 지닌 악의 캐릭터인 검은 마왕은 악의 성격을 부계로부터 이어받는 경우가 대부분이며 어떤 굴곡을 겪더라도 참회나 변신의 과정을 겪지 않는다는 점에서 검은 여왕과 다르다.

〈전설의 오우거 배틀Orge Battle〉은 1993년에 퀘스트(Quest)에서 개발한 시뮬레이션 역할수행게임이다. '오우거 배틀'이라는 인간과 마물 사이의 전설적인 전쟁이 있었다. 전쟁에서 승리한 인간은 지상을 차지하고 마물들은 지하세계에 갇히나, 인간 중 배신자가 암흑의 봉인을 파괴하고 이후 제테기네아 제국 시대가 시작된다. 플레이어는 검은 여왕 엔도라에 반대하는 혁명 세력이 되어 적을 물리쳐야 한다.

〈블레이드 & 소울Blade & Soul〉은 2012년에 엔씨소프트(NCSOFT)가 개발한 다중접속온라인 역할수행게임이다. 동양 무협의 세계를 배경으로 하는 이 게임에서 플레이어는 무림고수 홍석근이 이끄는 홍문파의 일원이 되어서 캐릭터를 성장시켜야 한다. 홍문파의 사부인 홍석근은 진서연에게 귀천검을 빼앗긴 뒤 살해당한다. 이에 플레이어는 진서연으로 대표되는 악의 세력을 물리쳐야 한다. 플레이어는 장시간 플레이를 하는 과정에서 진서연에게 동료들을 잃게 되면서, 자연스럽게 검은 여왕에 대해서 반감을 품게 되고 그녀를 공격한다. 사실 그녀에게는 기구한 사연이 있었으며, 플레이어에게 패한 뒤 악의 기운을 제거하고 본래의 순수한 소녀로 돌아오는 것으로 설정되어 있다.

8장

어머니, 여신

'위대한 어머니(the Great Mother)'는 '신의 어머니'라는 전설적 이미지를 갖고 있다. 위대한 어머니는 나와 너의 어머니가 아닌, 우리 모두의 어머니이다. '세계의 사과'를 들고 있는 이브는 자신이 낳은 신비로운 아이의 어머니이다. 그러나 그 외에 출산을 전제로 한 어머니, 개인의 어머니일 때는 무성(無性)적이고 불안정한 존재로 그려지기도 한다.

디지털 게임에서 어머니는 중요도가 낮은 캐릭터이다. 기반적 서사에서도 아버지에 비해 적게 등장하며 그 영향력도 낮다. 아니면 아예 그 존재 자체가 부정되기도 하다. 디지털 게임의 캐릭터들은 철저하게 부계의 질서를 따르기 때문이다.

어머니와 유사하면서도 변별적인 캐릭터로 '여신'을 들 수 있다. 실제 디지털 게임에서는 어머니보다 여신 캐릭터가 훨씬 빈번하게 등장한다. 둘 다 인류의 시작이자 지모신의 상징성을 갖고 있다는 공통점을 갖고 있다. 어머니의 경우 자신의 능력을 결코 전면에 내세우지 않고 희생적이고 자애로운 조력자로 설정되어 있는 데 반해, 여신의 경우 주인공의 역할을 수행하기 위해 자신의 능력을 앞세웠다가 스스로 저주를 받거나 세상에 화를 입히기도 한다.

이 분류에서 어머니 캐릭터는 실제 어머니라기보다는 상징적 어머니로 작용한다. 게임 세계에서는 주로 자비로운 어머니, 조력자로서의 어머니로 등장한 뒤 사라진다. 어머니가 사라지지 않고 강력한 힘과 권위를 갖게 될 경우, 사악한 여신이나 독재자로 변모한다.

1. 어머니

〈베오울프Beowulf: The Game〉는 2007년에 유비소프트(Ubisoft)에서 개발한 액션 게임으로 동명의 영화를 바탕으로 제작되었다. 베오울프는 동료들과 해변가를 걷다가 바다뱀의 공격을 받아 물에 빠지고 물속에서 괴물 그렌델의 어머니를 만나 초인적인 힘을 얻게 된다. 이 힘을 통해서 플레이어는 베오울프가 되어 괴물과 타이탄족을 무찌르고 덴마크의 왕이 된다.

2. 숙주

이 분류에서 여성 캐릭터는 재생산성(reprodction), 즉 출산의 기능만을 확대적으로 수행하면서 악의 물질을 기르거나 후계자를 임신하는 숙주 내지 산모의 역할을 담당한다. 대모신의 다산성을 부정적으로 역

이용하는 경우에 해당하며 악의 계승에 이바지한다. 숙주는 영원한 생명과 출산을 상징하는 '위대한 어머니'의 반대항에 존재하는 '반(反)어머니'이다. 특히 여성과 남성의 생식 능력의 차이를 강조하되, 그 능력을 신체적인 특성으로만 제한한 경우이다.

〈바이오 쇼크〉의 리틀 시스터

〈바이오쇼크BIOSHOCK〉는 2007년에 이래셔널 게임즈(Irrational Games)에서 개발한 1인칭 슈팅 게임이다. 아폴로 항공 여객기를 타고 어디론가 향하던 잭은 비행기 추락 사고로 대서양에 떨어져 해저 도시인 랩처에 다다르게 된다. 게임에서 플레이어는 잭이 되어 무기와 초능력을 이용해서 적을 제거하고 모험을 해야 한다.

엔피씨 중에 리틀 시스터라는 캐릭터는 아담을 생산하기 위해 숙주로 길러진 어린 소녀이다. 아담은 특수한 능력을 사용하게 만들거나 신체의 재생 능력을 높여주는 물질로 유전자에 변형을 가져오는 아이템이다. 플레이어는 게임 플레이에 필요한 플라스미드를 구매하기 위해 리틀 시스터로부터 아담을 채취해야 한다. 이 과정에서 플레이어의 선택에 따라 리틀 시스터를 죽일 수도 있고, 구할 수도 있으며 그에 따라서 엔딩이 달라진다.

3. 질투의 여신

이 분류에 등장하는 여신들은 가장 가까운 자매나 동반자들을 시기

〈넵튠〉에 등장하는 여신들

하고 질투하는 가운데, 서로를 비방하거나 독살한다. 이 과정에서 세상이 혼란스러워지면서 전쟁이 일어난다는 설정이다.

일본 컴파일하트(Compile Heart)에서 2010년부터 플레이스테이션용 시리즈로 내고 있는 게임 〈넵튠超次元ゲイム ネプテューヌ〉에는 일본의 전형적인 모에 여성 캐릭터들이 여신으로 등장한다. 수호여신은 귀여움의 코드와 섹스어필의 코드를 혼합한 이미지로 나타난다. 일본에서는 2013년부터 애니메이션으로 각색되어 방영된 바 있다.

게임의 배경은 게임 업계를 은유화한 '이계'이다. 게임 자체를 게임으로 표현했다는 점에서 메타적이면서도 흥미롭다. 주인공인 넵튠 역시 세가의 게임기 넵튠 혹은 넵튠 드라이브를 의인화했다고 알려져 있다. 그밖의 캐릭터들도 각각 플레이스테이션, 엑스박스360, 닌텐도 Wii 등을 의인화했다. 게임보이가 지배하는 게임 월드에서 게임기를 여신 캐릭터로 의인화한 점이 흥미로운 한편 의구심을 불러일으킨다. 이는 마치 남성 운전자들이 자신이 아끼는 차나 오토바이에 여성의 이름을 애칭으로 붙이는 논리와 유사하기 때문이다.

여신들이 서로 시기하고 싸우던 중, 주인공인 넵튠 여신이 기억을 잃고 하계로 추락한다. 이제 넵튠은 이스트와르의 목소리를 통해서 소명을 얻고 이계를 구하고자 하계 4대륙으로 모험을 떠나게 된다.

중국 아이덴티티 게임즈(Eyedentity Games)에서 제작한 역할수행게임 〈드래곤 네스트Dragon Nest〉의 기반적 서사와 세계관에도 여신이 등장한다. 여신 아르테아는 아름다운 세계 알체린가를 창조한다. 그러나 그녀를 질투한 자매 베스티넬이 독을 먹여 그녀를 타락시킨다. 그리하여 고대인은 선한 고대인과 악한 고대인으로 갈라져 드래곤을 이용해 전쟁을 벌이게 된다. 게임 플레이 자체에서 여신이 주인공은 아니나, 기반적 서사에서 여신의 타락이 혼란의 근원으로 작용한 경우에 해당한다.

4. 무능한 여신

이 분류의 여신은 중요한 순간에 여신으로서의 역할을 수행하지 못하거나 하지 않는 경우에 속한다. 여기서 '여신의 무능함'은 일반적인 '여성의 어리석음'에 대한 선입견과 그 맥을 같이한다. 여신은 본래 무리를 이끄는 우두머리로 설정되어 있지만 정작 위기에 직면하면 자기 자신조차 보호하지 못하고 종국에 납치당하거나 위험에 빠져 플레이어 캐릭터에게 도움을 요청한다. 이에 대중이나 백성들은 여신의 리더십과 능력을 불신하게 된다. 플레이어는 힘없는 여신 대신 평범한 주인공의 신분으로 모험을 떠난다.

〈마비노기〉의 모리안 (좌)
〈더블 드래곤〉의 마리안 (우)

〈네버윈터 나이츠Neverwinter Nights〉는 2002년에 바이오웨어(Bioware)가 개발한 역할수행게임이다. 특히 플레이어에게 공개 툴셋을 제공해, 사용자가 스스로 콘텐츠의 일부를 제작할 수 있도록 했다. 네버윈터라는 도시에 전염병이 퍼지자, 주인공은 이를 막기 위해서 레이디 아리베스를 찾아간다. 그러나 주인공은 레이디 아리베스를 만나지 못한 채, 전염병 치료제를 만들기 위한 모험을 떠난다.

〈마비노기Mabinogi〉는 2004년에 넥슨(Nexon)에서 개발한 다중접속 온라인 역할수행게임이다. 한국 게임 중에서도 〈마비노기〉는 폭력 중심의 스토리에서 벗어나, 켈트 신화를 중심으로 다양한 생활 스킬을 대안적으로 제시해 플레이어들에게 각광받은 바 있다. 일례로 늘 진영 간 전투와 플레이어 간 전투(PvP)가 주를 이루는 게임 공간에서, 〈마비노기〉의 플레이어들은 캠프파이어를 하면서 생명력을 회복할 수 있다.

어느 날 주인공의 꿈속에 여신 모리안이 나타나 위험에 빠진 낙원 티르나노이를 구해 달라고 요청한다. 그러나 사실 낙원이 이미 폐허로 변했다는 소문이 돌면서, 사람들은 모리안을 의심하기 시작한다. 〈마

〈마비노기 영웅전〉의 모리안

비노기〉의 일부 플레이어들 사이에서 모리안은 '무능 여신', '민폐 여신'이라는 별명으로 불리기도 한다. 모리안은 흰색 드레스에 검은색 날개를 달고 있으며 전쟁의 여신으로 설정되어 있다. 순수의 이미지와 악의 이미지가 결합된 경우이다.

〈더블 드래곤Double Dragon〉은 1987년에 테크노스 재팬(Technōs Japan)이 개발한 격투 게임으로 쿵푸 스타일을 표방한다. 쌍절권 도장의 여자 사범 마리안은 사범임에도 불구하고 블랙 워리어즈에게 납치당한다. 이에 플레이어는 마리안의 연인 빌리 리나 쌍둥이 동생인 지미 리가 되어 최종 보스인 윌리를 물리치고 그녀를 구해야 한다.

5. 강력한 여신

이 분류의 여신은 주로 아득한 옛날의 설화나 미래의 예언으로 존재한다. 디지털 게임에서 여신은 기반적 서사에서 이상적인 공간을 설립할 수 있는 과거의 원초적 존재, 혹은 미래의 대안적 존재로만 등장한다. 대표적인 여신인 티베트의 타라(Tara)는 이름에서부터 구세주와 별이라는 뜻을 내포하고 있다. 온화한 모습의 타라가 인간을 공포의 주술로부터 해방시키러 올 것이라는 예언이 전해 내려온다.[1]

2013년 발매된 어벤추린 에스 에이(Aventurine S. A.) 제작사의 역할수행게임 〈다크폴: 잔혹한 전쟁Darkfall〉에는 여신 가디스가 등장한다. 가디스는 황폐한 땅에 생명을 부여하고 아곤이라고 칭한다. 그로부터 몇 세기 동안은 평화로운 시절이 지속되나, 일부 신하들의 반란으로 결국 가디스는 살해되고 아곤은 황폐해진다.

한국 넥슨에서 2010년 개발한 다중접속온라인 역할수행게임인 〈마비노기 영웅전Vindictus〉은 시즌마다 각각 다른 스토리를 기반으로 삼는다. 이 세계에는 마족을 물리치면 여신 모리안이 강림해 고통 없는 세계 에린이 시작될 것이라는 전설이 전해 내려온다. 그러나 대체적으로 강력한 여신은 대부분 예언이나 전설로만 머물 뿐, 게임 플레이에서 주도적인 역할을 수행하지 못한다.

6. 여성 영웅

디지털 게임에서 여성이 주인공이 되어서, 주체적으로 영웅의 여정을 수행하는 경우는 의외로 많지 않다. 다중접속온라인 역할수행게임에서 플레이어에게 제시하는 다양한 캐릭터 선택지 중에는 여성 캐릭터도 있다. 그러나 어드벤처의 유일한 주인공으로 설정되어, 오롯이 영웅의 여정을 수행하는 경우는 라라 크로프트 등 전설적인 캐릭터 몇몇

1 조셉 캠벨, 『신화의 이미지』, 홍윤희 옮김, 살림, 2006, 74면.

이 있을 뿐이다. 라라 크로프트의 경우 1장에서 다뤘으므로 여기서는 간략히 라라 크로프트와는 차별적인 영웅만 제시하고자 한다.

〈모뉴먼트 밸리〉의 아이다

〈모뉴먼트 밸리Monument Valley〉는 2014년에 어스투(USTWO)에서 개발한 퍼즐 게임이다. 여기에는 공주 아이다가 등장한다. 고깔모자를 쓴 아이다는 침묵의 공주로, 환상적인 모뉴먼트 밸리에서 신성한 조각을 되돌려 놓고 '용서를 구하는 여행'을 떠난다. 비밀로 가득 찬 미로 공간과 건축물 사이에서 아이다는 스스로 길을 찾거나 길을 만들어야 한다. 관점에 따라 보이는 것이 달라지는 등 환각과 착시 현상 등을 적극적으로 활용해야 한다. '여행이 끝나는 곳에서 우리의 운명이 아닌 것들이 모두 제자리를 찾아 간다'(〈모뉴먼트 밸리〉 10장 중)와 같은 철학적인 화두가 던져지기도 한다.

9장

소녀, 요정

디지털 게임은 중세 판타지를 기반적 서사로 차용하는 경우가 많다. 특히 다수의 플레이어가 각기 다른 역할을 맡아서 플레이를 하는 역할 수행게임이 활성화되면서, 게임에서 반드시 등장하는 전형적인 캐릭터군이 형성됐다. 그중 하나가 바로 마법과 힐링의 능력을 소유한 요정 혹은 엘프이다. 사실 엘프가 여성이어야만 한다는 객관적 근거는 어디에도 없다. 이들은 인간이 아님에도 불구하고, 디지털 게임에서는 주로 여성으로 형상화되어 나타나며 서양 미학에서 형성된 '미(美)'의 기준에 입각해 재현된다. 일부 플레이어들은 엘프와 같은 미적 대상을 통해서 쾌락을 얻는다.

1. 아버지의 딸

디지털 게임에 등장하는 대부분의 여성 캐릭터에게 있어서 아버지의 영향력은 절대적이다. 그들은 마치 아테네가 그러하듯, 아버지로부터 능력을 부여받고 아버지로부터 인정받고 싶어 하는 딸로 설정되어 있다. 어둡고 험난한 영웅의 여정을 수행한 뒤, 그녀들은 왕의 자리를 계승하기보다는 여전히 왕의 딸로 남아 있을 뿐이다. 가부장제에서 아버지의 권력은 절대적인 상징이다. 아버지의 부재는 아버지의 딸인 여성 캐릭터를 지배하는 동시에 억압한다. 아주 드물게 아버지를 죽이는 딸이 등장하기도 한다.

〈차일드 오브 라이트Child of Light〉는 2014년에 유비소프트 몬트리올(Ubisoft Montreal)에서 개발한 역할수행게임이다. 밤의 여왕 블랙 퀸이 태양과 달, 별을 훔쳐 달아나고 오스트리아 공작의 딸 오로라가 깊은 잠에 빠져들면서 신비로운 세계 레무리아 왕국은 어둠에 잠긴다. 빛의 아이로 선택받은 오로라 공주는 어둠의 정령을 물리치고 블랙 퀸에게 도둑맞은 태양과 달, 별을 되찾아 아버지에게 돌아가기 위한 여정을 시작한다.

〈데빌 메이 크라이Devil May Cry〉는 2001년 캡콤(Capcom)에서 개발한 액션 어드벤처 게임이다. 본래 이 게임의 기반적 서사는 마검사인 스파다와 인간 에바 사이에 출생한 쌍둥이 단테와 버질의 갈등이 주를 이룬다. 2005년 출시된 〈데빌 메이 크라이 3〉에는 레이디 캐릭터가 등장한다. 그녀는 악마 사냥꾼으로, 자신의 아내이자 그녀의 어머니를 죽이고 버질과 손을 잡은 아버지 아캄에게 복수하기 위해 등장한다. 이 경우는 아버지의 딸이지만, 어머니의 복수를 대신하는 캐릭터로 설정되어 있다.

〈데빌 메이 크라이 3〉의 레이디 (좌)
〈이코〉의 캐릭터, 왼쪽부터 이코와 요르다 (우)

2. 새장 속의 소녀

영화 〈매드 맥스: 분노의 도로Mad Max: Fury Road〉에서 신부들은 새장 속에 갇힌다. 디지털 게임에서도 아무런 공격력이 없는 순백의 여성 캐릭터가 새장 속의 소녀로 등장한다. 새장이라는 공간은 감금과 탈출의 이미지를 동시에 내포한다. 동시에 여성의 자궁과 처녀성을 암시하기도 한다. 여성의 탈출은 처녀성의 상실을 은유적으로 암시하기도 한다. 이들은 새장에서 나와서도 스스로 거친 세상을 헤쳐나가지 못하고 남성 캐릭터에게 의존한다.

〈이코ICO〉는 2001년에 팀 이코(Team Ico)가 개발한 어드벤처 게임이다. 이코는 머리에 한 쌍의 뿔이 있어서 안개의 성에 제물로 바쳐진 신비한 소년이다. 어느 날 지진으로 감옥에서 나오게 된 이코는 자신처럼 새장에 갇혀 있던 신비한 소녀 요르다를 구출하고 둘은 함께 성을 빠져나가기 위해 모험을 시작한다. 이코와 요르다는 게임 플레이 내내 서로 손을 꼭 잡고 움직인다. 둘이 떨어질 경우, 검은 그림자가 요르다를 잡아가기 때문이다. 요르다는 걷기, 뛰기, 오르기 등 간단한 행동만 할 수 있다.

3. 신비한 소녀

이 분류에서 신비한 능력의 소유자는 외형적으로는 미소녀로 나타난다. 소녀는 아직 세상에 오염되지 않고 죄악에 물들지 않은 순백의 캐릭터로 그려지며, 그 상태를 유지하다가 종국에는 희생되거나 전설적 존재로 거듭난다.

2011년 큐엔터테인먼트(Q Entertainment)에서 개발한 리듬슈팅게임 〈차일드 오브 에덴Child of Eden〉은 화려한 우주 배경과 음악을 결합했다. 2019년 국제 우주정거장에서 태어난 루미는 신비한 능력의 소유자로 자신의 마음을 노래로 남긴다. 이후 23세기, 에덴은 인류의 정보를 간직한 인터넷 공간으로 나타나고, 과학자들은 루미를 부활시켜 기억을 되살리고자 한다. 플레이어는 네트워크에 침입한 바이러스를 제거하고 위험에 빠진 루미와 에덴을 구해야 한다.

4. 아이돌

이 분류에서 아이돌은 실제 세계의 아이돌을 재현한 경우, 아이돌을 주요 캐릭터로 다룬 애니메이션을 재현한 경우, 게임만의 허구적 아이돌을 개발한 경우로 구분된다. 아이돌 게임은 흔히 성장 서사를 중심으로 아이돌을 육성하고 상업적으로 성공한 뒤 데뷔 무대를 갖는 것까지의 과정을 게임 플레이로 재현한다. 특히 한국, 일본 등의 경우 실재하는 미소녀 아이돌을 재현의 모델로 채택하여 플레이어의 몰입감을 높이는 전략을 취한다. 플레이어는 주로 프로듀서나 매니저의 위치에서 아이돌을 기획 및 육성하거나, 스스로 아이돌이 되어서 부와 명예를 얻게 된다.

2005년 일본 남코에서 개발한 아케이드 게임 〈아이돌 마스터THE IDOLM@STER〉에서 플레이어는 프로듀서가 되어서 유닛의 멤버를 선택한다. 플레이어는 이들을 교육시키고 오디션을 통과한 뒤, 팬을 획득하고 결과적으로 아이돌 순위를 상승시켜야 한다. 이때 아이돌 캐릭터는 모두 여자 고등학생으로 설정되어 있다. 각 캐릭터의 프로필에는 나이, 키, 몸무게, 생일과 더불어 신체 사이즈가 포함되어 있으며 지향하는 이미지가 각각 다르다.

〈러브라이브! 스쿨 아이돌 페스티벌ラブライブ！スクールアイドルフェスティバル/Love Live! School Idol Festival〉은 일본 케이랩(KLab)에서 2013년 동명의 애니메이션을 원작으로 제작한 리듬게임이다. 뮤즈(μ's)는 코사카 호노카, 아야세 에리, 미나미 코토리, 소노다 우미 등 국립 오토노키자카 학원에 재학 중인 9명의 여고생들이다. 이들은 폐교 직전인 학교를 회생시키기 위해 아이돌이 되기로 결심한다. 플레이어는 뮤즈 멤버들이 라이브 무대를 잘 마치도록 미션을 수행하고 이들의 스케줄을 관리해야 한다.

〈러브 라이브〉의 뮤즈

5. 원형으로서의 엘프

디지털 게임에서의 엘프족은 1974년 TSR(Tactical Studies Rules)에서 출간된 〈던전 앤 드래곤Dungeons & Dragons〉이라는 역할수행게임보드로부터 시작된다. 이 게임은 세계 최초의 테이블탑 역할수행게임이자 역할수행게임의 시초로 평가된다.

중세 로맨스와 판타지의 시대에 인간(Human), 드워프(Dwarf), 엘프(Elf) 등 다양한 종족이 원정대가 되어서 탐험을 떠난다. 그중에서도 엘프는 마법을 행사하는 요정 종족으로 설정되어 있으며, 그 외에도 인간과 엘프의 혼혈 종족인 하프 엘프(Half elf)가 있다. 원정대는 미션과 퀘스트를 수행하고 던전에 진입해 드래곤을 처치하고 보상을 얻어 귀환한다. 플레이어는 몬스터를 죽이고 보상치를 얻는다.

사실 〈던전 앤 드래곤〉 이전에도 유사한 게임용 규칙서나 스토리북이 있었으나, 〈던전 앤 드래곤〉은 특히 보드 게임의 유닛을 캐릭터화하고 종족과 직업을 세분화했다는 점에서 출시 당시 각광받았다. 〈던전 앤 드래곤〉이 제시한 기반적 서사와 세계관, 캐릭터 유형, 규칙 등이 지금은 향후 역할수행게임의 원형이자 표본으로 작용하고 있다. 그 덕분에 이 게임 이후에 등장하는 역할수행게임에는 어김없이 엘프족이 등장한다. 엘프족의 색깔과 특징은 게임의 세계관에 따라서 각각 다르게 나타나기는 하나, 성적으로 대상화된 여성성을 표방한다는 설정에 있어서는 기본적으로 동일하다.

6. 북미 게임의 엘프

1981년에 오리진 시스템즈(Origin Systems)가 개발한 〈울티마Ultima〉는 북미형 역할수행게임의 원형이라 할 만하다. 이 게임은 그래픽, 파티와 전투, 중세 판타지 세계관 등 기반적 서사와 캐릭터 설정, 규칙 등에 있어서 향후 북미의 역할수행게임에 큰 영향을 끼쳤다. 1997년에는 〈울티마 온라인〉이라는 다중접속온라인 역할수행게임으로 발전하기도 한다.

천 년 전, 사악한 마법사 먼데인이 소사리아를 지배하기 위해서 마을과 도시를 약탈하자 로드 브리시티는 이방인을 소환해 평화를 지키기 위해 노력한다. 게임 플레이를 시작하면 플레이어는 자신의 아바타라 할 만한 캐릭터의 종족, 직업을 선택하게 된다. 이때 종족으로는 인간, 엘프, 드워프, 보빗이 있고, 직업으로는 파이터, 클레릭, 위저드, 씨프가 있다. 여기에 나타난 엘프 역시 기존의 디지털 게임에서 묘사된 엘프와 별반 다르지 않다.

〈에버퀘스트EverQuest〉는 1999년에 소니(Sony)가 개발한 다중접속온라인 역할수행게임이다. 당시 한국에 〈리니지Lineage〉가 있었다면, 북미에는 〈에버퀘스트〉가 있었다. 태초에 '이름 없는 자'가 있었으니, 그 틈에서 선과 악, 중립의 신들이 태어나고 이에 따라 각각 브렐의 드워프, 투나레의 엘프, 프렉서스의 케지, 렐로스의 거인 종족이 나타난다. 그러나 전투와 약탈을 일삼던 거인족이 신들의 저주를 받아 몰락하

〈울티마 온라인〉의 엘프 종족

고, 남매신이 바바리안을 창조하면서 노라스는 변화한다. 노라스의 아이들은 신을 선택해 투쟁하게 된다. 플레이어는 파티를 구성해 캐릭터를 육성하고 지역을 탐험한다. 게임에서는 총 14개 종족과 15개 직업, 375개 이상의 지역에 1만 개가 넘는 퀘스트가 제시된다. 하이 엘프, 다크 엘프, 우드 엘프 등 엘프 종족을 세분화해서 제시하기도 했다. 엘프는 대부분 금발의 여성으로 설정되어 있고 귀가 뾰족하며 몸매가 강조되어 있다. 비키니 차림에 마법 봉을 들고 있는 엘프, 가죽옷을 입고 칼을 든 엘프도 등장한다.

7. 장난꾸러기 요정

'귀여움'이라는 코드 역시 엘프 캐릭터의 빼놓을 수 없는 특징이다. 〈레이맨Rayman〉은 1995년에 유비소프트(Ubisoft)에서 제작한 횡스크롤 액션 게임이다. 평화로운 숲속에 요정들이 평화롭게 살던 어느 날, 미스터 다크가 등장해 요정을 납치한다. 이에 귀엽고 카툰적인 캐릭터 레이맨이 미스터 다크를 제거하고 요정들을 구한다는 설정이다. 이처

〈레이맨〉의 요정

럼 디지털 게임에서는 요정이 희화화되거나 만화 형식으로 재현되어 귀여움의 코드로 형상화되는 경우도 있다.

[표 11] 다중접속온라인 역할수행게임에 나타난 엘프 캐릭터 비교

게임 타이틀	제작사/국적	엘프족 이름	특징 및 스킬	캐릭터
울티마 온라인	오리진 (미국)	엘프	아름다움과 지혜의 종족. 소사리아 대륙의 관리자 역할을 수행. 자연 친화적인 종족.	
엘더 스크롤 온라인	베데스다 게임 스튜디오 (미국)	알트머	큰 키의 소유자로 도도하고 오만함. 다른 종족들보다 마력이 높으나 마법 저항력이 약함.	
엘더 스크롤 온라인	베데스다 게임 스튜디오 (미국)	던머	검은 피부로 품성이 잔혹함. 명예를 중시하여 남에게 진 빚과 은혜를 반드시 갚음. 화염에 대한 저항 능력이 강함.	
엘더 스크롤 온라인	베데스다 게임 스튜디오 (미국)	보스머	땅딸막하고 활기차며 민첩함. 거짓말이나 좀도둑질을 저지름. 자연 친화적인 종족으로 전투 시 동물을 소환할 수 있음.	

에버퀘스트	소니 온라인 엔터테인먼트 (미국)	하이 엘프	큰 키, 창백한 피부를 소유한 종족. 선민의식이 있으며 다소 오만함. 문화적으로 발달된 문명을 구축했음.	
에버퀘스트	소니 온라인 엔터테인먼트 (미국)	우드 엘프	키가 작으며 귀 모양이 뾰족함. 사교적이며 너그러운 성격의 소유자로, 장난기가 많음. 예술과 자연을 사랑함.	
에버퀘스트	소니 온라인 엔터테인먼트 (미국)	다크 엘프	잔인하며 사악함. 증오의 감정을 통해 상대를 조정할 수 있음. 강령술을 이용함. 야간 시력이 밝으며, 잠복에 능함.	
월드 오브 워크래프트	블리자드 엔터테인먼트 (미국)	나이트 엘프	평화적이며 온화한 성품. 어둠 속으로 숨어들어가 결정적인 공격을 함. 민첩하고 빠른 속도로 움직이며 자연 마법에 저항력이 있음.	
월드 오브 워크래프트	블리자드 엔터테인먼트 (미국)	블러드 엘프	녹색 눈동자를 지님. 오만하고 자기중심적이며 미를 숭상함. 주문을 외워 적을 일시적으로 침묵에 빠뜨릴 수 있음.	

아키에이지	엑스엘게임즈 (한국)	엘프	은둔하는 것을 좋아함. 명예를 중시하며 뛰어난 기억력을 보유하고 있음. 수영 속도가 빠르며 물속에서 오랫동안 숨을 참을 수 있음.	
메이플 스토리	넥슨 (한국)	엘프	뾰족한 모양의 귀를 지님. 수명이 김. 종족끼리 정신적 유대감이 강하며, 유사시 세 장로가 모든 엘프의 정신을 연결하여 고귀함을 끌어냄.	
마비노기	넥슨 (한국)	엘프	귀가 길고 뾰족함. 민첩하며 이동 속도가 빠름. 말 위에서 활을 사용할 수 있으며 전투 시 신체를 반투명하게 만들 수 있는 '하이드' 스킬을 사용함.	
리니지2	엔씨소프트 (한국)	엘프	몸이 가볍고 민첩함. 이동속도와 공격 속도가 빨라 기동력 있는 전투를 펼칠 수 있음.	
리니지2	엔씨소프트 (한국)	다크엘프	극단적 성향으로 엘프족으로부터 파문 당한 종족. 청회색 피부와 흰색, 검정색 머리카락을 지님. 체력이 낮아 단기전을 선호함.	

로한	플레이위드 (한국)	엘프	정신적인 면을 갈고 닦는 것을 미덕으로 여기며 평화를 사랑함. 직업은 백마법사로 파티의 구성원을 치료하고 도움.	
로한	플레이위드 (한국)	하프 엘프	휴먼족과 엘프족 사이의 혼혈 종족. 휴먼족에게서 힘과 체력을, 엘프족에게서 가벼운 몸과 기민함을 물려받음.	
로한	플레이위드 (한국)	다크 엘프	귀족적인 면모를 지녔으며, 다른 종족에 대한 우월감을 가지고 있음. 직업은 공격형 흑마법사인 메이지로 강력한 마법 데미지와 디버프 마법, 지역 이동 마법을 구사함.	
테라	한게임 (한국)	하이 엘프	최첨단의 문명과 강력한 마법 능력을 보유하고 있는 종족. 순간적으로 마법력을 최대로 채워주는 '코어 사용'과 부활 시 마법력을 자동으로 회복시키는 '코어의 축복'을 사용할 수 있음.	

10장

마녀, 괴물

1. 마녀

디지털 게임에서 기반적 서사를 중세 판타지로 설정할 경우 빈번하게 등장하는 전형적 캐릭터 중 하나가 마녀이다. 마녀는 예언자, 마법사 등의 서사적 기능을 동시에 수행하기도 한다. 마녀 캐릭터는 게임에서 소단위의 퀘스트에 부수적으로 등장하거나, 주문이나 마법과 결합해 재미 요소로 활용되기도 한다. 드물지만 마녀 캐릭터가 주인공인 경우도 있다.

〈베요네타Bayonetta〉는 2009년에 플래티넘게임즈(PlatinumGames)가 개발한 액션 게임으로, 마녀 캐릭터를 전면에 내세운 경우이다. 액션 게임으로는 드물게 여성 캐릭터가 주인공이다. 플레이어는 3인칭 시점에서 캐릭터를 조작한다. 500년 동안 관 속에 봉인되었던 마녀 베요네타가 현세에 부활한다. 그녀는 마녀로서의 자신의 힘을 서서히 알게 되면서 자신의 보석을 훔치려는 천사들에 대항해 무기와 마법을 사용해 화려한 전투를 벌이게 된다. 베요네타는 머리카락에 마력을 보관하고 있으며, 표범이나 까마귀로 변신할 수도 있고 마수의 팔과 다리를 소환하기도 한다.

〈베요네타〉의 베요네타

베요네타의 경우 여성 캐릭터가 액션의 주체로 등장했다는 점에서 의의가 있으나, 외모와 행동을 재현하는 데 있어서 어쩔 수 없이 관음증적 시선을 배제하지 못했다는 점에서 한계적이다. 이러한 이유에서 발매 당시 구매 연령 제한을 받았음에도 불구하고, 2010년 기준 130만 장 이상 판매되는 등 상업적 성공을 거뒀다.

2. 죽은 아내의 영혼

이 분류에서 아내는 죽어서 영혼이나 유령이 되고, 약혼녀는 살해당한 뒤 지옥으로 끌려간다. 죽은 밀턴의 아내는 성모 마리아의 광휘와 처녀의 순결성을 두루 갖춘 존재이다. 이들은 죽음으로써 영원히 여성적인 존재이자 순수한 공백으로 존재하게 된다. 동시에 그녀들은 그들을 지옥으로 불러들이고 그들의 목숨을 위태롭게 한다는 점에서 '죽음의 천사'이기도 하다. 즉 그녀들의 천상적 의미는 동시에 죽음을 내포하고 있다. 디지털 게임에서 아내나 배우자의 존재는 살아 있는 상태로 등장하기보다는 죽어서 추억이나 한으로 등장하는 경우가 많다.

〈단테스 인페르노〉의 베아트리체, 〈머더드: 소울 서스펙트〉의 줄리아

〈단테스 인페르노Dante's Inferno〉는 2010년에 일렉트로닉 아츠(Electronic Arts, EA)가 개발한 어드벤처 게임이다. 주인공 단테는 성기사로, 전투 중 자신의 영혼을 가지러 온 사신을 물리치고 사신의 낫인 이클립스를 얻게 된다. 이후 고향으로 돌아온 단테는 약혼녀 베이트리체가 죽어서 지옥으로 끌려간 것을 알고, 그녀의 영혼을 구하기 위해 지옥으로 뛰어든다.

〈머더드: 소울 서스펙트Murdered: Soul Suspect〉는 2014년에 에어타이트 게임즈(Airtight Games)에서 개발한 액션 어드벤처 게임이다. 세일럼에서 경찰 로난 오코넬은 연쇄 살인마를 추격하던 도중 살인마의 총에 맞아 죽는다. 유령이 된 머더 로난은 오래 전에 사망한 아내 줄리아의 영혼과 만난다. 그는 이승에서 모든 임무를 마쳐야만 아내와 다시 만나 사후 세계로 떠날 수 있다. 플레이어는 유령인 로난이 되어 단서를 찾고 살인마를 추적해야 한다.

3. 미친 여자

산드라 길버트와 수전 구바가 『다락방의 미친 여자The Madwoman in the Attic』의 개정판 서문에서 밝히고 있는 바와 같이, 아름다운 미친 여자, 빅토리아 시대의 미친 여자 등 소위 '미친 여자(mad woman)'에 대한 글은 수도 없이 많다.[1] 미친 여자 캐릭터는 하나의 은유로 작용한다. 광기의 존재는 푸코가 주장하는 바와 같이 '부모 콤플렉스'와 연관된다.

〈앨리스: 매드니스 리턴즈〉의 앨리스

로그 엔터테인먼트에서 2000년에 개발한 어드벤처 게임 〈아메리칸 맥기의 앨리스〉는 루이스 캐럴(Lewis Carroll)의 소설 『이상한 나라의 앨리스』와 『거울 나라의 앨리스』를 재해석해 게임의 기반적 서사로 차용한다. 2011년에는 후속작 〈앨리스: 매드니스 리턴즈〉가 출시됐다.

화재로 가족을 잃고 홀로 살아남은 앨리스는 정신 분열을 일으켜 정신병원에 가게 된다. 식물인간처럼 누워 있던 앨리스는 어린 시절 꿈을 통해 자주 가던 '이상한 나라'에 도착한다. 이상한 나라는 붉은 여왕의 지배로 인해 이리저리 뒤틀리고 황폐해져 있다. 플레이어는 앨리스가 되어 '저주받은 마을'로부터 시작하여 '문들의 요새', '눈물샘 계곡', '거울의 집' 등 9개 지역을 돌아다니면서 미션을 수행해야 한다. 그녀는 최종적으로는 붉은 여왕을 찾아 무찌르고 과거의 기억과 마주해야 한다.

1 산드라 길버트 · 수전 구바, 『다락방의 미친 여자』, 박오복 옮김, 이후, 2009, 41면.

4. 예언자

〈페이블〉의 테레사

누이는 어머니의 복수를 자신의 손으로 해내지 못하고, 남동생에게 목숨을 건 모험을 감행해달라고 부탁한다. 누이가 아닌 경우에도 많은 여성 예언자 캐릭터들은 말로만 미래를 점칠 뿐, 역경이나 악의 세력에 스스로 맞서는 대신 평범한 남성 주인공에게 모험을 촉구한다. 영화 〈매트릭스〉 시리즈에 등장하던 오라클처럼 그녀들은 위기의 순간에도 초코칩 쿠키를 구우며 미래를 예견할 뿐이며, 실제로 영웅적 행동을 취하지는 못한다.

〈페이블Fable〉은 2004년에 빅 블루 박스(Big blue box)에서 개발한 액션 역할수행게임이다. 주인공은 어린 시절 가족을 잃고 영웅 길드라는 용병 집단에서 자라난다. 어느 날 주인공은 죽은 줄 알았던 누나이자 예언가인 테레사와 재회하고, 어머니를 죽인 잭 블레이드의 소식을 듣는다. 플레이어는 잭 블레이드를 제거하기 위해 모험을 시작한다. 모든 진실을 알고 있는 누이는 스스로 행동하지 못하고, 동생에게 복수의 행동에 나설 것을 촉구한다.

5. 학교 귀신

이 분류의 여성 캐릭터는 주로 한국과 일본의 공포 게임에 등장한다.

〈화이트데이〉의 성아

'공포'란 유동성을 지닌 옅은 안개이자, 잡히지 않는 축축함의 비존재적 환각이다.[2] 한국과 일본의 공포 게임에 등장하는 귀신은 존재 자체로 두려움이며 아브젝시옹이다. 따라서 세부 묘사가 중요하지 않으며, 아브젝트의 희생자들이 매혹적인 희생자로 그려진다.

공포 게임의 무대로서의 한국과 일본의 '학교'는 실재적 배경이라기보다는 한국 현대 사회의 병폐와 어두운 면을 응축한 욕망과 폭력의 공간으로 작용한다. 따라서 학교에는 늘 풀리지 않은 수수께끼와 원한, 짝사랑과 왕따와 같은 문제들이 누적되어 나타난다. 이때 한 맺힌 귀신 캐릭터는 보통 여성으로 형상화된다.

〈화이트데이White Day〉은 2001년에 손노리(Sonnori)에서 개발한 게임으로, 한국의 대표적인 공포 게임이다. 2015년에 로이게임즈(ROI GAMES)에서 풀3D그래픽의 모바일 게임으로 리메이크됐다. 고등학생인 희민은 동급생 소영을 짝사랑한다. 화이트 데이 전날 밤, 희민은 소영의 자리에 사탕을 몰래 두고 나오려고 학교에 갔다가 갑자기 문이 잠기면서 그곳에 갇힌다. 희민은 우연히 소영과 지현을 만나 함께 탈

2 줄리아 크리스테바, 『공포의 권력』, 서민원 옮김, 동문선, 2001, 28면.

출을 시도한다. 과거 학교에서 일어난 화재로 죽은 성아는 원한을 품고 귀신으로 남아 학교를 떠돈다. 희민은 성아를 피해서 부적을 획득하고 학교를 탈출해야 한다.

6. 여성 괴물

이 분류의 여성 캐릭터는 '여성'이라는 부정 개념에 '괴물'이라는 부정 개념이 조합된 이중 부정에 해당한다. 따라서 여성 괴물은 공포, 기괴, 비정상, 혼돈 등을 상징하며 반미학적 가치를 추구한다. 이들은 남성을 유혹하고 파괴하기 위해서 자신들의 미모를 이용하기도 한다. 반은 천사이고 반은 악마인 그녀들은 악마와 이브의 결합을 상징한다.

그녀들은 괴물이기 이전에 여성이며, 여기에 여성 혐오의 의식이 괴물성으로 덧붙여진 경우이다. 여성 괴물은 실낙원에서 추방당한 존재로 이브의 변형이기도 하다. 스핑크스, 메두사, 키르케, 살로메, 릴리스 같은 무시무시한 마녀 내지 여신들은 전통적으로 남성을 유혹하고 남성의 정기를 흡수하는 괴물로 여겨져 왔다.

아예 비인간적인 괴물에 여성성을 부과해 외모마저 흉측하게 재현한 경우도 있다. 이 경우 여성 괴물은 공포와 혐오감을 유발시킨다. 18세기의 풍자가들은 여성을 괴물로 묘사할 때 여성의 해부학적 구조를 저급하게 모방하기도 했다.

〈월드 오브 워크래프트〉는 2004년 블리자드(Blizzard)에서 개발한 다중접속온라인 역할수행게임이다. 전략 시뮬레이션 게임 〈워크래프트〉의 세계관에 실시간 전투와 다사용자 플레이를 결합했으며 일명 〈와

〈월드 오브 워크래프트〉 호드 진영 종족 중 여성 캐릭터 타우렌, 오크, 언데드

우〉라 불린다. 〈와우〉의 호드 진영에는 오크, 언데드, 타우렌, 트롤, 블러드 엘프, 고블린이 속해 있으며, 얼라이언스 진영에는 인간, 드워프, 노움, 나이트 엘프, 드레나이, 늑대 인간이 속해 있다. 호드 진영은 비인간 캐릭터로 구성되어 있기 때문에 남성과 유사한 외모에 머리를 땋거나 치마를 입는 등으로 여성 캐릭터와 남성 캐릭터가 구분된다. 이러한 〈월드 오브 워 크래프트〉의 호드 캐릭터들은 성과 젠더 사이의 모순과 불일치를 드러내거나 모호함을 나타낸다는 점에서 광범위한 개념의 퀴어나 트랜스젠더(transgender)의 개념을 적용해 분석하기도 한다.

11장

전사, 하녀

가상 세계는 현실 공간을 재현하는 동시에 인간의 상상력을 반영한 일종의 거울 세계이다. 가상 세계에는 인간의 과거, 현재, 미래가 복합적으로 나타난다. 이러한 세계관을 토대로 가상 세계의 인간은 다양한 직업에 종사하게 된다. 초기 디지털 게임의 경우 캐릭터의 종류가 한정되어 있기 때문에 자연히 직업의 가짓수도 한정적이었다. 그러나 이제 가상 세계는 현실 세계보다 훨씬 광범위한 인간의 상상력을 재현하게 된 만큼, 직업의 종류 역시 과거, 현재, 미래의 다양한 직업을 아우른다.

가령 '전사'의 경우 게임 개발 초기에는 남성 캐릭터를 중심으로 다양한 게임 환경이 설정되고 여성 캐릭터를 부수적으로 설정했다. 이후 디지털 게임 세계가 확장됨에 따라서 동일한 전사 캐릭터를 여성형과 남성형으로 분리해 양성성을 추구하는 방향으로 발전 중이다. 그러나 여전히 남성 전사 캐릭터가 여성 전사보다 물리적으로 우세하게 설정되는 경우가 많다.

유독 여성 캐릭터에 대해서만 적용되거나 배제되는 직업도 있다. 즉 '여성 캐릭터만 수행할 수 있는 직업'이 있거나 '여성 캐릭터만 맡을 수 없는 직업'이 있다. 대표적인 예로는 하녀 캐릭터 등을 들 수 있다. 이는 실제 직업에서 요청하는 능력치와는 상관없이 철저히 직업에 대한 성적 선입견을 기준으로 한 구분이다. 이는 현실 세계의 직업에 대한 성적 편견과 선입견을 문제의식 없이 그대로 적용한 결과이다.

1. 여전사

이 분류는 서양 배경의 경우 비밀 조직의 정예 요원 캐릭터로, 동양 배경의 경우 닌자 캐릭터로 나타난다. 여전사 및 닌자는 다른 여성 캐릭터에 비해서는 강한 힘과 전투 능력을 갖고 있으나, 동일한 유형의 남성 전사 및 닌자에 비해서는 상대적으로 힘이 약한 것으로 설정되어 있다. 즉 남성 닌자보다 강한 여성 닌자는 거의 없다. 이들은 능력을 숨기고 처음부터 주인공으로 선뜻 나서지 않다가, 주변의 상황 때문에

〈건틀렛〉의 멀린, 토르, 틸라, 퀘스토

〈바이오하자드〉의 레베카 챔버스, 질 발렌타인

어쩔 수 없이 자신의 능력을 발휘해 역할과 임무를 수행하게 된다. 남성 전사가 주체적으로 영웅적 액션을 취하는 반면, 여성 전사는 우발적으로 영웅적 액션을 취하게 되는 것이다.

1985년 아타리(Atari)에서 개발한 다중사용자 역할수행게임 〈건틀렛Gauntlet〉은 4인 이상의 플레이어가 협업해 던전에서 미션을 수행하고 탈출하는 게임으로, 향후 등장하는 많은 아케이드 게임 디자인의 원형을 제시했다. 4명의 플레이어는 각각 전사 토르, 엘프 퀘스토, 마법사 멀린, 여전사 틸라 중 캐릭터를 선택할 수 있다. 남성형 전사와 더불어 여전사가 설정되어 있다.

1996년 캡콤에서 개발한 호러 어드벤처 게임 〈바이오하자드Biohazard〉는 플레이어가 좀비를 상대로 폐쇄된 공간에서 싸우는 호러 게임이다. 북미에서는 〈레지던트 이블Resident Evil〉이라는 이름으로 출시되었으며 동명의 영화가 시리즈로 제작됐다. 미국 제약 회사인 엄브렐라 코퍼레이션에서 인간을 좀비로 변화시키는 바이러스의 유출 사고가 발생한다. 이를 막기 위해 특수 부대가 파견되는데, 그중 플레이어는 고립된 특수 요원이 되어 엄브렐라 코퍼레이션에서 탈출해야 한다. 원본편의 레베카 챔버스, 2편의 에이다 웡 등이 살아남은 여성 요원으로 등장한다. 동명 영화에서는 앨리스라는 여성 요원을 주인공으로 내세운다.

〈천주〉 시리즈의 아야메

동양형 여성 닌자가 등장하는 대표적인 게임으로는 1998년 어콰이어(Acquire)에서 개발한 액션 어드벤처 게임인 〈천주 Tenchu〉가 있다. 이 게임은 16세기 일본의 봉건시대를 배경으로 한 닌자 잠입 게임(stealth game)이다. 주인공은 어렸을 때부터 닌자 집단에서 자란 남성 닌자 리키마루와 여성 닌자 아야메이다. 여성 캐릭터와 남성 캐릭터의 기본적인 스텔스 킬(stealth kills) 동작은 유사하다. 다만 점프력, 점프 거리 등 이동 속도는 아야메가 더 빠른 반면, 공격력 및 방어력 등 전투 능력은 리키마루가 우세하다.

2. 여성 파이터

대전 게임에 등장하는 여성 캐릭터는 '구색 갖추기'에 불과하다. 대전 게임의 원형은 주로 일본의 제작사들이 제시하고 있는데, 가령 10명의 파이터가 병렬적으로 제시된다면 그중에서 두 명 정도가 여성 전사로 설정되어 있다. 먼저 양 갈래 머리를 하고 중국 전통 복장을 입은 여성 무술사가 동양 여성 대표로 등장하며, 여기에 금발에 글래머러스한 서양 여성 대표가 더해지는 형식이다.

대전 게임의 캐릭터에서는 강한 체력과 공격력을 중요시하며 캐릭터

간의 일대일 대결을 전제로 한다. 따라서 플레이어로서는 애초에 스탯 설정 자체가 유리한 남성 캐릭터를 택할 수밖에 없다. 무엇보다도 전체 캐릭터에서 여성은 마지막 줄에 소수만 제시되며, 괴물 캐릭터나 비인간 캐릭터보다도 공격력이 훨씬 낮게 설정되어 있는 경우도 많다. 플레이어의 캐릭터 선호도가 남성 캐릭터에 비해 낮은 반면, 아이러니하게도 피규어 제작 및 판매와 플레이어가 직접 참여하는 2차 창작 작품의 경우에는 여성 캐릭터에 대한 선호도가 훨씬 높은 편이다.

〈스트리트 파이터Street Fighter〉는 1987년 캡콤에서 개발한 대전 액션 게임으로, 일본에서 제시한 대전 액션 게임의 원형이라 할 만하다. 주인공 류는 최고의 무술 고수를 찾아 전 세계를 여행하면서 강자들을 만나 승부를 겨룬다. 게임 플레이의 목표는 최종 승리자가 되는 것이다. 〈스트리트 파이터 1〉에서는 플레이어 캐릭터가 류와 켄으로 두 가지뿐이었으나, 〈스트리트 파이터 2〉에서부터 8가지의 캐릭터 선택지가 주어졌다.

그중 중국의 무술 소녀로 등장하는 춘리는 당시 유일한 여자 캐릭터로, 몸매가 드러나는 중국 전통옷을 입고 주로 발차기 공격을 한다. 〈스트리트 파이터 5〉의 주요 캐릭터인 켄의 경우 체력 3, 공격력 3, 민첩성 4, 테크니컬 2, 공격범위 3인데 춘리의 경우 체력 2, 공격력 2, 민첩성 4, 테크니컬 4, 공격범위 3으로 테크니컬을 제외하고는 모두 최초 설정부터 켄이 우세한 것으로 되어 있다.

〈버추어 파이터Virtua Fighter〉는 1993년에 스즈키 유(鈴木裕)가 개발한 3차원 대전 액션 게임이다. 기본적인 플레이 방식은 스트리트 파이터와 유사하며 대전은 3판 2선승제이다. 주요 캐릭터로 아키라 유키, 카게 마루, 파이 챈, 라우 챈, 잭키 브라이언트, 사라 브라이언트, 울프

〈버추얼 파이터 4〉의 사라 브라이언트 피규어, 〈철권 태그 토너먼트2〉의 윌리엄스 자매

호크필드, 제프리 맥와일드가 있으며 최종 보스로는 듀랄이 등장한다. 중국 여성 무술사로 등장하는 파이 챈은 키가 작고 데미지가 약하게 설정되어 있어서 플레이어들의 호응을 많이 얻지 못했다. 반면 사라 브라이언트는 금발에 호리호리하면서도 근육질인 몸매의 소유자로, '세가 걸즈 콜렉션'을 통해서 피규어로도 대중적 인기를 얻을 만큼 플레이어들로부터 인기를 얻었다.

이 중 여성 파이터인 파이 챈과 사라 브라이언트는 테크모(Tecmo)에서 개발한 〈데드 오어 어라이브 5Dead or Alive 5〉에 등장하기도 한다. 이 게임에는 기존의 게임에 비해서 여성 캐릭터가 많이 등장하는 편이다. 〈데드 오어 어라이브〉 시리즈에 등장한 여성 파이터 첸과 브라이언트는 보다 정교하게 발달한 그래픽을 통해서 입체적이고 자연스럽게 재현되었으나, 〈버추어 파이터〉보다 옷을 덜 입고 있으며 신체 노출이 훨씬 심하다.

〈철권鉄拳〉은 1994년에 남코가 발매한 대전 격투 게임이다. 미시마 헤이하치는 명문 무술인 가문이자 악마의 힘을 봉인한 미시마 집안의 후계자이다. 미시마의 아들 카즈야는 아버지로부터 시험을 당하고 버림 받는데, 이후 살아남아 청년이 된 카즈야는 복수를 하기 위해 아버지가 개최하는 철권 무술 대회에 참여하게 된다. 이처럼 이 게임의 기반적 서사는 철저하게 '아버지의 아들'이 복수를 하고 아버지의 지위를 회복하는 과정을 다루고 있다.

플레이어는 주인공인 카즈야 외에도 니나 윌리엄스, 폴 피닉스 등 다수의 캐릭터 중에서 하나를 선택하여 결투에서 승리해야 한다. 이 중에서 대표적인 여성 캐릭터인 니나 윌리암스는 아일랜드 국적으로, 실험 대상으로 냉동 수면을 당해서 실제 나이는 43세이고 육체적 나이는 24세인 것으로 설정되어 있다.

그녀에게는 동생 안나 윌리엄스와 생물학적 아들인 스티브 폭스가 있다. 무엇보다도 니나와 안나 자매는 외형부터 성격까지 상반되게 설정되어 있다. 가령 니나는 푸른 계열의 복장에 금발이며, 안나는 적색 계열의 복장에 흑발이다. 〈철권의 외전편〉인 〈데스 바이 디그리스—철권 니나〉에 따르면, 두 자매는 공학자인 아버지를 동경했으나 아버지가 의문의 죽음을 당한 뒤 서로 숙적이 된다. 둘 다 '아버지의 딸', 즉 아테네의 상징성을 갖고 있다.

기반적 서사에서는 특히 언니인 악녀 니나가 안나를 괴롭힌다는 설정이 강조되고 있다. 니나가 〈철권 2〉 이후 실험 대상으로 냉동 인간이 되자, 안나는 자신만 늙을 수 없다면서 스스로 동면을 결정한다. 이후 둘은 시리즈 내내 앙숙으로 목숨을 걸고 싸운다. 둘의 공통점이라고는 가슴과 엉덩이가 강조된 비현실적인 몸매뿐이다. 3편에서 이 자매는 하이힐을 신고 전투를 벌이기도 한다. 자매 사이의 갈등 설정을 통해 플레이어는 여성끼리의 난투극을 벌이는 장면을 지켜보게 된다. 이때 플레이어는 캐릭터에 몰입하기보다는 캐릭터를 지켜보는 데에 더 큰 재미를 느끼기도 한다.

〈소울 칼리버Soul Calibur〉는 1996년 남코에서 제작한 3차원 대전 격투 게임이다. 1996년에 〈소울 엣지Soul Edge〉가 출시됐으며 후속작들은 〈소울 칼리버〉라는 이름으로 제작됐다. 여기에는 성미나와 아이비라는 여성 캐릭터가 등장한다. 먼저 성미나는 동양형 여성 파이터로 조선시대 여성으로 설정되어 있다. 한복의 모티브를 활용한 옷을 입고 있으며 주로 홍퇴를 무기로 활용한다. 한복의 문양이나 동정을 활용하되, 특정 신체 부위를 강조하고 노출하는 원칙은 다른 여성 캐릭터와 동일하게 적용된다.

〈소울 칼리버〉의 아이비

아이비는 서양형 여성 파이터이자 연금술사로 설정되어 있다. 짙은 화장과 단발머리에, 사복검과 채찍 두 가지를 무기로 활용한다. 아이비는 강하고 가학적인 행동을 수행한다. 이를 통해서 일부 플레이어는 일종의 마조히즘적 환상을 충족하게 된다.

3. 여성 무술인

디지털 게임에서는 난세를 배경으로 택하는 경우가 많다. 동양에서 가장 재미있는 난세 이야기 중 하나인 중국의 『삼국지三國志』는 다양한 게임 장르에서 부활 중이다. 20여 년 전부터 꾸준히 삼국지를 게임화하는 데에 집중하고 있는 일본의 게임 회사 코에이는 캐릭터의 현대적 시

〈진삼국무쌍〉의 견희, 〈진삼국무쌍〉의 채문희

각화와 액션을 강조한 〈진삼국무쌍真 · 三國無双/Dynasty Warriors〉을 제시했다. 이 시리즈는 위 · 촉 · 오의 장수들을 중심으로 천하를 통일하기 위한 영웅들의 전쟁을 단순하고 간단한 액션 게임으로 재현했다. 플레이어는 먼저 조조, 조비, 손권, 관우, 제갈량, 장비, 유비 등 소설에 등장했던 남성 캐릭터를 선택하게 된다. 원작 소설에서도 남성 영웅을 중심으로 서사가 전개되기 때문이다.

게임에서는 원작소설에 등장하는 여성들을 여전사로 재해석해 캐릭터화하기도 한다. 가령 〈진삼국무쌍 7〉에서는 견희, 채문희 등이 캐릭터로 등장한다. 견희에 대해서는 "경국지색으로 피부는 옥과 같고, 미모는 꽃과 같았다고 비유했다. 원소의 둘째 아들 원희의 아내였으나 조조가 기주를 함락할 때 가장 먼저 뛰어든 조비가 첫눈에 반해 아내로 삼는다"고 설명되어 있다. 〈진삼국무쌍 7〉에서 그녀의 주요 무기는 피리다.

채문희에 대해서는 "자는 문희, 이름은 염이다. 채옹의 딸로 박학다식으로 잘 알려져 있으며 음악이나 시에도 조예가 깊었다. 동란 당시

흉노족에게 잡혀가 남흉노의 좌현왕 유표의 아내가 된다. 이후 그 재능을 아까워한 조조가 보물을 대가로 그녀를 찾아온다."고 설명되어 있다. 〈진삼국무쌍7〉에서 그녀의 주요 무기는 하프이다.

두 캐릭터의 플레이 방식, 서사 진행 방식은 거의 유사하다. 말을 타고 공격하거나 무기를 활용하거나 적군의 장수나 총대장을 처치하는 규칙도 동일하다. 기본적인 설정 및 이미지는 원본을 따르되, 실제 캐릭터의 행동과 플레이 방식은 남성 캐릭터와 별반 다르지 않도록 설정되어 있는 경우이다.

4. 의무병

전시에서 의무병은 중요한 역할을 행하지 않는다. 〈이볼브Evolve〉는 2014년에 터틀락 스튜디오(Turtle Rock Studios)에서 개발한 1인칭 슈팅 게임이다. 외계의 몬스터들이 인간의 우주 식민지인 시어 행성을 점령한다. 이에 플레이어는 헌터 팀과 몬스터 팀 중 한쪽을 선택해 플레이

〈이볼브〉의 카이라(좌)
〈스타크래프트〉의 메딕(우)

한다. 헌터의 직업에는 돌격병, 사냥꾼, 의무병, 지원병이 있다. 이 중 헌터 팀의 의무병이 여성으로 설정되어 있다.

블리자드사가 개발한 전략 시뮬레이션 게임 〈스타크래프트〉에는 저그, 프로토스, 질럿 등 총 3개 종족이 등장한다. 한국에서는 이-스포츠(e-sports)의 열풍을 몰고 온 전설적인 작품이기도 하다. 인간형 종족인 테란의 유닛 중 유독 여성과 유사한 목소리를 내는 경우가 바로 메딕이다. 메딕은 의무병으로 설정되어 있다.

5. 하녀

이 분류의 여성 캐릭터는 감정 노동(emotional labor)을 수행하는 직업군으로 설정되어 있다. 감정 노동이란, 공적인 임금 노동에 수행되는 친절, 미소, 상냥함, 보살핌 등 감정 노동의 요소를 포함하는 서비스를 총칭한다.[1] 인간의 감정 중 특히 친밀성(intimacy)을 상품화한 경우로, 실제 사회에서 일명 '도우미' 혹은 '돌보미'로 불리며 여성에게 적합한 직종이라고 편협하게 알려진 역할들을 그대로 답습한다. 외모와 몸매, 노출 등이 직무 요건과 연계되기도 한다. 나아가 비약적인 경우에는 여성 전문 서비스 직종을 직업적 특성과 상관없이 성애화하거나 신체화된 노동(embodied work)으로 획일화시키기도 한다. 소재적으로 특화된 게임도 있으나, 게임의 장르 및 내용과 상관없이 이벤트로 등장하기도 한다. 이에 상응하는 남성 캐릭터로는 '집사'가 있으나, 집사와 달

1 알리 러셀 혹실드, 『감정노동: 노동은 우리의 감정을 어떻게 상품으로 만드는가』, 이가람 옮김, 이매진, 2009.

〈붉은 보석〉의 메이드(좌)
〈로스트사가〉의 메이드(우)

리 하녀(메이드) 캐릭터는 노동 행위보다 유니폼 등 외양이 중요하게 여겨진다. 특히 일본의 비주얼 노벨형 게임, 라이트 노벨형 게임 중 일부는 직간접적으로 사도 마조히즘적인 성격이나 성애적 요소를 캐릭터에 부여한다.

메이드의 직업적 특성을 전투적 특성으로 전환해 게임에 활용하는 경우도 있다. 가령 아이오 엔터테인먼트(IO Entertainment)가 2009년 출시한 〈로스트사가LOST SAGA〉의 경우 미래세계를 배경으로 삼아 영웅의 서사를 전개한다. 이 중에서 메이드 캐릭터는 평범한 농부의 집안에서 태어나 상경한 뒤, 사기를 당한 후 메이드로 취직하게 되었다고 설정되어 있다. 메이드는 직업적 특성에 따라서 빗자루, 진공 청소기 등 청소 도구를 이용하여 적을 공격하며, 적에게 차를 권해 강제로 접객 상태에 돌입하게 하는 '티타임' 기술을 사용할 수 있다.

엘엔케이로직코리아(L&K Logic Korea)에서 2003년 개발한 〈붉은 보석RED STONE〉은 전설의 불사 명약이자 부귀영화의 기원인 붉은 보석을 둘러싼 모험을 다루고 있다. 이 게임은 2016년 4:33을 통해서 〈붉은 보석 2〉라는 모바일 게임으로 출시되기도 했다. 여기에 등장하는 메이드 캐릭터들은 일종의 전투형 메이드로, 메이드 의상을 입고 청소 도구를 사용하는 것은 보통의 메이드와 같지만 집안 내부를 청소하거나 빨래를 하는 대신 괴물을 쓰러뜨린다. 가냘픈 체구와 달리 괴력을 지닌 이들은 눈앞의 적을 더러운 오물인 양 쓸고 닦고 소독해버린다. 메이드에 대한 나약함, 집 공간과의 긴밀한 연계성을 흑마법과 전투력으로 재해석한 경우에 해당한다.

6. 가정교사

이 분류의 여성 캐릭터들은 남성 캐릭터의 경우 거의 나타나지 않는 직업군이다. 엑스엘게임즈(XL Games)에서 2013년 개발한 〈아키에이지 ArcheAge〉에서 플레이어는 자신의 집에 가정교사를 소환하여 다른 대륙의 외국어를 배울 수 있다. 이를 위해서는 가구 아이템인 '방석'을 집에 배치해야 하며, 방석의 종류에 따라 소환할 수 있는 가정교사의 과목과 성별이 결정된다. 특이하게 여성 및 남성 캐릭터가 모두 등장하는데 남성 교사는 파란색 방석을, 여성 교사는 분홍색 방석을 선호한다.

2004년 엔트리브 소프트(Ntreev Soft)가 개발한 게임 〈팡야Pangya〉는 온라인 골프 게임으로, 필드를 팡야섬이라는 환상 세계로, 골프공을 신비의 공 아즈텍으로 설정하고 플레이어에게 마법의 막대기 에어나이트를 제공한다. 현실 세계의 골프와 마찬가지로 팡야의 세계에도 캐디라는 캐릭터가 존재한다. 가령 캐디 피핀

〈아키에이지〉의 가정교사

은 시간과 공간을 뛰어 넘을 수 있는 코로스 크로노스의 요정이다. 피핀은 영웅을 기리는 축제의 일환으로 전설의 영웅 역할을 대신할 손님을 찾으러 다니며, 이계의 영웅을 광야의 세계 속으로 인도한다. 캐디 로로는 자유로운 성격을 지닌 리베라 족장의 딸이다. 캐디 티키는 아직 실수투성이인 미숙한 꼬마 마녀이다. 캐디는 플레이어에게 게임 플레이에 대해 조언을 해 주거나 응원을 통해 플레이어를 격려하는 역할을 수행한다. 캐디 꾸미기 기능을 이용할 경우 캐릭터를 플레이어의 취향에 따라 화려하게 꾸밀 수 있다.

VR 등 가상 세계의 캐릭터를 재현하는 방식이 점차 실재와 같아짐에 따라 전형적인 여성 캐릭터의 디테일도 보다 생생하게 그려지고 있다. 기술의 발달에 따라 현존감(presence) 역시 강화되는 추세이다. 반다이 남코 엔터테인먼트에서 개발한 〈섬머 레슨Summer Lesson〉에는 다양한 미소녀들이 과외 교사로 등장한다. 이 게임은 VR(Virtual Reality)로 구현되기 때문에, 캐릭터가 보다 촉각적 · 입체적으로 구현된다. 또한 캐릭터와 플레이어 사이의 물리적 · 인지적 거리감이 대폭 줄어든다. 플레이어는 금발의 서양 미소녀, 흑발의 동양 미소녀 중 자신의 취향에 맞는 여성상을 택하여 미소녀들의 질문에 답하게 된다. 비키니, 교복 등 유니폼도 플레이어의 취향에 따라서 고를 수 있다. 현실보다 더 현실적인 가상 현실 체험이 얼마 남지 않았다.

12장

사라진 여인

디지털 게임에서 공주, 엘프 다음으로 많이 등장하는 여성 캐릭터가 바로 '사라진 여인'이다. 이는 직위나 직업이 아니며, 특정 행동이나 현상을 통해서 분류된 경우이다. 이 분류에서 사라진 여성은 주로 의문의 실종을 당하고, 이에 주인공이 남겨진 단서들을 중심으로 이들을 찾거나 음모를 파헤치는 형식이다. 이 경우 그녀들은 기반적 서사의 주요한 모티브이자 빈칸으로 작용할 뿐, 주체적인 인물로는 그려질 수가 없다.

사라진 여성은 대부분 젊은 여성이며, 순결하거나 순진한 성격의 소유자로 설정되어 있다. 추리의 실재감을 더하기 위해 일본, 한국, 미국 모두 실제 현대 사회의 대도시 공간을 기반적 서사의 배경으로 채택한다. 사라진 여인들은 대부분 남성 주인공 캐릭터와 긴밀한 관계를 맺고 있으며, 그녀들을 납치하거나 살해한 가해자는 대부분 남성으로 설정되어 있다. 따라서 이들의 납치와 실종, 살해에 대해서 주인공은 복수를 하며, 그 과정에서 폭력적인 행동에 대해 정당성을 부여받는다.

1. 사라진 여자 친구

〈용과 같이Yakuza, 龍が如く〉는 2005년에 세가가 개발한 액션 어드벤처 게임이다. 주인공 키류는 도쿄의 야쿠자 동성회의 조직원이다. 어느 날 조직의 보스 도지마가 키류의 소꿉친구인 유미를 강간하려 하고, 키류의 친구인 니시키야마가 이를 저지하려다 도지마를 죽이고 만다. 키류는 니시키야마 대신 10년간 복역 후 가석방으로 풀려나 실종된 유미를 찾아 나서게 된다. 거액의 행방과 유미의 실종이 연계되는 가운데, 플레이어는 키류가 되어 적과 싸우며 둘의 행방을 좇게 된다. 2007년에는 게임을 원작으로 한 동명 영화가 개봉된 적도 있다. 이 게임에서 나타나는 모티브는 영화에서 일반적으로 등장하는 '사라진 여인'과 유사하다고 볼 수 있다.

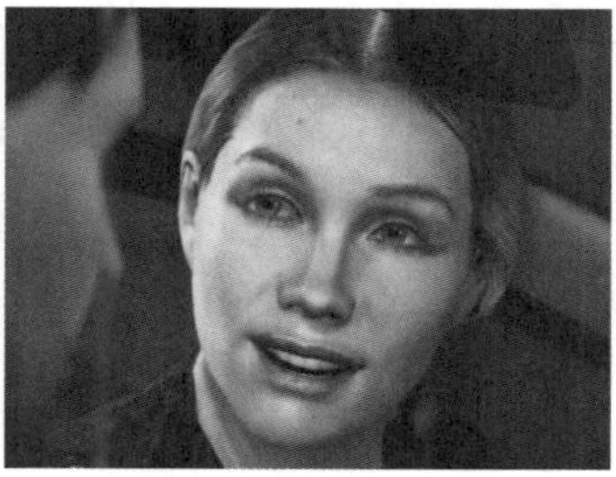

〈용과 같이〉의 유미, 〈앨런 웨이크〉의 앨리스 웨이크

2. 사라진 아내

〈앨런 웨이크Alan Wake〉는 2010년 레메디 엔터테인먼트(Remedy Entertainment)가 개발한 액션 게임으로 스릴러의 성격이 강하다. 베스트셀러 작가인 앨런 웨이크는 성공을 거둔 후 돌연 슬럼프에 빠진다. 아내 앨리스는 앨런에게 휴가를 제안하지만, 휴가지에 도착하자마자 둘은 싸우고, 앨런은 앨리스만 남겨두고 별장에서 떠난다. 그가 다시 돌아왔을 때 아내 앨리스와 소설의 일부가 사라진다. 이제 플레이어는 앨런이 되어서 낯설고도 기괴한 공간에서 원고 조각을 모으고 앨리스를 찾아야 한다.

3. 사라진 여동생

〈림보Limbo〉는 플레이데드(Playdead)가 2010년에 개발한 인디 게임이다. 흑백의 화면과 잔잔한 음악 속에 검은 들판에서 플레이어 캐릭터인 소년이 깨어난다. 그의 목표는 검은 들판의 장애물을 극복하고 앞으로 나아가 사라진 여동생을 찾는 것이다. 소년과 소녀는 동화 헨델과 그레텔의 오누이 관계를 상징하며, 전체적으로 암울한 디스토피아를 구현한다. 이 경우 음모에 빠진 어리석은 여동생을 구하기 위해서 현명한 오빠가 어쩔 수 없이 목숨을 건 모험을 떠난다는 것으로 설정되어 있다.

〈회색도시〉의 소녀(홍설희)

4. 사라진 소녀

〈회색도시City of Mist〉는 2013년에 알테어(ALTAIR)와 4:33이 개발한 모바일 어드벤처 게임이다. 대도시인 서울을 배경으로 삼아서 실재감을 높였다. 서울 강북에서 두 명의 여자아이가 유괴되는 사건이 발생한다. 사건에 휘말린 양시백, 권혜영, 배준혁, 하태성 4인은 단서를 수집하고 추리를 통해서 유괴 사건의 범인을 찾아야 한다. 플레이어의 선택에 따라서 총 55개 중 하나의 엔딩이 제공된다.

5. 모르는 여인

이 분류에서 구원을 요청하는 여성 캐릭터는 주인공인 플레이어가 모르는 여인인 경우가 많다. 어느 날 갑자기 미모의 여인이 나타나 구원을 요청하면, 이를 계기로 별 볼 일 없이 살아가거나 자신의 능력을 숨기고 있던 캐릭터가 여인의 요청을 수행하고 진정한 영웅으로 거듭나게 된다. 내용적으로는 실제 정식 형사가 아니라 사립 탐정, 교수 등 비공식적인 캐릭터로 등장해서 형사도 풀지 못하는 문제를 해결하는 것으로 설정되어 있다.

〈레이튼 교수와 이상한 마을〉의 달리아 부인

〈파 크라이Far Cry〉는 2004년에 크라이텍(Crytec)이 개발한 1인칭 슈팅 게임이다. 은퇴한 군인 잭 카버는 보트 임대업을 하고 있다. 그러던 어느 날 발레리라는 여성이 자신을 어느 섬으로 데려다 달라고 의뢰한다. 그녀를 내려주자마자 잭의 보트가 부서지면서 그는 섬에 표류하게 된다. 이제 플레이어는 섬의 괴물을 무찌르고 발레리를 구해서 유전자 조작 실험의 진실을 알아내야 한다.

〈레이튼 교수와 이상한 마을PROFESSOR LAYTON and the CURIOUS VILLAGE, レイトン教授と不思議な町〉은 2007년에 레벨 파이브(Level-5)가 개발한 어드벤처 게임이다. 레이튼 교수는 미망인 달리아로부터 대부호 아우구스투스 라인포드의 유산 상속에 관한 조사를 의뢰받는다. 라인포드의 유언장에는 마을에 숨겨둔 '황금 열매'를 발견한 자에게 모든 재산을 상속하겠다고 적혀 있으나, 마을 사람 중 누구도 황금 열매를 찾지 못한다. 레이튼 교수와 그의 조수 루크는 황금 열매를 찾고 마을의 비밀을 풀어야 한다.

〈역전재판〉의 마요이, 〈미러스 엣지〉의 페이스

6. 누명을 쓴 여인

〈역전재판逆転裁判〉은 2001년에 캡콤에서 개발한 어드벤처 게임이다. 어느 날 변호사 치히로가 죽는다. 사건의 용의자는 치히로의 여동생인 아야사토 마요이이다. 마요이는 변호사 나루호도에게 자신의 변호를 부탁한다. 플레이어는 변호사 나루호도가 되어서 피고인 마요이의 무죄를 입증하고 가문의 음모를 밝혀내야 한다.

〈미러스 엣지Mirror's Edge〉는 2008년에 다이스(Digital Illusions Creative Entertainment, DICE)에서 개발한 어드벤처 게임이다. 주인공인 페이스와 경찰관인 언니는 차기 시장 후보를 살해했다는 누명을 쓰게 된다. 플레이어 캐릭터인 페이스는 세상에 진실을 알리는 '러너'이다. 페이스는 현 시장인 켈러한의 음모를 밝히고 누명을 벗어야만 한다. 여성 캐릭터가 적극적이고도 주체적으로 누명을 벗기 위해 행동한다는 점에서 주목할 만하다.

에필로그

앨리스의 증언

여성 학자들이 뉴미디어에 주목하는 이유

새로운 것은 익숙하지 않다. 새로운 존재의 등장은 안정적이던 일상에 균열을 내고, 안주하던 인간의 가치관을 변화시킨다. 따라서 새로운 것은 늘 인간에게 신기하고도 두려운 존재이다. 결국 '새로움'이라는 타자는 기존의 질서를 위협한 대가로 외압을 받을 수밖에 없다. 그 과정에서 기존의 질서에 슬며시 편입되기도 하고, 스스로 핍박을 견디지 못한 나머지 존재 자체가 사라져 버리기도 한다.

이런 우여곡절 끝에 '새것'으로 인정받고 명맥을 유지하는 존재란 그야말로 강인한 '생존자(survivor)'라 할 만하다. 이 책에서 다룬 '뉴 미디어(new media)'는 그런 의미에서 볼 때 강철 같은 생존자이다. '뉴(new)'라는 개념은 지극히 상대적이다. 새로운 것도 시간이 지나면 자연히 익숙해지기 마련이기에, '뉴'라는 수식어는 태생적으로 시한부이며 유동적이다.

기존의 일부 학문 분야에서는 주로 견고하고 고정적인 연구 대상에서 진리를 탐구한다. 반면 뉴미디어를 연구하는 학자들은 흐르는 강물에 두 발을 딛고 서서, 물의 흐름에 자신을 맡기는 동시에 물길을 따라 저 멀리까지 시선을 던질 수 있어야 한다. 두 발을 지탱하는 일도 쉽지 않고 보이지 않는 시야를 가늠하는 일도 녹록지 않다. 양지바른 땅을 지척에 두고도 굳이 흐르는 물에 발을 들여놓은 이들이 뉴미디어 연구자들이다.

그런데 뉴미디어의 콘텐츠를 연구하는 학자들의 면면을 들여다보면, 흥미롭게도 전 세계적으로 여성 학자들이 많은 편이다. 이는 다소 편협한 시각이라고 오해를 받을 수도 있겠으나, 기존의 전통적인 인문학이나 사회학의 경우와 비교할 때 표면적으로 그렇다는 뜻이다. 기존의 인문학은 여성과 관련된 연구자나 주제들을 비주류로 소외시키거나 특화시켜 왔다. 사실 여성을 비주류로 배제하거나 소외시키는 양상이나, 특별보호구역을 지정해주고 그 안에만 존재하도록 하는 경우나 그 한계는 별반 다르지 않다.

『성의 정치학Sexual politics』의 저자인 케이트 밀레트(Kate Millet)에 따르면, 가부장제란 한 출생 집단이 다른 출생 집단을 지배하려는 오래되고 보편적인 하나의 책략이며, 성의 정치란 유사 이래 남성이 지배적으로 여성을 종속하고 억압해온 양성 사이의 권력 관계를 의미한다.[1] 이러한 성의 정치와 권력 관계는 고대 이래 다양한 허구적 예술 장르에서도 재현(representation)되어 왔다. 뉴미디어 콘텐츠 역시 신기술과 혁신을 전면에 내세웠음에도 불구하고 아직까지는 가부장제라는 초국적의 정치적 맥락에서 완전히 벗어나지 못했다. 산드라 길버트와

1 케이트 밀레트, 『성의 정치학』, 정의숙 옮김, 현대사상사, 2004.

수전 구바는 『다락방의 미친 여자』의 개정판 서문에서 “번개처럼 나타난 컴퓨터 기술로 인한 정보 혁명이라는 것이, 의심할 여지없이 거대한 변화를 수반할 것”이라면서 페미니즘 비평에 있어서도 지각 변동이 일어날 수 있음을 시사한 바 있다.[2] 이에 여성 연구자들은, 산드라 길버트와 수전 구바의 용어를 빌자면 ‘다락방의 미친 여자’가 다락방에서 강의실로 내려온 것처럼, 이제 강의실과 가상 세계를 넘나들며 역설로 가득 찬 여정을 진행하고 있다.

뉴미디어 기술과 젠더 정체성의 상관관계를 모색하고자 하는 선행 연구들이 다양한 분야에서 있어 왔다. 이러한 일련의 연구들은 일종의 포스트 휴먼(post-human)의 기치 아래 인간과 기술의 상관관계를 연구하는 과정에서 파생된 성과들이다. 가령 웬디 할코트(Wendy Harcourt) 등은 전 세계의 여성들이 가상 세계의 네트워크를 통해서 커뮤니케이션을 하고 공동체를 꾸릴 수 있는 가능성에 대해서 모색한 바 있다. 그녀는 이와 같이 다문화 및 다종교, 다민족이 다성성을 유지하는 가운데 함께 상생할 수 있는 공동체를 컨비벤시아(convivencia)라고 명명한다.[3] 주로 북미에서 진행된 이러한 연구들의 경우, 사이버 스페이스(cyber space)의 빈 공간을 활용해서 기존에 자신의 목소리를 내지 못했던 소수 민족, 여성, 특정 종교 등 주변의 목소리를 다성적으로 구현하는 데에 초점을 맞추고 있다.

니나 러맨(Nina Lerman) 등의 연구 역시 광범위한 의미에서 젠더와 기술의 상관관계를 조망하고 있다. 이들은 여성 기술(feminine technologies)과 남성 기술(masculine technologies)의 영역을 구분하여 각각

2 산드라 길버트 · 수전 구바, 『다락방의 미친 여자』, 박오복 옮김, 이후, 2009, 49–50면.

3 Wendy Harcourt, *Woman @ internet*, Zed books, 1999, p.4.

의 문제들을 분석하며, 근본적으로 왜 젠더 정체성과 기술이 연계되어서 논의되어야 하는지를 주로 기술적, 산업적 측면에서 비판하고 있다.[4] 제니퍼 테리(Jennifer Terry) 등 역시 유사한 관점에서 기술이 젠더 정체성을 구현하는 데에 어떠한 영향을 미치며 젠더가 기술을 통해서 어떻게 체현되는지를 분석하고 있다.[5]

그런가 하면 메리 플라나간 등은 사이버 픽션(cyber fiction)을 통해 버지니아 울프의 가상 세계 버전인 '자기만의 방(a cyber room of one's own)'을 모색하는 등 다양한 이야기 양식과 비평을 제안하기도 한다.[6] 그러나 이 경우에는 여전히 콘텐츠가 글 위주의 인쇄 문학으로 제한되어 있다는 점에서 다소 한정적이다.

개방적 · 확장적 관점에서 뉴미디어의 새로운 콘텐츠를 연구한 학자들도 있다. 20세기 말, 자넷 머레이(Janet Murray)는 『홀로덱에 선 햄릿Hamlet on the Holodeck』이라는 흥미로운 제목의 책을 발표했다. 비슷한 시기에 브렌다 로렐은 『극장으로서의 컴퓨터Computers as Theatre』라는 제목의 책을 발행했다. 자넷 머레이와 브렌다 로렐은 전통적이고 고정적인 인문학에서 나아가 확장적이고 유동적인 인문학을, 남성 중심의 시선과 글에서 나아가 여성 중심의 체현과 이미지의 연구를 제시했다. 물론 이들의 연구가 뉴미디어와 젠더 정체성의 연관 관계에 국한되었던 것은 아니다. 다만 당시만 해도 남성 연구자들이 배제하거나 주변적이라고 치부했던 뉴미디어 콘텐츠들을 분석하고 연구하는 과정

---

4 Nina E. Lerman, *Gender and Technology: A Reader*, Johns Hopkins University Press, 2003.

5 Jennifer Terry · Melodie Calvert, *Processed Lives: Gender and Technology in Everyday Life*, Psychology Press, 1997.

6 Mary Flanagan · Austin Booth, *Reload: Retninking Woman + Cyberculture*, MIT Press, 2002.

에서, 자연스럽게 콘텐츠의 생성 방법론을 모색하는 쪽으로 나아갔다.

미국의 공립학교 Q2L(Quest to Learn)은 게이미피케이션(gamification)을 적용해 교육의 혁신적 모델을 제시한 바 있다. 이 학교 프로그램의 개발자이자 디자이너 역시 케이티 살렌(Katie Salen Tekinbaş)이라는 게임 연구자이자 개발자이다. 그녀는 이론과 실천의 괴리를 보수적인 현실과 급진적인 가능성 사이의 모순으로 읽어냈다. 그녀에게 있어 게임은 이러한 모순들을 해결할 수 있는 새로운 대안이자 혁명이었다.[7] 『누구나 게임을 할 수 있다』의 저자인 제인 맥고니걸 역시 게임의 대안적인 가치와 힘을 이론화하는 동시에 스스로 그에 부합하는 게임을 개발하고자 노력했다. 이처럼 게임을 연구하는 여성 학자들은 단순히 텍스트 분석에 그치지 않고, 끊임없이 실제 세계에서 다양한 실험을 모색 중이다.

일부 영미 페미니즘 비평에서는 여성성을 전면에 내세우고 이를 토대로 여성의 시학을 규명하고자 했다. 가령 여성 문학에 대한 페미니즘적 비평은 여성 작가가 쓴 여성 인물을 여성 비평가가 분석하는 것이 가능하며, 경우에 따라서 여성 독자에 대한 분석도 가능하다. 미국의 페미니스트 비평가인 일레인 쇼월터(Elaine Showalter)는 이처럼 작가로서의 여성을 다루는 비평을 '여성 비평(gynocritics)'이라고 명명한 바 있다.[8]

반면 뉴미디어 콘텐츠의 경우 창작의 주체가 집단 지성이며 다양한 분야의 인재를 망라하기 때문에, 일부 작가주의를 표방하는 작품을 제

7 케티 살렌 · 에릭 짐머만, 『게임 디자인 원론 1』, 윤형섭 · 권용만 옮김, 지코사이언스, 2010, 7–17면.

8 Elaine Showalter, *A Literature of Their Own*, Princeton University Press, 1977.

외하고는 창작 주체의 젠더 정체성을 논하기가 인쇄 문학만큼 쉽지 않다. 게다가 뉴미디어 콘텐츠는 물질로서의 책처럼 그 결과물이 고정되어 있지 않고 과정 추론적(procedural)이다. 따라서 기존의 페미니즘 비평에서 텍스트를 분석하던 방법론으로는 가상 세계의 유동적인 텍스트를 분석하기 어렵다.

무엇보다도 가상 세계 내 허구적 텍스트의 경우, 창작의 주체인 사용자가 자신의 정체성을 새롭게 재구성할 수 있는 여지가 있다. 따라서 뉴미디어 콘텐츠에서 젠더를 논하는 과정을 통해서 대안을 제시할 수 있다. 가령 여성 작가, 여성 독자라는 기존의 이분법적 유형화에서 나아가 다양한 사례들을 분석할 수 있다. 실제 세계에서는 권위적인 남성 인간(person)이지만, 가상 세계에서 그가 여고생 캐릭터를 페르소나(persona) 삼아 게임을 플레이하면서, 마찬가지로 복합적인 정체성을 구축한 다른 플레이어들과 적극적으로 상호작용하는 경우가 빈번하게 발생하기 때문이다.

게일 루빈에 따르면, 텍스트는 특정한 역사적 계기와 가능성이라는 특수한 지평과 더불어 생산된다.[9] 뉴미디어 콘텐츠에 대한 연구의 경우 표면적인 현상을 기표이자 분석 텍스트로 삼는 것이 그나마 명쾌하다. 표면적 텍스트의 이면에는 동시대의 무수한 가능성들이 실타래처럼 엉켜 있기 때문이다. 실제 세계의 인간과 그들이 플레이하는 허구 세계의 페르소나는 동전의 양면과도 같다.

현실 세계에서 단일한 개인은 가상 세계에서는 복수의 텍스트를 넘나들면서 복수의 캐릭터를 통해서 다면적 정체성을 구축할 수 있다.

---

9 게일 루빈, 『일탈: 게일 루빈 선집』, 신혜수 · 임옥희 · 조혜영 옮김, 현실문화, 2015, 31면.

따라서 뉴미디어 콘텐츠를 연구할 경우, 텍스트 사이에 발생하는 상호텍스트성(intertextuality)에도 주목해야 한다. 바로 이러한 점들이 뉴미디어의 텍스트를 구조주의적으로 연구해야 하는 이유이다. 표면적으로 드러난 텍스트의 변별점을 도출하고 구조를 분석하는 과정을 통해서 동시대의 사회 문화의 맥락을 가시화하고 이를 논의의 소재로 객관화할 수 있기 때문이다. 다만 이 경우 성의 기준에 따라 작가나 작품을 분리시킬 수 없기 때문에 본질적으로 여성성을 규정할 수 없다는 점에서 한계적이다.

문화권과 산업 구조에 따라 뉴미디어에 대한 연구 방법론 및 성과도 각각 차별적이다. 가령 북미 및 유럽에서는 가상 세계 및 게임 연구에 있어서 기술적 접근 및 마케팅적 접근 외에도, 인문학적 관점에서 다양한 조망이 이뤄져 왔다. 특히 여성 플레이어에 대한 양적 조사 방법론 외에 텍스트 내적인 가치와 미학에 중심을 두고 이를 면밀하게 분석한 성과의 경우 특기할 만하다. 가상 세계는 영화나 애니메이션과 달리 플레이어가 캐릭터 즉 아바타를 직접 조종할 수 있기 때문에 캐릭터와 플레이어 사이의 거리가 비교적 가깝다. 따라서 캐릭터의 외형 및 기능 등을 분석하면 가상 세계 전반의 사회적 질서를 가늠할 수 있다.

이에 가상 세계 연구자 중 일부 학자들은 특히 여성 플레이어와 여성 캐릭터를 중심으로 가상 세계 내 젠더 정체성에 대한 연구를 꾸준히 진행해왔다. 가령 기능성 게임(serious game)의 대안적 가능성에 대해서 지속적으로 연구하고 있는 제임스 폴 기(James Paul Gee)는 그에 대한 파생 연구로 『여성과 게이밍: 심즈와 21세기의 배움Women and Gaming: the Sims and 21st century learning』이라는 연구서를 발간한 바 있다. 그는 게임 〈더 심즈the Sims〉 시리즈의 경우 이례적으로 여성 플레이어가 많았던 게임이라고 평가하면서, 이 사례 분석을 토대로 여성들이 가상 세계에서 하게 되는 경험을 제시하고 있다.[10]

다만 그가 제시하고 있는 분석 텍스트는 여전히 여성적인 게임이라고 편향되게 전제된 게임들뿐이기 때문에, 보다 근원적으로 가상 세계에 나타나는 여성 캐릭터의 적합성에 대해서 탁월한 분석 결과를 제시하지는 못하고 있다. 그의 연구에서 여성은 여전히 사회적으로 부여된 성적 역할이자 기능이요, 소위 '여성성'이라고 당연시하는 선입견들에 묶여 있다.

여성 캐릭터 및 여성 플레이어에 대한 보다 구체적이고 대표적인 연구 성과로 헨리 젠킨스 등이 참여한 『바비에서부터 모탈 컴뱃: 젠더와 컴퓨터 게임from Barbie to Mortal Kombat: Gender and Computer Games』을 들 수 있다. 저자들은 본래 인간 대 컴퓨터 시스템 간의 상호작용과 미디어 비교 연구를 진행하던 학자들이다. 그들은 '과연 여아용 게임이 반드시 필요한가?'라는 근본적인 질문으로부터 시작해서 컴퓨터 게임과 젠더의 상관관계를 주제별로 분석한다. 그들은 비디오 게임이 젠더에 대한 사회적 구조를 반영한다는 전제를 갖고 연구를 진행했다. 이 책이 발표되었던 2000년만 하더라도 여전히 게임은 게임보이들의 전유물이었기 때문에, 게임 시장을 약 100억 달러로 전제했을 때 그 수익의 75%에서 85%가 남성 소비자들로부터 나왔다. 또한 성별, 연령, 소득 수준, 직업군 등에 따라서 미디어에 대한 노출이 다르게 이뤄지던 시기였다.[11]

---

10 Paul Gee, James, R. Hays, Elizabeth, Women and Gaming, Palgrave, 2010.

11 Justine Cassell, Henry Jenkins, *From Barbie to Mortal Kombat: Gender and Computer Games*, MIT Press, 1998. pp.10–12.

헨리 젠킨스를 포함한 학자들의 연구는 그로부터 11년 후인 2011년에 야스민 카파이 등의 『바비를 넘어서 모탈 컴뱃으로: 젠더와 게이밍에 대한 새로운 전망Beyond Barbie and Mortal Kombat: New Perspectives on Gender and Gaming』으로 이어진다.[12] 게임학에서의 10년은 인쇄 문학에서의 100년과 맞먹는다. 그러나 이 책의 내용대로라면 디지털 게임이 기술적, 외양적으로 화려해지고 다양해진 것에 반해 미디어 믹스 시대에도 젠더 정체성에 대한 부분에서만큼은 크게 나아진 것이 없다.

사실 뉴미디어 콘텐츠에 등장하는 여성 캐릭터의 수는 남성 캐릭터에 비해서 양적으로 턱없이 적다. 뉴미디어 콘텐츠가 '인간'을 캐릭터화했다면, 이는 대부분 남성일 확률이 높다. 여성 캐릭터는 수적으로 적을 뿐만 아니라, 실제로 서사 텍스트에서 수행하는 서사적 기능 또한 미미하거나 모호한 경우가 대부분이다. 그나마도 자신의 목소리를 낼 수 있는 주체가 아니라 남성 주체를 위해 대상화되어 나타난다. 글쓰기의 영역에서 펜이라는 도구가 남성의 전유물이었던 것처럼, 뉴미디어의 영역에서도 기술을 통제하고 다루는 주체가 남성이라고 전제되기 때문이다.

남성 캐릭터와 비교할 때, 게임에서 여성 캐릭터의 기능이 적다는 점을 밝힌 아이보리의 연구,[13] 여성 캐릭터가 성적 욕망의 대상으로 형상화되고 있다는 스카러의 연구,[14] 다중접속 역할수행게임인 〈월드 오브

---

12 Yasmin B. Kafai, Carrie Heeter, *Beyond Barbie and Mortal Kombat: New Perspectives on Gender and Gaming*, MIT Press, 2011.

13 James D. Ivory, "Still a Man's Game: Gender Representation in Online Reviews of Video Games", *Mass Communication and Society*, Routledge, Vol.9, No.1, 2006, pp.103–114.

14 Erica Scharrer, "Virtual violence: Gender and aggression in video game advertisements", *Mass Communication and Society*, Vol.7, No.4, Routledge, 2004, pp.393–412.

워크래프트〉의 엔피씨의 성별 및 직업 분석을 통해서 여성 엔피씨가 대부분 직업이 없거나 남성에 비해 위계적으로 낮은 위치에 있음을 발견한 베르그스톰 등의 연구[15] 등이 이를 잘 증명하고 있다. 게임 내에 표상된 성 역할을 고찰하는 연구에서, 밀러는 게임 텍스트를 분석하는 것은 게임 안에 표상되어 있는 성 역할 및 고정 관념을 비롯한 젠더 담론을 식별해낼 수 있는 유의미한 작업이라고 주장한 바 있다.[16]

현재 컴퓨터 기술과 관련된 소프트웨어나 콘텐츠들은 대부분 남성 소비자에게 그 기준이 맞춰져 있다. 그 결과 미디어에 대한 노출은 성 차별적으로 이뤄지며, 자연히 남자아이와 여자아이가 컴퓨터에 친숙함을 느끼고 기술을 습득하는 시기와 속도가 다를 수밖에 없다는 것이다. 이는 향후 직업군의 성비 불균형과 직결된다. 이에 저스틴 카셀 등은 여자아이가 사용하기에 적합한 디지털 스토리텔링 툴을 〈렝가Renga〉, 〈로즈버드Rosebud〉, 〈세이지SAGE〉 등으로 제시한다.[17] 〈렝가Renga〉의 경우, 최초의 문장을 주고 아이들이 각자 한 문장씩 추가하여 이야기를 만드는 형태이다. 〈로즈버드Rosebud〉는 '봉제인형'을 상상의 동반자로 활용해 이야기의 청자 역할을 수행하도록 하며, 〈세이지SAGE〉는 나이 든 세이지에게 현재의 고민을 묻고 그 대답으로 관련 동화를 제시하는 형식이다.

---

15 McArthur Bergstrom · Peyton Jenson, "All in a Day's Work: A study of World of Warcraft NPCs Comparing Gender to Professions", Proceedings of the 2011 ACM SIGGRAPH Symposium on Video Games, ACM, 2011, pp.31–35.

16 Monica K. Miller · Alicia Summers, "Gender Differences in Video Game Characters' Roles, Appearances, and Attire as Portrayed in Video Game Magazines", *Sex Roles*, Vol.57, No.9–10, Springer, 2007, pp.733–742.

17 Justine Cassell · Henry Jenkins, *From Barbie to Mortal Kombat: Gender and Computer Games*, MIT Press, 1998, pp.10–12.

이와 같은 실험적 시도는 상업적 성공 여부와 상관없이 의의가 있다. 다만 과연 여자아이를 위한 소프트웨어가 변별적으로 존재할 필요가 있는가, 필요하다고 전제하더라도 인형, 대화, 부드러운 감촉 등을 여성적인 코드로 전제한 것이 적합한가, 젠더 정체성이 형성 중인 시기에 아이들에게 부드러운 방법론으로 성 고정 관념을 되려 공고히 심어주게 되는 것은 아닌가 등의 우려들을 문제로 남겨두고 있다. 안타깝게도 국내에서는 아직 이와 유사한 시도조차 없다.

가야트리 스피박(Gayatri Chakravorty Spivak)은 제3세계 여성 하위 주체의 재현 문제를 연구하는 데 있어서 연구자는 하위 주체를 대상으로 재현한다고 말한 바 있다. 이 과정에서 하위 주체에 대한 지식 생산자인 연구 주체의 입장과 이해관계가 은근히 가려지는 점에 대해서 지적했다.[18] 아시아 중에서도 대한민국이라는 변방적 위치에서, 뉴미디어라는 유동적이고도 새로운 영역을 서사학이라는 보편적인 방법론을 적용해 연구하는 여성 학자의 입지는 이방인적일 수밖에 없다. 그런데 뉴미디어 연구는 오히려 이방인적 지위 덕분에 미래 지향적인 비전들을 제시할 수 있다. 이처럼 뉴미디어, 여성, 아시아라는 세 개의 키워드는 서로 연관되어 있다.

국내의 경우, 아직 북미나 유럽에 비해서는 미약하나 여성 학자들이 중심이 되어 온라인 게임의 젠더 정체성에 관한 연구를 진행하는 중이다. 이러한 일련의 논의들은 국내의 게임 문화와 게임 플레이어들을 학문적으로 분석했다는 점에서 그 의의가 높다. 다만 대부분의 연구들이 아직까지는 게임 텍스트의 내적 구조의 분석보다는 게임을 둘러싼

---

18 가야트리 스피박, 『포스트식민 이성비판』, 태혜숙 옮김, 갈무리, 2005.

환경, 즉 게임의 매체적 환경 및 산업적 환경과 게임 플레이어 등을 중심으로 다소 사회과학적 방법론에 편중되어 있다는 점에서 연구의 방법론은 확장될 필요가 있다.

디지털 서사 학자인 마리 로르 라이언(Marie-Laure Ryan)은 미디어 의식적 서사학(media-conscious narratology)이라는 개념을 통해서 새로운 서사체에 대해서 기호학적 · 기술적 · 문화적 차원으로 접근하자고 주장한다.[19] 게임 강국을 자처하며 선험적인 다양한 게임의 사례들을 보유하고 있는 국내의 입지를 고려할 때, 게임에 대한 인문학적인 접근, 그중에서도 젠더 정체성에 입각한 접근은 턱없이 부족한 실정이다.

특히 다양한 뉴미디어 콘텐츠에서 여성 캐릭터가 형상화되는 방식과 여성성이 재현되는 양상을 텍스트 내적으로 분석한 연구들은 충분하지 못하다. 기술적 측면, 디자인적 관점, 상업적 전망 등에 있어서 다각적인 연구와 상업적 모색이 동시다발적으로 이뤄지고 있는 데 반해 인문학적인 텍스트 분석 및 연구는 부수적이거나 불필요한 것으로 여겨지고 있다. 이는 디지털 게임을 문화보다는 상품으로 전제하기 때문이다. 기술 및 디자인에 대한 연구는 영역의 특성상 주어진 산업적인 지형도 안에서 보다 양적으로 나은 콘텐츠를 생산할 수 있는 방법론에 방점을 둘 수밖에 없다. 따라서 인문학적인 연구가 병행될 필요가 있다.

21세기 후기 자본주의 사회의 엔터테인먼트 콘텐츠는 문화적 코드와 상업적 가치를 동시에 내재한다. 디지털 게임을 상품으로만 치부하는 순간, 우리 시대의 가장 중요한 인간 재현의 수단을 잃어버리게 된다. 뉴미디어에 나타난 여성 캐릭터에 대한 연구는 비단 여성에 대한

19 Marie-Laure Ryan, Jan-Noël Thon, *Storyworlds Across Media: Toward a Media-conscious Narratology*, University of Nebraska Press, 2014, p.30.

문제만이 아닌, 뉴미디어 콘텐츠 전반에 해당하는 문제이다.

복잡다단한 뉴미디어학의 지형도 안에서, 일군의 학자들은 흐르는 강에 발을 담구고 인간의 본성을 탐구하고자 노력한다. 그 안에는 역시 많은 여성 학자들이 있다. '뉴 미디어'라는 새롭고도 불편한 연구대상을 '여성'이라는 타자적 주체가 연구한다는 것, 이 둘은 어쩌다가 만난 것이 아니라 분명 필연적으로 만날 수밖에 없는 사이이다. 일군의 여성 연구자들은 불편하고 금기적인 주제를 통해 새로운 열쇠들을 찾고자 노력한다. 이 열쇠들은 인간의 본질을 이해하고 탐구하는 또 다른 여정으로 향하는 문을 열고 있다.

[표 12] 1부 심층 분석에 등장하는 여성 캐릭터 목록

장르		제목	여성 캐릭터 이름
소설		『이상한 나라의 앨리스』, 『거울 나라의 앨리스』	앨리스
드라마		〈섹스 앤 더 시티〉	캐리, 샬롯, 미란다, 사만다
		〈위기의 주부들〉	앨리스 영
		〈그레이 아나토미〉	메러디스 그레이, 산드라오
		〈굿 와이프〉	플로릭 부인, 알리샤
		〈하우스 오브 카드〉	클레어 언더우드, 조이 반즈, 린다 바스케즈, 캐서린 듀런트
영화		〈스타워즈〉 시리즈	레아 공주, 아미달라 의원, 레이
		〈킹스맨〉	가젤
		〈어벤저스〉	블랙 위도우
		〈그래비티〉	스톤 박사
영화		〈인터스텔라〉	머피, 브랜드
		〈마션〉	멜리사 루이스
		〈매드 맥스: 분노의 도로〉	퓨리오사
		〈그녀〉	사만다
게임	온라인 게임	〈리그 오브 레전드〉	카타리나, 카시오페아, 앨리스
	대체현실게임	〈마리카에 관한 진실〉	마리카
		〈퍼플렉스 시티〉	애나 헤스
		〈디텍티브 애비뉴〉	수젤
	기능성 게임	〈로켓의 새로운 학교〉, 〈로켓 월드〉	로켓
	기타 게임	〈툼레이더〉 시리즈	라라 크로프트
		〈프린세스 메이커〉 시리즈	딸
		〈쓰르라미 울 적에〉	후루데 리카
		〈두근두근 메모리얼〉	후지사키 시오리
		〈사일런트 힐〉	쉐릴 메이슨
게임	기타 게임	〈아메리칸 맥기의 앨리스〉 〈앨리스: 매드니스 리턴즈〉	앨리스
		〈비욘드 투 소울즈〉	조디 홈즈
보컬로이드		〈하츠네 미쿠: 프로젝트 디바〉	하츠네 미쿠
뉴미디어 퍼포먼스		〈런 더 월드〉, 〈싱글 레이디〉	비욘세
		〈금지된 행성〉	로렐라 쿠카리니

[표 13] 2부 디지털 게임에 등장하는 여성 캐릭터 유형

대구분	소구분	대표 게임
여신의 강림	질투의 여신	〈넵튠〉, 〈드래곤 네스트〉
	무능한 여신	〈네버윈터 나이츠〉, 〈마비노기〉, 〈더블 드래곤〉
	강력한 여신	〈마비노기 영웅전〉
공주를 구하라	납치된 공주	〈페르시아의 왕자〉, 〈젤다의 전설〉, 〈원숭이 섬의 비밀〉, 〈파이널 판타지〉, 〈디스아너드〉
	대통령의 딸	〈타임 크라이시스〉
	보상으로서의 공주	〈대항해시대〉
	캐주얼 게임의 공주	〈보글보글〉, 〈마스터 오브 소드〉
	인디 게임의 공주	〈슈퍼 미트 보이〉, 〈브레이드〉
요정, 엘프	원형으로서의 엘프	〈던전 앤 드래곤〉
	북미 게임의 엘프	〈울티마〉, 〈울티마 온라인〉, 〈에버퀘스트〉 외
	장난꾸러기 요정	〈레이맨〉
검은 여왕		〈전설의 오우거 배틀〉, 〈블레이드&소울〉
마녀		〈베요네타〉
신비한 소녀		〈차일드 오브 에덴〉
아이돌		〈아이돌 마스터〉, 〈러브라이브! 스쿨 아이돌 페스티벌〉
여전사		〈건틀렛〉, 〈바이오하자드〉, 〈천주〉
여성 파이터		〈스트리트 파이터〉, 〈버추어 파이터〉, 〈데드 오어 어라이브〉, 〈철권 시리즈〉
여성 무술인		〈진삼국무쌍 시리즈〉
사라진 여인	사라진 여자 친구	〈용과 같이〉
	사라진 아내	〈앨런 웨이크〉
	사라진 여동생	〈림보〉
	사라진 소녀	〈회색도시〉
모르는 여인		〈파 크라이〉, 〈레이튼 교수와 이상한 마을〉
누명을 쓴 여인		〈역전재판〉, 〈미러스 엣지〉
새장 속의 소녀		〈이코〉
죽은 아내		〈단테스 인페르노〉, 〈머더드: 소울 서스펙트〉
미친 여자		〈비욘드〉, 〈매드니스 리턴즈〉
학교 귀신		〈화이트데이〉
여성 괴물		〈월드 오브 워크래프트〉

예언자	〈페이블〉
의무병	〈이볼브〉
하녀	〈로스트 사가〉, 〈붉은 보석〉
가정교사	〈아키에이지〉, 〈팡야〉, 〈섬머 레슨〉
숙주	〈바이오쇼크〉
어머니	〈베오울프〉
아버지의 딸	〈차일드 오브 라이트〉
여성 영웅	〈툼 레이더〉, 〈모뉴먼트 밸리〉

참고문헌

◆ 국내서

갓셜, 조너선, 『스토리텔링 애니멀』, 노승연 옮김, 민음사, 2014.

그로츠, 엘리자베스, 『뫼비우스 띠로서 몸』, 임옥희 옮김, 여이연, 2001.

길버트, 산드라 · 구바, 수전, 『다락방의 미친 여자』, 박오복 옮김, 이후, 2009.

김기란 · 최기호, 『대중문화 사전』, 현실문화연구, 2009.

김유나 · 한혜원, 「뉴미디어 퍼포먼스에 나타난 여성의 몸 이미지 연구」, 『문학과영상』 Vol.14, No.2, 문학과영상학회, 2013, pp.197-219.

김종회, 『사이버 문화, 하이퍼텍스트 문학 이론편』, 국학자료원, 2005.

———, 『사이버 문화, 하이퍼텍스트 문학 작품편』, 국학자료원, 2005.

나지오, 쥬앙다비드, 『히스테리의 정신분석』, 표원경 옮김, 백의, 2001.

뒤르, 페터, 『은밀한 몸-여성의 몸, 수치의 역사』, 박계수 옮김, 한길사, 2003.

라마자노글루, 카롤라인, 『푸코와 페미니즘』, 최영 옮김, 동문선, 1998.

라인골드, 하워드, 『넷스마트』, 김광수 옮김, 문학동네, 2012.

랄프, 에드워드, 『장소와 장소상실』, 김덕현 · 김현주 · 심승희 옮김, 논형, 2005.

랑시에르, 자크, 『영화 우화』, 유재홍 옮김, 인간사랑, 2012.

로즈, 프랭크, 『콘텐츠의 미래』, 최완규 옮김, 책읽는수요일, 2011.

로트만, 유리, 『영화기호학』, 민음사, 박현섭 옮김, 1994.

루빈, 게일, 『일탈: 게일 루빈 선집』, 신혜수 · 임옥희 · 조혜영 옮김, 현실문화, 2015.

류철균, 한혜원, 『트랜스미디어 스토리텔링의 이해』, 이화여자대학교출판부, 2015.
리치, 에이드리언, 『더 이상 어머니는 없다』, 김인성 옮김, 평민사, 1995.
마노비치, 레프, 『뉴미디어의 언어』, 서정신 옮김, 커뮤니케이션북스, 2014.
———, 『소프트웨어가 명령한다』, 이재현 옮김, 커뮤니케이션북스, 2014.
맥고니걸, 제인, 『누구나 게임을 한다』, 김고명 옮김, 알에이치코리아, 2012.
맥루언, 마샬, 『미디어의 이해』, 김성기 · 이한우 옮김, 민음사, 2002.
머독, 모린, 『여성 영웅의 탄생』, 고연수 옮김, 교양인, 2014.
머레이, 자넷, 『사이버 서사의 미래: 인터랙티브 스토리텔링』, 한용환 · 변지연 옮김, 안그라픽스, 2001.
머턴, 애덤, 『잔혹함에 대하여: 악에 대한 성찰』, 변진경 옮김, 2015.
모레티, 프랑코, 『공포의 변증법』, 조형준 옮김, 새물결, 2015.
모이, 토릴, 『성과 텍스트의 정치학』, 임목희 · 이명호 · 정경심 옮김, 한신문화사, 1994.
뮈케, D.C., 『아이러니』, 문상득 옮김, 서울대학교출판부, 1986.
밀레트, 케이트, 『성의 정치학』, 정의숙 옮김, 현대사상사, 2004.
바디우, 알랭 등, 『인민이란 무엇인가』, 서용순 · 임옥희 · 주형일 옮김, 현실문화, 2014.
바르트, 롤랑, 『현대의 신화』, 이화여자대학교 기호학연구소 옮김, 동문선, 1997.
바흐찐, M., 『도스또예프스키 시학의 제문제』, 김근식 옮김, 중앙대학교출판부, 2003.
박기수, 『문화콘텐츠 스토리텔링 구조와 전략』, 논형, 2015.
발사모, 앤 마리, 『젠더화된 몸의 기술: 사이보그 여성 읽기』, 김경례 옮김, 아르케, 2012.
버틀러, 주디스, 『안티고네의 주장』, 조현순 옮김, 동문선, 2005.
———, 『의미를 체현하는 육체』, 김윤상 옮김, 인간사랑, 2003.
———, 『젠더 트러블』, 조현준 옮김, 문학동네, 2008.

———, 『젠더 허물기』, 조현준 옮김, 문학과지성사, 2015.
벌핀치, 토마스, 『벌핀치의 그리스 로마 신화』, 이윤기 옮김, 창해, 2009.
보글러, 크리스토퍼, 『신화, 영웅 그리고 시나리오 쓰기』, 함춘성 옮김, 무우수, 2005.
보부아르, 시몬느 드, 『제2의 성(상)』, 조홍식 옮김, 을유문화사, 1993.
볼린, 진 시노다, 『우리 속에 있는 여신들』, 조주현 · 조명덕 옮김, 또하나의문화, 2003.
브라운, 크리스티나 폰, 『히스테리』, 엄양선 · 윤명숙 옮김, 여이연, 2003.
브라운, 크리스티나 폰 · 슈테판, 잉에, 『젠더연구』, 탁선미 옮김, 나남, 2002.
살렌, 케이티 · 짐머만, 에릭, 『게임 디자인 원론 1』, 윤형섭 · 권용만 옮김, 지코사이언스, 2010.
———, 『게임 디자인 원론 2』, 윤형섭 · 이대웅 옮김, 지코사이언스, 2011.
———, 『게임 디자인 원론 3』, 윤형섭 옮김, 지코사이언스, 2013.
샐리, 메리, 『최후의 인간 1,2』, 김하나 옮김, 아고라, 2014.
서성은, 『매체 전환 스토리텔링 연구』, 이화여자대학교 디지털미디어학부 박사학위논문, 이화여자대학교 대학원, 2015.
손택, 수전 · 콧, 조너선, 『수전 손택의 말』, 김선형 옮김, 마음산책, 2015.
쇼월터, 일레인, 『페미니스트 비평과 여성 문학』, 이화여자대학교출판부, 신경숙 외 옮김, 2004.
슐리, 타니아, 『글쓰는 여자의 공간』, 남기철 옮김, 이봄, 2016.
스피박, 가야트리, 『포스트식민 이성비판』, 태혜숙 옮김, 갈무리, 2005.
식수, 엘렌, 『메두사의 웃음/출구』, 박혜영 옮김, 동문선, 2004.
아리스토텔레스, 『시학』, 천병희 옮김, 문예출판사, 2002.
애벗, H. 포터, 『서사학 강의』, 우찬제 옮김, 문학과지성사, 2010.
에스테스, 클라리사 P., 『늑대와 함께 달리는 여인들』, 손영미 옮김, 이루, 2013.
에이지, 오쓰카, 『스토리 메이커: 창작을 위한 이야기론』, 선정우 옮김, 북바이북, 2013.

———, 『캐릭터소설 쓰는 법』, 김성민 옮김, 북바이북, 2013.
———, 『만화로 배우는 이야기 학교』, 김성민 옮김, 북바이북, 2014.
———, 『이야기 체조: 이야기를 만들기 위한 6가지 레슨』, 선정우 옮김, 북바이북, 2014.
———, 『캐릭터 메이커: 캐릭터를 만들기 위한 6가지 이론과 워크숍』, 선정우 옮김, 북바이북, 2014.
———, 『이야기의 명제: 6가지 테마로 이야기 만들기』, 선정우 옮김, 북바이북, 2015.
———, 선정우, 『오쓰카 에이지-순문학의 죽음, 오타쿠, 스토리텔링을 말하다』, 북마이북, 2015.
여성문화이론연구소, 『페미니즘의 개념들』, 동녘, 2015.
와이즈먼, 주디, 『테크노페미니즘』, 박진희 · 이현숙 옮김, 궁리, 2009.
울프, 버지니아, 『자기만의 방』, 이미애 옮김, 민음사, 2006.
웨이드, 마크, 『스타워즈: 레아 공주』, 임태현 옮김, 시공사, 2015.
웰든, 에스텔라, 『사도마조히즘』, 최정우 옮김, 이제이북스, 2006.
윤보라 · 임옥희 외, 『여성혐오가 어쨌다구?』, 현실문화, 2015.
율, 예스퍼, 『캐주얼 게임』, 이정엽 옮김, 커뮤니케이션북스, 2012.
융, C. G., 『원형과 무의식』, 한국융연구원 C. G. 융 저작 번역위원회, 솔, 2002.
이동은, 『디지털 게임 플레이의 신화성 연구』, 이화여자대학교 디지털미디어학부 박사학위 논문, 이화여자대학교 대학원, 2013.
이리가라이, 뤼스, 『하나이지 않은 성』, 이은민 옮김, 동문선, 2000.
이유경, 『고전문학 속의 여성영웅 형상 연구』, 보고사, 2012.
이인화, 『스토리텔링 진화론』, 해냄출판사, 2014.
이재홍, 『게임 스토리텔링: 게임 기획과 게임 시나리오의 ABC』, 생각의나무, 2011.
이정엽, 『인디게임』, 커뮤니케이션북스, 2015.
이주라 · 진산, 『웹소설 작가를 위한 장르 가이드 1: 로맨스』, 북바이북, 2015.

이창순 · 정진성 편역, 『페미니즘과 포스트모더니즘의 만남』, 한울, 1997.
임옥희, 『페미니즘과 정신분석』, 여이연, 2003.
———, 『주디스 버틀러 읽기』, 여이연, 2006.
장영란, 『신화 속의 여성, 여성 속의 신화』, 문예출판사, 2001.
잭슨, 로즈메리, 『환상성: 전복의 문학』, 서강여성문학연구회 옮김, 문학동네, 2001.
젠킨스, 헨리, 『팬, 블로거, 게이머: 참여문화에 대한 탐색』, 정현진 옮김, 비즈앤비즈, 2008.
주울, 제스퍼, 『하프 리얼』, 장성진 옮김, 비즈앤비즈, 2014.
지라르, 르네, 『폭력과 성스러움』, 김진식 · 박무호 옮김, 민음사, 1993.
———, 『희생양』, 김진식 옮김, 민음사, 2007.
체슬러, 필리스, 『여성과 광기』, 임옥희 옮김, 여성신문사, 2000.
카, 니콜라스, 『유리감옥: 생각을 통제하는 거대한 힘』, 이진원 옮김, 한국경제신문사, 2014.
카츠, 고토 · 마사타카, 노무라, 『크툴루 신화 대사전』, 곽형준 옮김, 에이케이커뮤니케이션즈, 2013.
캠벨, 조셉, 모이어스, 빌, 『신화의 힘』, 이윤기 옮김, 고려원, 1992.
———, 『천의 얼굴을 가진 영웅』, 이윤기 옮김, 민음사, 1999.
———, 『신화의 이미지』, 홍윤희 옮김, 살림, 2006.
커니, 리처드, 『이방인, 신, 괴물』, 이지영 옮김, 개마고원, 2004.
크리드, 바바라, 『여성괴물』, 손희정 옮김, 여이연, 2008.
크리스테바, 줄리아, 『공포의 권력』, 서민원 옮김, 동문선, 2001.
———, 『검은 태양』, 김인환 옮김, 동문선, 2004.
———, 『기호분석론 세미오티케』, 서민원 옮김, 동문선, 2005.
———, 『멜라니 클라인 정신병 모친살해 그리고 창조성』, 박선영 옮김, 아난케, 2006.
토루, 이타니, 『팩맨의 게임학』, 김훈 옮김, 비즈앤비즈, 2012.
포슈, 발트라우트, 『몸, 숭배와 광기』, 조원규 옮김, 여성 신문사, 2001.

푸코, 미셸, 『성의 역사』, 이규현 옮김, 나남출판사, 1990.
———, 『헤테로토피아』, 이상길 옮김, 문학과지성사, 2014.
프라스카, 곤살로, 『억압받는 사람들을 위한 비디오 게임』, 김겸섭 옮김, 커뮤니케이션북스, 2008.
프로이트, 지그문트, 『무의식에 관하여』, 윤희기 옮김, 열린책들, 1997.
———, 『히스테리 연구』, 김미리혜 옮김, 열린책들, 1997.
———, 『성욕에 관한 세 편의 에세이』, 김정일 옮김, 열린책들, 2003.
———, 『정신분석학의 근본 개념』, 윤희기 · 박찬부 옮김, 열린책들, 2003.
피종호, 『몸의 위기』, 까치, 2004.
하위징아, 요한, 『호모 루덴스』, 이종인 옮김, 연암서가, 2010.
하임, 마이클, 『가상현실의 철학적 의미』, 여명숙 옮김, 책세상, 1997.
한병철, 『에로스의 종말』, 문학과지성사, 2015.
한혜원 · 구혜인, 「AOS 게임 캐릭터의 존재론적 재현 양상 분석-〈리그 오브 레전드〉를 중심으로」, 『한국게임학회 논문지』, Vol.15, No.1, 한국게임학회, 2015, pp.185-198.
한혜원 · 권민경, 「한국 퓨전 사극 기반의 온라인 팬픽션 연구」, 『영상예술연구』, Vol.24, No.0, 영상예술학회, 2014, pp.209-239.
한혜원 · 김서연, 「온라인 개인 게임 방송의 스토리텔링 분석」, 『한국게임학회 논문지』, Vol.14, No.2, 한국게임학회, 2014, pp.85-96.
한혜원 · 김서연 · 구혜인, 「온라인 게임 캐릭터에 나타난 젠더 정체성 분석」, 『한국게임학회 논문지』, Vol.14, No.5 한국게임학회, 2015, pp.185-198.
한혜원 · 김유나, 「한국 웹소설의 멀티모드성 연구」, 『대중서사연구』, Vol.21, No.1, 대중서사학회, 2015, pp.263-292.
한혜원 · 남승희, 「트랜스미디어 콘텐츠의 스토리텔링 구조 연구 - 〈로스트〉 대체현실게임을 중심으로-」, 『인문콘텐츠』, Vol.15, No.0, 2009, pp.7-27.
한혜원 · 박미리, 「e스포츠 중계에 나타난 여성 게이머의 정체성」, 『한국컴퓨터게임학회논문지』, Vol.27, No.3, 한국컴퓨터게임학회, 2014, pp.161-

168.

한혜원 · 정은혜, 「한국 웹 기반 여성소설에 나타난 서사적 특성 연구」, 『한국문예창작』, Vol.14, No.2, 한국문예창작회, 2015, pp.81-105.

해러웨이, 다나 J., 『유인원, 사이보그, 그리고 여자: 자연의 재발명』, 민경숙 옮김, 동문선, 2002

해러웨이, 다나 J. · 구디브, 사이어자 N., 『한 장의 잎사귀처럼: 사이어자 N. 구디브와의 대담』, 민경숙 옮김, 갈무리, 2005.

핼버스탬, J. 잭, 『가가 페미니즘』, 이화여대 여성학과 퀴어LGBT 번역모임 옮김, 이매진, 2014.

호치키스, 샌디, 『사랑과 착취의 심리』, 이세진 옮김, 교양인, 2005.

혹실드, 알리 러셀, 『감정노동: 노동은 우리의 감정을 어떻게 상품으로 만드는가』, 이가람 옮김, 이매진, 2009.

홈즈, 제레미, 『나르시시즘』, 유원기 옮김, 이제이북스, 2003.

흄, 캐스린, 『환상과 미메시스』, 한창엽 옮김, 푸른나무, 2000.

히로키, 아즈마, 『게임적 리얼리즘의 탄생』, 장이지 옮김, 현실문화연구, 2012.

———, 『동물화하는 포스트모던: 오타쿠를 통해 본 일본사회』, 이은미 옮김, 문학동네, 2007.

———, 『일반의지 2.0: 루소 프로이트 구글』, 안천 옮김, 현실문화연구, 2012.

———, 『존재론적, 우편적: 자크 데리다에 대하여』, 조용일 옮김, b, 2015.

———, 『체르노빌 다크 투어리즘 가이드』, 양지연 옮김, 마티, 2015.

◆ 해외서

Aarseth, Espen J., *Cybertext: Perspectives on Ergodic Literature*, Johns Hopkins University Press, 1997.

———, “Quest games as post-narrative discourse”, *Narrative across media: The languages of storytelling*, University of Nebraska Press, 2004, pp.361-376.

Alexander, Bryan, *New Digital Storytelling*, Praeger, 2011.

Bartle, Richard A., "Alice and Dorothy Plays Together", *Third Person*, MIT Press, 2009, p.106.

Bergstrom, McArthur · Jenson, Peyton, "All in a Day's Work: A study of World of Warcraft NPCs Comparing Gender to Professions", Proceedings of the 2011 ACM SIGGRAPH Symposium on Video Games, ACM, 2011, pp.31-35.

Bogost, Ian, *How to Do Things with Video Games*, University of Minnesota Press, 2011.

———, *Unit operations: An approach to Video Game Criticism*, MIT Press, 2008.

Booth, Austin, *Reload*, Mit Press, 2002.

Campbell, Joseph, *The Hero with a Thousand Faces*, Princeton University Press, 1968.

Cassell, Justine · Jenkins, Henry, *From Barbie to Mortal Kombat: Gender and Computer Games*, MIT Press, 1998.

Corneliussen, Hilde G. · Rettberg, Jill Walker, *Digital culture, play, and identity: A World of Warcraft reader*, MIT Press, 2008.

Costikyan, Greg, *Uncertainty in Games*, MIT Press, 2013.

Cuddy, Luke · Nordlinger, John, *World of Warcraft and Philosophy: Wrath of the Philosopher King*, Open Court, 2009.

Deuber-Mankowsky, Astrid, *Lara Croft: Cyber Heroine*, University of Minnesota Press, 2005.

Eskelinen, Markku, *Cybertext Poetics: The Critical Landscape of New Media Literary theory*, Continuum, 2012.

Fine, Gary Alan, *Shared Fantasy*, University of Chicago Press, 2002.

Flanagan, Mary · Booth, Austin, *Reload: Rethinking Woman+Cyberculture*, MIT Press, 2002.

Flanagan, Mary · Nissenbaum, Helen, *Value at Play in Digital Games*, MIT Press, 2014.

Gallop, Jane, *Thinking through the Body*, Columbia University Press, 1990.

Garver, Eugene, *Aristotle's Rhetoric: An Art of Character*, University of Chicago Press, 1994.

Gee, James Paul, *Unified Discourse Analysis: Language, Reality, Virtual Worlds and Video Games*, Routledge, 2014.

Gee, James Paul · R. Hays, Elizabeth, *Women and Gaming*, Palgrave, 2010.

Genvo, Sébatien, "Understanding Digital Playability", *The Video Game Theory Reader 2*, Routledge, 2008, pp.133-149.

Gold, Matthew K., *Debates in the Digital Humanitiesm*, University of Minnesota Press, 2012.

Gray, Jonathan · Sandvoss, Cornel · Harrington, C. Lee, *Fandom: Identities and Communities in a Mediated World*, New York University Press, 2007.

Grigar, Dene, "Lara Croft: Cyber Heroine", *Leonardo*, Vol.39, No.3, 2006, pp. 269-270.

Han, Hye-Won, Song, Se-Jin, "Characterization of Female Protagonists in Video Games", *Asian Journal of Women's Studies*, No.20, Vol3, 2014, pp.27-49.

Haraway, Donna, "A Manifesto for Cyborgs: Science, Technology, and Socialist Feminism in 1980s", *Femimism/Postmodernism*, Routledge, 1992.

Harcourt, Wendy, *Women@internet*, Zed Books, 1999.

Hayles, N. Katherine, *How We Think: Digital Media and Contemporary Technogenesis*, The University of Chicago Press, 2012.

Hayles, N. Katherine · Pressman, Jessica, *Comparative textual media: transforming the humanities in the postprint era*, University of Minnesota Press, 2013.

Hindmarch, Will, "Storytelling games as a creative medium", *Second Person: Role-playing and Sory in Gmes and Playable Media*, MIT Press, 2007, pp.47-56.

Howard, Jeff, *Quests: Design, Theory, and History in Games and Narratives*, A.K. Peters, 2008.

Hudson, Ben, "Funny Games: Understanding Videogames as Slapstick and the Experience of Game-worlds as Shared Cultural References", Videogame Cultures and the Future of Interactive Entertainment 5th Global Conference, Mansfield College, 2013, pp.6-8.

Ivory, James D., "Still a Man's Game: Gender Representation in Online Reviews of Video Games", *Mass Communication and Society*, Routledge, Vol.9, No.1, 2006, pp.103-114.

Jeffords, Susan, *Hard bodies: Hollywood masculinity in the Reagan era*, Rutgers University Press, 1993.

Jenkins, Henry, *Convergence Culture: Where Old and New Media Collide*, New york University Press, 2006.

———, *Textual Poachers*, Routledge, 2012.

Jenkins, Henry · Ford, Sam · Green, Joshua, *Spreadable Media: Creating Value and Meaning in a Networked Culture*, New york University Press, 2013.

Kafai, Yasmin B. · Heeter, Carrie, *Beyond Barbie and Mortal Kombat: New Perspectives on Gender and Gaming*, MIT Press, 2011.

Kennedy, H. W., "Lara Croft: feminist icon or cyber bimbo?: On the limits of textual analysis", *Game Studies: International Journal of Computer Games Research*, Vol.2, No.2, 2002.

Kress, Gunther, *Multimodality: A Social Approach to Contemporary Communication*, Routledge, 2010.

Lepore, Jill, *The Secret History of Wonder Woman*, Knopf, 2014.

Lerman, Nina E. · Oldenziel, Ruth · Mohun, Arwen P., *Gender and Technology: A Reader*, Johns Hopkins University Press, 2003.

Linda, Hutcheon, *Irony's Edge the Theory and Politics of Irony*, Routledge, 1995.

Mateas, Michael · Stern, Andrew, "Interaction and narrative", *The Game Design Reader: A Rules of Play Anthology 1*, MIT Press, 2006, pp.642-669.

Mikula, Maja, "Gender and Videogames: the Political Valency of Lara Croft", *Continuum: Journal of Media & Cultural Studies*, Routledge, No.7, Vol.1, 2003.

Miller, Matthew P., "Storytelling in a Multiplayer Environment", *Third Person: Authoring and Exploring Vast Narratives*, MIT Press, 2009, pp.125-130.

Miller, Monica K. · Summers, Alicia, "Gender Differences in Video Game Characters' Roles, Appearances, and Attire as Portrayed in Video Game Magazines", *Sex Roles*, Vol.57, No.9-10, Springer, 2007, pp.733-742.

Möhler, Esther, *Transmedial Narrative*, VDM Publishing, 2010.

Murray, Janet, *Hamlet on the Holodeck: The Future of Narrative in Cyberspace*, MIT Press, 1998.

Murray, Janet H., *Inventing the Medium: Principles of interaction Design as a Cultural Practice*, MIT Press, 2012.

Nephew, Michelle, "Playing with identity: Unconscious desire and role-playing games", *Gaming as Culture*, McFarland, 2006, pp.120–140.

Palfrey, John · Gasser, Urs, *Born Digital: Understanding the First Generation of Digital Natives*, Basic Books, 2008.

Phillips, Andrea, *A Creator's guide to Transmedia Storytelling: How to Captivate and Engage Audiences Across Multiple Platforms*, McGraw-Hill, 2012.

Poerwandari, E.K · Thouars T.D. · Hirano, K, "Gender Construction in five Japanese Serial Dramas", *Asian Journal of Studies*, Vol.20, No.2, Asian Center for Women's Studies, 2014, pp. 97–132.

Raessens, Joost · Goldstein, Jeffrey, *Handbook of Computer Game Studies*, Cambridge, MIT Press, 2005.

Raja, Masood Ashraf, *The Postnational Fantasy*, McFarland & Company, 2011.

Rollings, Andrew · Adams, Ernest, *Andrew Rollings and Ernest Adams on Game Design*, New Riders, 2003.

Ryan, Marie-Laure, *Avatars of story*, University of Minnesota Press, 2006.

———, *Narrative across Media*, University of Nebraska Press, 2004.

———, *Narrative as Virtual Reality: Immersion and interactivity in Literature and Electronic Media*, Johns Hopkins University Press, 2001.

———, "Will new media produce new narratives?" *Narrative Across Media*, University of Nebraska Press, 2004.

Ryan, Marie-Laure · Thon, Jan-Noël, *Storyworlds Across Media: Toward a Media-conscious Narratology*, University of Nebraska Press, 2014.

Salen, Katie · Zimmerman, Eric, *The Game Design Reader: A Rules of Play Anthology*, MIT Press, 2006.

Scharrer, Erica, "Virtual violence: Gender and aggression in video game advertisements", *Mass Communication and Society*, Vol.7, No.4,

Routledge, 2004, pp.393-412.

Scolari, Carlos · Bertetti, Paolo · Freeman, Matthew, Transmedia Archaeology: Storytelling in the Borderlines of Science Fiction, *Comics and Pulp Magazines*, Palgrave Macmillan, 2014.

Sherrie, Inness, *Tough girls: Women Warriors and Wonder Women in Popular Culture*, University of Pennsylvania Press, 1999.

Showalter, Elaine, *A Literature of Their Own*, Princeton University Press, 1977.

———, *Understanding New Media*, Sage Publications Ltd, 2011.

Sicart, Miguel, *Beyond Choices: the Design of Ethical Game play*, The MIT Press, 2013.

———, *Play matters*, The MIT Press, 2014.

Steinberg, Marc, *Anime's Media Mix Franchising Toys and Characters in Japan*, University of Minnesota Press, 2012.

Terry, Jenifer · Calvert, Melodie, *Processed Lives: Gender and Technology in everyday life*, Psychology Press, 1997.

Vogler, Christopher E., *The Writers Journey: Mythic Structure for Writers*, Michael Wiese Productions, 2007.

Wardrip-Fruin, Noah · Harrigan, Pat, *First Person: New Media as Story*, Performance, and Game, MIT Press, 2004.

———, *Second Person: Role-playing and Story in Games and Playable Media*, MIT Press, 2007.

———, *Third Person: Authoring and Exploring Vast Narratives*, MIT Press, 2009.

——— · Montfort, Nick, *The New Media Reader*, MIT Press, 2003.

Wayne C. Booth, *A Rhetoric of Irony*, Chicago: University of Chicago Press, 1974.

Welldon, Estela V., *Mother, Madonna, Whore: The Idealization and*

Denigration of Motherhood, New York: Guilford Press, 1992.
Zeisler, Andi, *Feminism and Pop Culture: Seal Studies*, Seal Press, 2008.

◆ URL

Armstrong, Rebecca, "Lara Croft: from shy girl to Tomb Raider", *Independent*, 2013.2.26., (http://www.independent.co.uk/life-style/gadgets-and-tech/features/lara-croft-from-shy-girl-to-tomb-raider-8501510.html)

Dcinside, (http://gall.dcinside.com)

Gamasutra, (http://www.gamasutra.com/)

Game Studies, (http://gamestudies.org/1502)

Jackson, Shirly, "My Body", Electronic Literiture Collection, (http://collection.eliterature.org/1/works/jackson__my_body_a_wunderkammer/body.html)

Jenkins, Henry, "Transmedia 202", 2011.08.01., The official Web Blog of Henry Jenkins, (http://henryjenkins.org/2011/08/defining_transmedia_further_re.html)

Mettel Homepage, (http://www.mattel.com/games)

Pinchefsky, Carol, "A Feminist Reviews Tomb Raider's Lara Croft", *Forbes*, 2013.3.12., (http://www.forbes.com/sites/carolpinchefsky/2013/03/12/a-feminist-reviews-tomb-raiders-lara-croft/print/)

Puple Moon Homepage, (http://the Purple-Moon.com)

Roberts, Cameron, "Lara Croft: A feminist symbol or sad example of female stereotyping?", *Demon Media*, 2013.3.22., (http://www.demon-media.co.uk/c-word/lara-croft-a-feminist-symbol-or-sad-example-of-female-stereotyping/)

Sarkeesian, Anita, "Tropes vs. Women: #1 The Manic Pixie Dream Girl", *Feminist Frequency*, 2011.3.24., (http://feministfrequency.com/2011/03/24/tropes-vs-women-1-the-manic-pixie-dream-girl/)

_____, "Damsel in Distress (Part 1) Tropes vs Women", *Feminist Frequency*, 2013.3.7., (http://feministfrequency.com/2013/ 03/07/damsel-in-distress-part-1/)

_____, "Damsel in Distress (Part 2) Tropes vs Women", *Feminist Frequency*, 2013.5.28., (http://feministfrequency.com/2013/ 05/28/damsel-in-distress-part-2-tropes-vs-women/)

_____, "Damsel in Distress (Part 3) Tropes vs Women", 2013.8.1., (http://feministfrequency.com/2013/08/01/damsel-in-distress-part-3-tropes-vs-women/)

Schreier, Jason, "You'll 'Want To Protect' The New, Less Curvy Lara Croft", Kotaku. 2012.6.11., (http://kotaku.com/5917400/youll-want-to-protect-the-new-less-curvy-lara-croft)

WomenGamers.com, "Lara Croft Tomb Raider series", 2011, (http://www.womengamers.com/dw/lara.html.)

앨리스 리턴즈

뉴미디어 콘텐츠에 나타난 여성 캐릭터 연구

펴낸날 1판 1쇄 2016년 12월 15일
지은이 한혜원
펴낸이 권은미
펴낸곳 이화여자대학교출판문화원
주소 서울특별시 서대문구 이화여대길 52(우 03760)
등록 1954년 7월 6일 제9-61호
전화 02) 3277-2965(편집), 02) 362-6076(마케팅)
팩스 02) 312-4312
전자우편 press@ewha.ac.kr
홈페이지 www.ewhapress.com
책임편집 양지하
디자인 정혜진
찍은곳 (주)현문자현

ISBN 979-11-5890-198-1 93800
값 20,000원

이 도서의 국립중앙도서관 출판예정도서목록(CIP)은 서지정보유통지원시스템 홈페이지 (http://seoji.nl.go.kr)와 국가자료공동목록시스템(http://www.nl.go.kr/kolisnet)에서 이용하실 수 있습니다. (CIP제어번호 : CIP2016029477)